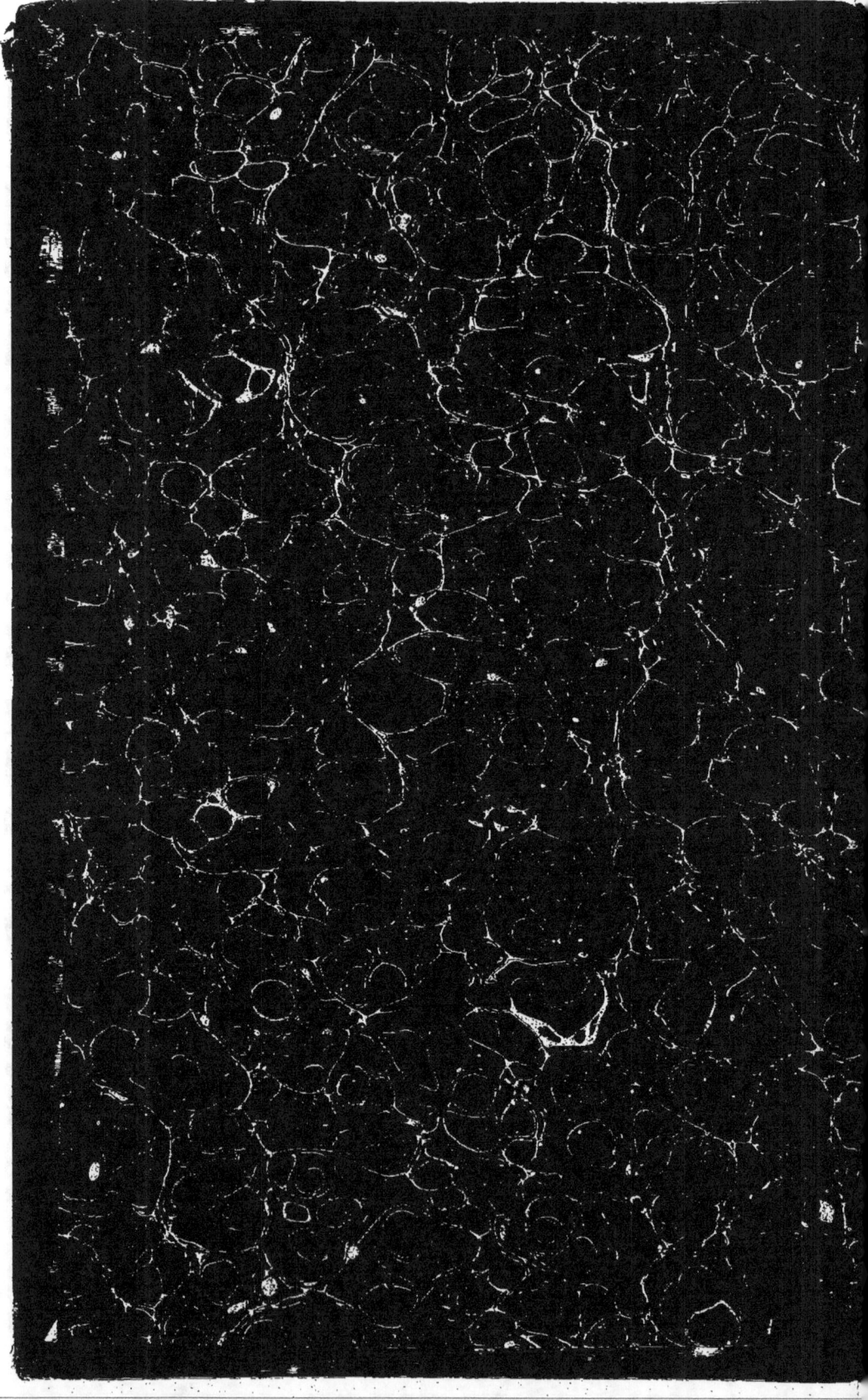

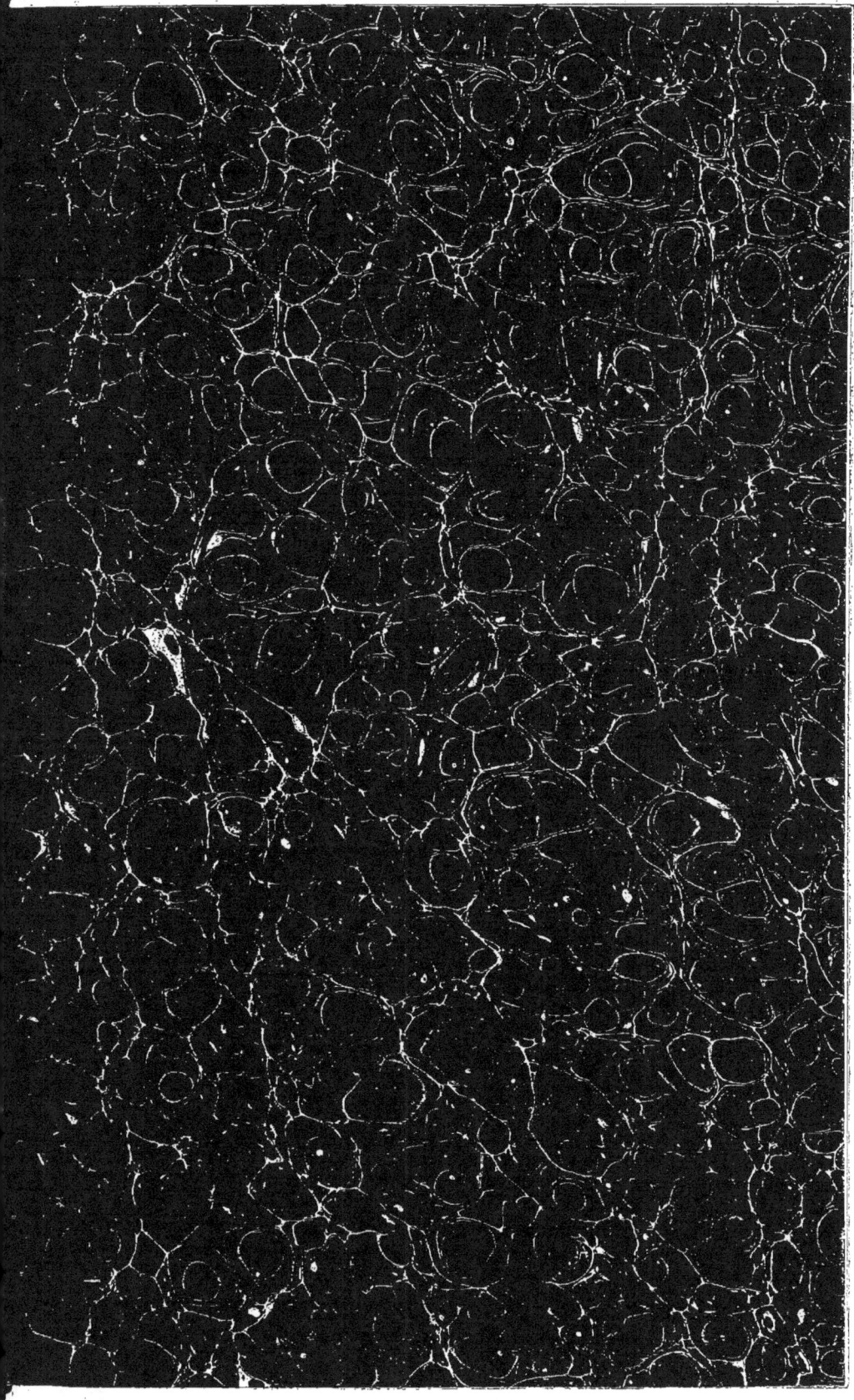

1648. ter
H.

HISTOIRE

UNIVERSELLE.

I.

A. EVERAT,
IMPRIMEUR ET FONDEUR,
rue du Cadran, 16.

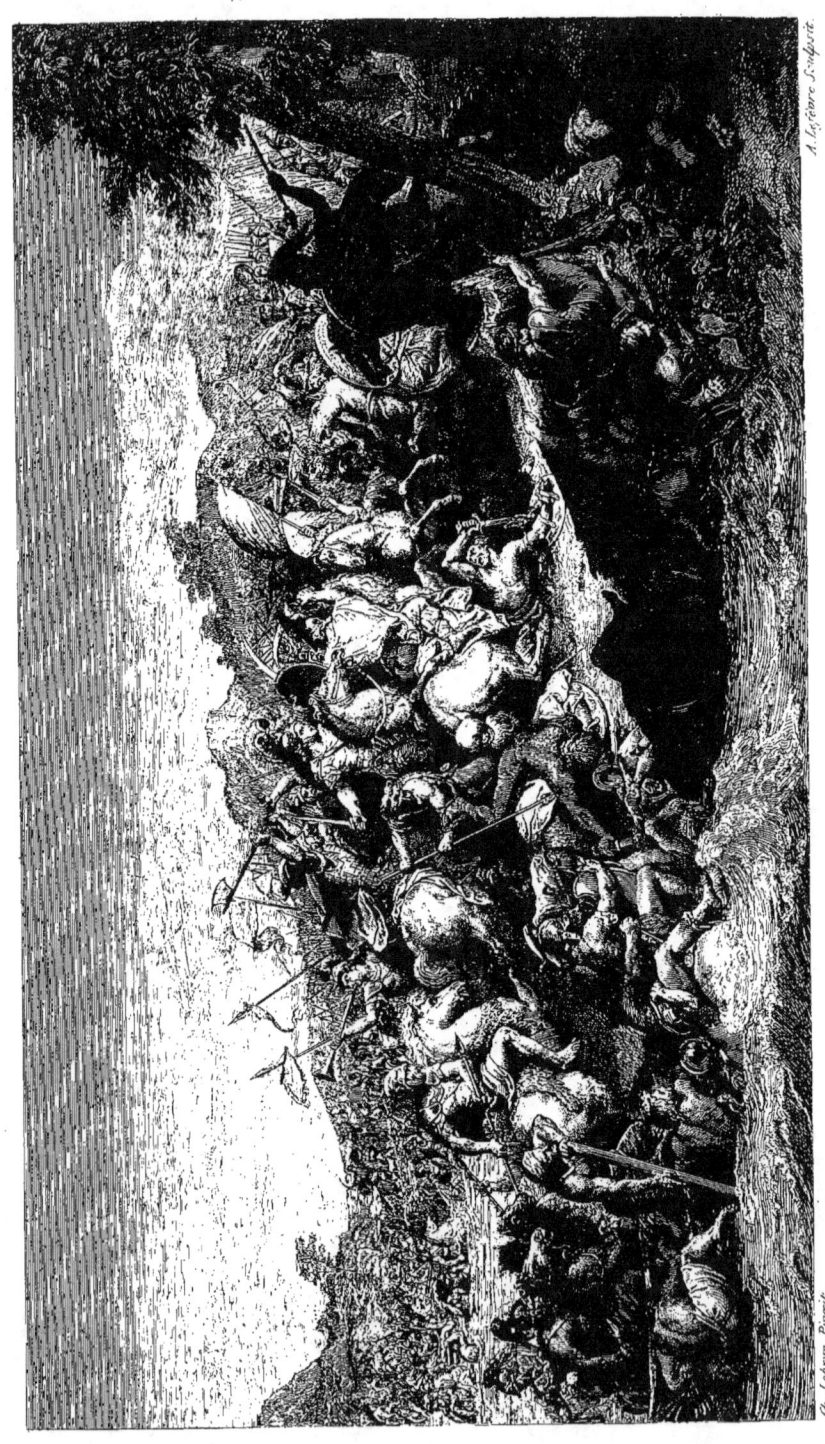

BATAILLE DU GRANIQUE.

HISTOIRE UNIVERSELLE

PAR

LE COMTE DE SÉGUR,
de l'Académie française ;

CONTENANT

L'HISTOIRE ANCIENNE, ROMAINE ET DU BAS-EMPIRE.

CINQUIÈME ÉDITION,
ORNÉE DE GRAVURES.

TOME PREMIER.

PARIS.

FURNE, LIBRAIRE, FRUGER ET BRUNET,
quai des Augustins, 39. rue Mazarine, 30.

1856.

AVANT-PROPOS.

> *Cui quidem ita sunt stoici assensi, ut quidquid honestum esset, id utile esse censerent; nec utile quidquam, quid non honestum.*
> CICERO. De Officiis.

> Les stoïciens pensaient comme lui (Socrate); ils disaient que l'honnête est toujours utile, et qu'il n'y a rien d'utile que ce qui est honnête.
> CICÉRON. *Des Devoirs*, liv. 3.

J'écris ce livre pour la jeunesse; ma vieillesse veut lui être utile. L'étude de l'histoire est, selon moi, la plus nécessaire aux hommes, quels que soient leur âge et la carrière à laquelle ils se destinent. Les exemples frappent plus que les leçons; ils leur servent de preuves pour convaincre, ils les accompagnent d'images pour intéresser : l'histoire renferme l'expérience du monde et la raison des siècles.

Nous sommes organisés comme les hommes des temps les plus reculés; nous avons les mêmes vertus, les mêmes vices. Entraînés comme eux par nos passions, nous écoutons avec défiance les censeurs qui contrarient nos penchants, et qui nous avertissent de nos erreurs, de nos dangers. Notre folie résiste à leur sagesse, nos espérances se rient de leurs craintes.

Mais l'histoire est un maître impartial, dont nous ne pouvons réfuter les raisonnements appuyés sur des faits.

Il nous montre le passé pour nous annoncer l'avenir; c'est le miroir de la vérité.

Les peuples les plus fameux, les hommes les plus célèbres, sont jugés à nos yeux par le temps qui détruit toute illusion, par la justice qu'aucun intérêt vivant ne peut corrompre. Devant le tribunal de l'histoire, les conquérants descendent de leurs chars de triomphe, les tyrans n'effraient plus par leurs satellites, les princes nous apparaissent sans leur cortége et dépouillés de la fausse grandeur que leur prêtait la flatterie.

Vous détestez sans danger la férocité de Néron, les cruautés de Sylla, les débauches d'Héliogabale, l'hypocrisie de Tibère ; si vous avez vu Denis terrible à Syracuse, vous le voyez humilié à Corinthe.

Les applaudissements d'une inconstante multitude ne trompent pas votre jugement en faveur d'Anitus et de Mélitus; vous méprisez leurs délations, leurs calomnies, et vous suivez avec enthousiasme le vertueux Socrate dans sa prison, le juste Aristide dans son exil.

Si vous admirez la valeur d'Alexandre sur les bords du Granique et dans les plaines d'Arbelles, vous lui reprochez sans crainte son ambition démesurée qui l'entraîne au fond de l'Inde, et les débauches honteuses qui ternissent à Babylone la fin de sa vie. Vous préférerez à sa fausse gloire la renommée intacte et la vertu sans ombre d'Épaminondas, de Léonidas, de Titus, de Marc-Aurèle.

L'amour des Grecs pour la liberté peut échauffer votre ame; mais leurs jalousies, leur légèreté, leur ingratitude, leurs querelles sanglantes et leur corruption vous annoncent et vous expliquent leur ruine.

AVANT-PROPOS.

Si le colosse romain vous impose par sa vaste puissance, vous ne tardez pas long-temps à distinguer les vertus qui firent sa grandeur, et les vices qui amenèrent sa décadence.

La nuit de l'ignorance couvre la terre, la barbarie la dévaste comme un déluge; les débris de l'empire sont dispersés et ensanglantés par des sauvages, qui vous font mieux sentir tous les avantages des sciences qu'ils ont chassées, des lois qu'ils ont détruites. Mais enfin les lumières d'une religion spirituelle dissipent les erreurs de l'idolâtrie; les vices ne sont plus dans le ciel, Dieu seul y règne; la vertu ne manque plus de base solide : aussi vous trouverez généralement dans le monde moderne une civilisation mieux éclairée, des mœurs plus douces; un lien de fraternité unit le faible au fort, le pauvre au riche, les rois aux bergers.

Mais cette religion n'est pas toujours écoutée; ses ministres en abusent; les peuples l'outragent; les ambitieux la bravent; les princes l'oublient : aussi, à côté d'un petit nombre de héros parfaits, au milieu de quelques époques tranquilles et glorieuses, vous revoyez des monarques et des pontifes sanguinaires, des révolutions funestes, des guerres civiles et religieuses. Le flambeau de l'histoire, qui ne vous quitte pas, vous montre constamment la justice entourée de la paix, de l'amour et de l'estime; tandis que l'ambition, le fanatisme, la rebellion et la tyrannie sont toujours punis par de longs malheurs et flétris par les inflexibles arrêts de la postérité.

L'habileté de Louis XI, les intrigues de Philippe II, la fortune insolente de Borgia ne vous empêchent pas de haïr leur mémoire; vous brûleriez de partager la captivité du vertueux saint Louis; vous gémissez sur la victoire du connétable qui combat contre sa patrie, vous enviez le bonheur de Bayard qui meurt pour la défendre. Partout enfin vous trouvez la preuve de cette antique maxime, qu'à la longue il n'y a d'utile que ce qui est honnête, qu'on n'est véritablement grand que par la justice, et complétement heureux que par la vertu. Le temps distribue avec équité les récompenses et les châtiments, et vous pouvez mesurer l'accroissement et la décadence des peuples sur la sévérité ou sur la dépravation de leurs mœurs. La vertu est le ciment de la puissance des nations; elles tombent dès qu'elles sont corrompues.

Mais plus les leçons de l'histoire sont utiles, plus il est important qu'elles soient bien présentées. Il n'est que trop d'historiens propres à égarer ceux qui les lisent; leurs plumes éloquentes ne sont pas toujours assez impartiales, assez exemptes de passions; elles nous trompent quelquefois et flattent nos penchants. Beaucoup d'écrivains, éblouis par la célébrité, la prennent pour la gloire; d'autres mettent de faux et passagers intérêts à la place de la justice; et ces juges des rois et des peuples prononcent souvent au hasard des arrêts que leur dictent la crainte ou l'espérance, la reconnaissance ou la haine, et l'esprit de secte ou de parti.

Il faudrait donc, pour former des citoyens vertueux et pour éclairer les hommes sur leur bonheur, que celui qui leur apprend l'histoire, se dépouillant de tout esprit de circonstance et de système, leur fît juger les hommes et les événements uniquement d'après les règles de la morale ; car l'esprit de secte et de parti n'est que pour un temps, la justice et la vérité sont de tous les lieux et de tous les siècles.

Le premier devoir d'un historien est de faire admirer la vertu, même lorsqu'elle est persécutée; de faire haïr le crime, malgré le succès précaire dont le couronne quelquefois le destin, et d'inspirer un juste mépris pour le vice, de quelque forme séduisante qu'il se montre souvent revêtu.

En développant aux yeux de nos disciples le vaste tableau de l'histoire du monde, nous leur présentons à la fois tous les exemples qu'ils doivent fuir et tous ceux qu'ils doivent imiter ; mais la vue de ces modèles a son danger comme son utilité.

Ces hommes célèbres, qui viennent en foule de tous les pays et de tous les siècles pour appuyer nos préceptes, offrent un assemblage perpétuel de vertus et de vices, de grands talents et de honteuses faiblesses, de succès injustes et de revers non mérités.

Nous devons donc, avec le plus grand soin, accoutumer la jeunesse à bien distinguer dans ce mélange la vérité de l'erreur; à juger les hommes et leurs actions par leur moralité, et non d'après les hasards des événements. Il faut enfin lui apprendre sans cesse, en admirant les vertus, les talents des hommes les plus illustres, à reconnaître, à condamner leurs faiblesses et leurs défauts, de quelque éclat qu'ils puissent être couverts par la fortune et par le génie.

En présentant ainsi aux yeux des jeunes gens les hommes et les événements sous leur véritable jour, le but de l'historien doit être d'imprimer dans ces ames tendres le respect pour la Divinité, le dévouement à la patrie et au roi, la vénération pour la justice, l'amour d'une sage liberté, et le plus profond mépris pour tout ce qui blesse l'honneur et la vertu.

En composant cette histoire universelle, je me suis pénétré des principes que je viens d'exposer : c'est ce qui me fait espérer que mon travail sera utile. Beaucoup d'autres, avec plus de talents, m'ont précédé dans cette carrière : j'ai profité de leurs lumières, et je ne me suis éloigné d'eux que lorsqu'ils m'ont paru sacrifier, en quelque partie, la justice et la vérité à l'éclat de la fausse gloire, aux préjugés des temps, aux caprices de la fortune, et aux passions politiques ou religieuses.

Cependant les erreurs en ce genre sont si rares chez les bons historiens et si faciles à relever, que ce motif seul ne m'aurait pas fait entreprendre un aussi long ouvrage.

La plupart des hommes sont obligés de consacrer leur temps à divers genres d'études, surtout dans un siècle où, les arts et les sciences ayant fait tant de progrès, on sent le besoin et le désir de savoir un peu de tout.

Il résulte de cette multitude de connaissances qu'on veut acquérir une impossibilité presque absolue d'en approfondir aucune. Peu de personnes ont le loisir de lire de longs volumes, et beaucoup de livres d'histoire sont trop étendus pour attirer et fixer une jeunesse dont tant d'autres objets partagent l'attention.

Les grands auteurs de l'antiquité sont des sources intarissables de morale et d'instruction ; mais la jeunesse n'en lit que quelques morceaux choisis. Les savants seuls jouissent complétement de ces trésors.

AVANT-PROPOS.

Les écrivains français qui nous ont donné des histoires générales, craignant de se répéter, n'ont point écrit l'histoire suivie de chaque peuple depuis son origine jusqu'à sa fin, et le jeune homme qui étudie leurs ouvrages est à tout moment interrompu dans cette lecture. On lui fait quitter l'Égypte dès que Cambyse s'en empare, pour reprendre l'histoire de Perse; il est forcé d'abandonner celle de Perse pour l'histoire de la Grèce, lorsque les successeurs d'Alexandre se partagent son empire: de sorte que, promené d'un pays à l'autre, comme dans un labyrinthe, il perd le fil des événements, et se retrouve avec peine dans un tableau tracé avec si peu d'ordre et de suite.

On a fait, je le sais, beaucoup d'abrégés de chaque histoire; mais ils m'ont paru généralement trop secs et trop incomplets. Beaucoup d'événements importants et de traits remarquables y sont oubliés; et, d'un autre côté, on y trouve, comme dans les histoires plus volumineuses, de trop longues réflexions qui coupent et ralentissent la narration.

Les auteurs modernes veulent presque tous se trop montrer dans leurs ouvrages; leurs dissertations morales font disparaître l'intérêt du récit. Ce n'est plus l'histoire qu'on lit, c'est le professeur qu'on entend, et le charme cesse.

Il me semble que la réflexion doit naître des faits; il faut l'indiquer plus que la faire : plus elle est rapide, mieux elle pénètre; elle perd sa force dès qu'elle s'étend.

D'après ces observations, que je crois justes, j'ai tenté de suivre une marche différente. On trouvera dans cet ouvrage l'histoire non interrompue de chaque peuple, depuis sa naissance jusqu'au moment où il a cessé totalement d'exister comme nation indépendante.

J'ai voulu rassembler dans le cadre le plus resserré, et sans confusion, le plus d'événements possible ; j'ai cherché à y placer toutes les actions, tous les traits dignes d'être cités, et à n'y rien omettre de tout ce que la lecture des meilleurs historiens m'a fait désirer de retenir.

Je me suis efforcé d'y peindre fidèlement tous les hommes célèbres par leurs destinées, par leurs vertus, par leurs crimes, par leurs talents et par leurs vices ; j'ai fait le plus souvent leurs portraits et prononcé leur éloge ou leur censure, en racontant simplement leurs actions, et en répétant leurs paroles.

De courtes réflexions indiquent à la jeunesse le jugement qu'elle doit porter sur les hommes et sur les faits ; elles font remarquer aussi la cause de la grandeur et de la décadence des états.

Si l'on trouve ma narration morale, intéressante et claire, mon style concis sans sécheresse, et exempt de toute affectation sans être totalement dépourvu d'élégance ; si j'ai surtout trouvé le moyen d'instruire mes lecteurs en les attachant, et de leur donner d'utiles leçons de morale et de politique sans les fatiguer, j'aurai atteint mon but, et j'espérerai que, malgré la juste modestie du titre d'un ouvrage dédié à la jeunesse, il pourra être lu avec fruit et avec plaisir par les hommes.

HISTOIRE
ANCIENNE.

CHAPITRE PREMIER.

DES ANCIENS PEUPLES.

Incertitude sur l'origine des anciens peuples. — Sur la forme de leurs gouvernements. — Inutilité des recherches sur cette matière. — Histoire des Juifs séparée.

Les savants ne sont pas d'accord sur l'ancienneté des peuples : les uns pensent que les Chaldéens ont été la première nation civilisée; beaucoup d'autres attribuent cette antériorité aux Égyptiens; et, suivant l'opinion de quelques autres, les Indiens et les Chinois la leur disputent avec avantage.

Cette question, qui a occupé tant de grands esprits, nous paraît impossible à résoudre, puisque chacun de ces différents systèmes ne s'appuie que sur des fables ou sur des faits épars, douteux et contestés; d'ailleurs nous ne voyons pas bien à quoi pourrait servir la solution de ce grand problème. Ce qui est important pour tous les hommes n'est pas de savoir quel est le premier peuple sorti de l'état sauvage pour vivre sous l'empire des lois; l'essentiel est de connaître les lois des différentes nations, leurs mœurs, leurs révolutions, l'histoire de leur gouvernement, et de bien étudier, pour notre propre intérêt, les causes de leur grandeur et de leur décadence, et tout ce qui peut avoir quelque influence sur la force, la durée des gouvernements, et sur le bonheur des hommes.

Les philosophes se sont efforcés, tout aussi vainement, de faire prévaloir leurs différents systèmes sur l'origine de la civilisation. D'abord l'état de pure nature nous semble une abstraction chimérique : car, dès qu'il y a famille, il y a société et commencement de civilisation; et cette famille, gouvernée d'abord, si l'on veut, par le pouvoir monarchique du père, a pu l'être républicainement à sa mort, si la nature ou le hasard n'ont pas donné à l'aîné des enfants les moyens de succéder à l'autorité paternelle.

La réunion plus ou moins prompte de plusieurs familles pour former un peuple a dû dépendre de la différence des localités, du climat et de mille circonstances trop variées pour servir de base à une opinion certaine.

Dans les zones brûlantes ou glacées, la réunion des familles a dû paraître plus difficile et moins nécessaire. L'homme, se nourrissant de la chasse dans les climats froids, vit errant et isolé; dans les contrées que le soleil féconde presque seul, le travail est peu nécessaire pour satisfaire les besoins de la vie; les hommes y sont indolents et sans industrie. Aussi tous les peuples dont la civilisation est la plus anciennement connue habitent les climats tempérés. Au reste, partout les peuples chasseurs, et après eux les peuples pasteurs, ont été les plus lents à se civiliser; et les nations livrées aux travaux de l'agriculture sont celles dont les progrès ont été les plus rapides. L'on en conçoit facilement la raison, puisque l'art de cultiver la terre rend les sciences nécessaires et l'industrie indispensable. Cet art demande des instruments, fait naître les fabriques et les métiers, exige la connaissance du temps des saisons et du cours des astres; enfin l'agriculture multiplie les lumières des hommes, leurs rapports, leurs besoins et leurs jouissances.

Quant à la forme variée des gouvernements que se sont donnés différents peuples, elle a dépendu de la position dans laquelle ils se trouvaient, de la nécessité plus ou moins pressante de se défendre contre l'invasion des tribus nomades ou contre le pillage des chasseurs, et surtout du caractère des hommes que cette nécessité leur aura fait prendre pour chefs. Ainsi l'on pourrait croire qu'une peuplade tranquille, n'ayant à craindre que le choc des intérêts particuliers, a pu long-temps se laisser gouverner pacifiquement par la sagesse des vieillards;

tandis qu'une nation menacée par ses voisins et forcée d'obéir au plus brave pour se défendre, aura marché plus rapidement à l'état monarchique.

Au surplus, comme les peuples n'ont écrit l'histoire de leurs gouvernements que lorsqu'ils ont été fort avancés dans leur civilisation, il est évident que nous ne pouvons savoir rien de positif sur l'origine et les premiers progrès de ces mêmes gouvernements. Tout ce qu'ont recueilli à ce sujet les auteurs les plus savants, n'est fondé que sur des traditions incertaines, mêlées de ces fables qui entourent le berceau des peuples, comme elles amusent l'enfance des hommes.

Nous croyons donc devoir nous abstenir de toutes recherches inutiles et de toutes discussions approfondies sur cette matière qui, véritablement, est plus curieuse qu'importante. Ainsi nous commencerons cette histoire générale par celle des Égyptiens, puisque cette nation, quand même elle ne serait pas la plus ancienne, est celle dont nous pouvons suivre avec moins de doute les traces dans les temps les plus reculés, et qui nous offre encore d'indestructibles et d'admirables monuments pour appuyer ses antiques traditions.

Les livres sacrés, en nous présentant l'histoire du peuple hébreu, nous font bien connaître la suite non interrompue des grands événements du monde depuis la création de la terre jusqu'à la naissance de Jésus-Christ; mais cette histoire, tracée par une main divine et que la foi respecte, doit être soigneusement séparée de toutes les histoires profanes. D'ailleurs le peuple hébreu ne fut jusqu'à Jacob qu'une famille; et, tandis que les autres descendants de Noé se dispersaient sur la terre, la famille d'Abraham vécut dans la simplicité pastorale. Les Hébreux ne devinrent une nation nombreuse que pendant leur captivité en Égypte, monarchie déjà puissante et riche, dont les rois avaient de grands et magnifiques palais quand Israël était encore sous les tentes; enfin la civilisation des Israélites naquit à leur sortie d'Égypte, au milieu du désert : elle ne suivit point les progrès plus ou moins lents des législations humaines, et Dieu lui-même dicta le code de Moïse, ce code immortel qui gouverna toujours les Juifs lorsqu'ils formaient une nation, et qui les régit encore depuis qu'ils sont dispersés. Ainsi nous croyons qu'on peut, en suivant même les lumières de l'histoire sainte, regarder le gouvernement, la civilisation et la législation des Égyptiens comme les monuments historiques les plus anciennement connus.

CHAPITRE II.

DE L'ÉGYPTE ET DE SES ROIS.

L'Afrique sans civilisation. — Position de l'Égypte. — Sa division. — Ses monuments. — Hiéroglyphes. — Labyrinthe. — Lac Mœris. — Nil. —Basse-Égypte. — L'oiseau phénix. —La ville d'Alexandrie. —Forme du gouvernement. — Vie des rois. — Législation. — Polygamie. — Mariage des frères et sœurs. — Respect pour la vieillesse. — Conduite des Égyptiens envers leurs rois. — Les six ordres de l'État. — Différentes langues en Égypte. — Croyance à la métempsycose. — Culte. — Bœuf Apis. — Ichneumon. — Superstition des Égyptiens. — Leurs progrès dans les sciences et les arts. — Navigation. — Tête de mort dans les festins. — Insouciance des Égyptiens pour la musique. — Invention de l'écriture.

Des quatre parties du monde, l'Afrique est la seule qui, jusqu'à nos jours, ait été presque totalement privée des lumières qui adoucissent les mœurs des hommes en les éclairant; et à l'exception des Égyptiens et des Carthaginois, tous les peuples qui habitent ce vaste continent sont restés dans l'ignorance et dans l'enfance de la civilisation.

L'Égypte est un pays resserré par deux chaînes de montagnes qui ne laissent entre elles et le Nil qu'une plaine dont la plus grande étendue est de cinquante lieues; la longueur de cette vallée célèbre est de deux cents lieues; elle est bornée au levant par la mer Rouge et par l'isthme de Suez, au midi par l'Éthiopie, au couchant par la Libye, et au nord par la mer Méditerranée.

Hérodote prétendait que, sous le règne d'Amasis, on trouvait dans ce pays vingt mille villes habitées; mais ce qui est prouvé par tous les monuments de l'histoire, c'est qu'autrefois ce royaume était très-riche et très-peuplé.

On divisait l'ancienne Égypte en trois parties: la plus méridionale se nommait Thébaïde; celle du milieu, Heptanome; on nommait Basse-Égypte, ou Delta, les contrées septentrionales. Strabon rapporte que, lorsque Sésostris réunit tout le royaume sous sa domination, il le partagea en trente-six gouvernements.

Les ruines qui attestent encore à nos yeux l'antique magnificence de l'Égypte, se trouvent principalement dans la Thébaïde et dans l'Heptanome. On voit encore aux lieux où fut Thèbes, cette ville dont Homère a chanté la puissance, la terre couverte d'une quantité innombrable de colonnes, de statues, et des allées à perte de vue, bordées de sphinx; on y admire les restes d'un magnifique palais, où l'antique peinture étale encore ses couleurs. Homère dit que Thèbes avait cent portes, et que sa population permettait de faire sortir par chacune d'elles deux cents chariots et dix mille hommes. On voyait aussi dans la Thébaïde la fameuse statue de Memnon, qui rendait un son articulé lorsqu'elle était frappée par les premiers rayons du soleil. L'Heptanome possédait une grande quantité de temples, entre autres celui d'Apis, un des dieux les plus révérés par les Égyptiens. Memphis était la capitale de cette contrée; on l'appelle aujourd'hui le Caire. On y montre encore aux voyageurs le puits de Joseph, taillé dans le roc et d'une profondeur prodigieuse, qui servait dans les temps de sécheresse à élever les eaux du Nil sur une colline, pour les distribuer par différents canaux. Cette contrée est encore illustrée par les pyramides, monuments prodigieux que le temps n'a pu détruire, et que l'on comptait autrefois parmi les sept merveilles du monde; tristes et vastes témoins de l'orgueil insensé de ces monarques qui ont fait périr tant de milliers d'hommes pour se bâtir des tombeaux.

Tous ces édifices étaient couverts de dessins et de figures qu'on appelle *hiéroglyphes*. Ils étaient destinés à conserver le souvenir des événements les plus remarquables; mais, jusqu'à présent, les savants n'ont pu parvenir à retrouver la clef complète de cette écriture symbolique, qui aurait répandu parmi nous de grandes lumières sur ces temps reculés.

Non loin de Memphis, il existait une merveille plus surprenante encore que les pyramides; c'était un immense édifice composé de la réunion de douze palais qui contenaient quinze cents chambres au-dessus du sol et quinze cents au-dessous. La difficulté de se retrouver dans le nombre infini de terrasses et de galeries qui servaient de communication à tous ces appartemens, avait fait donner à cet édifice le nom de *labyrinthe*. Il servait à la fois de sépulture aux rois et d'habitation aux crocodiles sacrés.

Un monument plus utile était le lac Mœris, creusé en partie par la main des hommes, et qui, si les anciens récits étaient parvenus jusqu'à nous sans erreur, aurait eu cent quatre-vingts lieues de tour et trois cents pieds de profondeur. Au reste le but de cet ouvrage, incontestablement grand et admirable, était de corriger, autant qu'on le pouvait, les irrégularités du Nil qui seul rendait l'Égypte féconde ou stérile, par l'abondance ou la rareté de ses eaux. Le lac en déchargeait la terre lorsqu'elle était trop inondée, ou s'ouvrait pour les verser quand le fleuve en refusait.

Deux pyramides, portant chacune une statue colossale, s'élevaient au milieu du lac; elles étaient creuses, hautes de trois cents pieds, et servaient ainsi d'ornement et de supplément à cet immense réservoir.

Le temps a fait un acte de justice : il a laissé tomber dans l'oubli les noms des princes qui n'ont travaillé qu'à leur tombeau ; mais il nous a conservé celui du roi Mœris, dont les étonnants travaux n'avaient pour but que la prospérité de son empire et le bonheur de ses peuples.

La plus grande merveille de l'Égypte n'est pas l'ouvrage des hommes ; la nature seule l'a créée : c'est le Nil. Il ne pleut presque jamais dans ce pays ; mais son fleuve lui apporte annuellement, par des débordements réglés, le tribut des pluies qui tombent dans les contrées voisines. L'Égypte était coupée de canaux qui distribuaient partout ses eaux bienfaisantes. Ainsi ce fleuve, répandant la fécondité, unissant les villes entre elles et la mer Méditerranée avec la mer Rouge, servait d'engrais à l'agriculture, de lien au commerce, de barrière au royaume, et était tout ensemble, comme le dit Rollin, le nourricier et le défenseur de l'Égypte. Le Nil a ses sources en Abyssinie ; il coule paisiblement dans les vastes solitudes de l'Éthiopie ; mais, en entrant en Égypte, il se trouve resserré dans un lit étroit, rempli de rochers énormes qu'on appelle cataractes, et qui le rendent furieux. Il précipite rapidement son cours du haut de ces roches dans la plaine, avec un tel bruit qu'on l'entend de trois lieues. Ce qui cause ces débordements si nécessaires à la fertilité de l'Égypte, ce sont les pluies qui tombent régulièrement en Éthiopie, depuis le mois d'avril jusqu'à la fin d'août. L'inondation du Nil commence en Égypte à la fin de juin, et dure trois mois. Les plaines de ce beau royaume offrent ainsi deux aspects bien différents dans deux saisons de l'année. Tantôt c'est une vaste mer sur laquelle s'élèvent une grande quantité de villes et de villages; tantôt c'est une belle et féconde prairie, peuplée de troupeaux, couverte de palmiers et d'orangers, dont la verdure émaillée de fleurs charme les yeux.

La Basse-Égypte, qui a la figure d'un triangle, est une espèce d'île formée par les deux branches du fleuve, qu'on appelait Pélusienne et Canopique. Les deux villes de Péluse et de Canope, dont elles avaient pris le nom, s'appellent à présent Damiette et Rosette; Saïs, Tanis, Alexandrie, Héliopole étaient les principales villes du Delta. Saïs contenait un temple dédié à Isis, avec cette inscription qui convient également à la Vérité et à la Nature : « Je suis ce » qui a été, ce qui est et ce qui sera, et personne n'a » encore percé le voile qui me couvre. »

Hérodote aimait les fables : en parlant du temple du soleil qu'on voyait à Héliopole, dans le Delta, il raconte que le phénix, oiseau merveilleux et unique dans son espèce, naît dans l'Arabie, et vit cinq ou six cents ans; sa grandeur est celle d'un aigle; ses ailes sont mêlées de blanc, de pourpre et d'or : lorsqu'il voit sa fin approcher, il forme un nid de bois aromatique, il y meurt; de ses os et de sa moelle il sort un ver qui se transforme et devient un nouveau phénix; celui-ci compose un œuf de myrrhe et d'encens; il le vide, il y dépose le corps de son père, emporte ce précieux fardeau, et vient le brûler sur l'autel du soleil dans la ville d'Héliopole.

Alexandrie, la principale des cités qui subsistent encore dans le Delta, fut bâtie par Alexandre-le-Grand, et égale en magnificence les anciennes villes de l'Égypte. Elle est à quatre journées du Caire. C'est là que se faisait le commerce de l'Orient, avant la découverte du Cap de Bonne-Espérance par les Portugais.

En écrivant l'histoire des autres peuples, nous ferons connaître leurs lois et leurs coutumes dans l'ordre des règnes et des époques qui les ont vus naître ou changer; mais nous n'aurions pu suivre cette méthode relativement aux Égyptiens. L'origine de leurs usages, de leurs cérémonies, de leur législation, se perd dans la nuit des temps : il serait impossible d'en découvrir la naissance et d'en suivre avec certitude les progrès. L'explication des hiéroglyphes pourrait seule nous faire retrouver les noms des fondateurs de cette école politique, sage et religieuse, si renommée parmi les anciens, que les plus grands hommes de la Grèce, Homère, Solon, Lycurgue, Pythagore et Platon, allèrent exprès en Égypte pour y puiser les lumières qu'ils répandirent ensuite dans leur patrie. Moïse même est loué dans l'Écriture pour s'être instruit dans toute la sagesse des Égyptiens. Ces considérations nous portent à faire précéder le récit des événements par le tableau général des lois et des coutumes de l'Égypte.

La forme du gouvernement égyptien était monarchique; mais l'autorité du roi, loin d'être absolue, se trouvait limitée par une aristocratie d'autant plus puissante qu'elle semblait tirer ses droits du ciel, et le corps des prêtres était à la fois le dépositaire des lois et des sciences, l'interprète des dieux, le surveillant et le juge des monarques.

La vie publique et privée des rois était entourée de gênes dont ils ne pouvaient s'affranchir, et de règles qu'on ne leur permettait pas d'enfreindre. Pour les préserver de toute pensée basse et servile, on éloignait d'eux tout esclave; et, pour ne point compromettre les intérêts de la patrie, on leur défendait d'admettre aucun étranger à leur service. Dans la crainte des vices et des désordres qui suivent l'intempérance, on avait réglé soigneusement la nourriture et la boisson des rois; l'ordre de leurs occupations et l'emploi de leurs journées étaient de même décidés par la loi.

En se levant, ils lisaient leurs lettres; de là ils allaient au temple où le pontife, après la prière, prononçait un discours sur les vertus nécessaires aux monarques, sur les fautes qu'ils pouvaient commettre, et sur les dangers de la flatterie et des mauvais conseils.

On lisait ensuite devant eux les livres sacrés, qui contenaient les maximes et les actions des grands hommes, pour les engager à respecter leurs lois et à suivre leurs exemples.

Le monarque travaillait après avec ses ministres; il présidait le tribunal des trente juges, tirés des principales villes de l'empire, pour rendre la justice au peuple.

Le reste de la journée était consacré aux exercices militaires et à des conversations utiles. La piété, la frugalité, la simplicité entouraient le trône, et tout prouvait que les lois avaient été faites par des hommes qui étaient à la fois prêtres, législateurs et médecins.

La législation des anciens peuples était sans doute moins parfaite que celle des nations modernes, et cependant elle avait plus de force et de durée : on en trouvera la cause dans son origine. Les anciens législateurs d'Égypte et de Rome passaient pour avoir été inspirés par la Divinité; on dispute contre les hommes et non contre les dieux. Les lois d'Osiris, d'Hermès, de Moïse, de Numa, ne devaient éprouver aucune contradiction : on les respectait comme des oracles; elles devenaient des sentiments comme des habitudes, et se gravaient dans les ames comme dans les esprits. La législation de ces peuples s'unissait d'une manière indissoluble à leur religion, et il leur était aussi difficile de changer de loi que de culte; c'est ce qui explique leur constance à suivre leurs réglements et leurs coutumes: elle était telle que Platon disait qu'on pouvait regarder une coutume nouvelle comme un prodige en Égypte, et que jamais aucun peuple n'a conservé plus long-temps ses usages et ses lois.

Pour rendre les juges indépendants et exclusivement occupés de leurs fonctions, on leur avait assigné des revenus, et ils rendaient gratuitement la justice au peuple.

On jugeait les affaires par écrit et sans avocats, parce qu'on craignait l'art de la fausse éloquence qui réveille les passions et trompe les esprits.

Le président du tribunal portait à son cou une chaîne d'où pendait l'effigie de la Vérité, et il prononçait ses arrêts en présentant cette image à la partie qui gagnait sa cause.

On punissait de mort le meurtrier, le parjure et le calomniateur.

Le lâche qui ne défendait pas un homme attaqué, lorsqu'il avait la possibilité de le sauver, perdait aussi la vie.

On ne permettait à personne d'être inutile à

l'État : chacun s'inscrivait dans un registre et déclarait sa profession ; une fausse déclaration se punissait de mort.

La liberté individuelle était fort respectée dans ce pays : on n'y arrêtait pas même les débiteurs. Mais, pour garantir la fidélité des engagements, nul ne pouvait emprunter sans engager le corps de son père aux créanciers ; dans cette contrée, on embaumait et conservait les morts avec soin. Un pareil gage était sacré : celui qui ne l'aurait pas retiré promptement aurait commis une infamie et une impiété, et s'il mourait sans avoir rempli ce devoir, on le privait des honneurs de la sépulture.

La polygamie était permise aux Égyptiens : les prêtres seuls ne pouvaient avoir qu'une femme.

La vénération des pontifes pour le dieu Osiris et pour la déesse Isis, sa sœur, avait introduit un grand vice dans la législation égyptienne ; le mariage des frères avec les sœurs y était non-seulement permis, mais autorisé par la religion et encouragé par l'exemple des dieux.

La vieillesse jouissait en Égypte de beaucoup d'honneurs et de considération, et les législateurs de la Grèce imitèrent ceux de l'Égypte, en ordonnant aux jeunes gens de respecter les vieillards. Cette louable habitude annonçait et accompagnait une autre vertu, celle de la reconnaissance. L'ingratitude était en horreur, et les Égyptiens ont eu la gloire d'être loués comme les plus reconnaissants des hommes.

Si les rois devaient consacrer leur temps et leur vie au bonheur de la nation, elle les payait de leur peine par sa reconnaissance. Pendant leur vie, les monarques se voyaient honorés comme les images de la Divinité; après leur mort, on les pleurait comme les pères du peuple.

Quand un roi gouvernait mal, et consultait plus ses passions que les lois, on gémissait en silence; les prêtres seuls lui faisaient de respectueuses remontrances; mais, lorsqu'il était mort, sa mémoire était sévèrement condamnée; car tous les monarques, en quittant le trône et la vie, étaient soumis à un tribunal qui examinait leurs actions, et prononçait, avec une inflexible justice, l'arrêt qui devait honorer ou flétrir leur règne, et décerner ou refuser les honneurs funèbres à leurs mânes.

On comptait dans l'état trois ordres principaux : le roi et les princes, les prêtres, les soldats; et trois ordres secondaires : les bergers, les laboureurs et les artisans. Les terres qui faisaient le domaine du roi, payaient les dépenses de sa cour et de l'administration.

Les biens des prêtres étaient affectés aux frais du culte et de l'éducation nationale. Les terres données à l'armée payaient la solde militaire.

L'ordre des prêtres était le plus respecté; ils entraient dans le conseil, et portaient un habit distingué. Le sacerdoce était héréditaire.

Lorsqu'on était dans la nécessité d'élire un roi, s'il n'était pas de famille sacerdotale, on l'initiait dans l'ordre avant son inauguration. Les prêtres étaient exempts de tout impôt. Il paraît qu'ils avaient une religion secrète, différente du culte public; ils connaissaient la Divinité, dont le peuple n'adorait que les images et les emblêmes.

Il existait aussi en Égypte des langues différentes: le langage sacré, que les premiers d'entre les pontifes connaissaient seuls; la langue hiéroglyphique, qui n'était bien entendue que par les savants, et la langue vulgaire, qui est encore celle que parlent les Cophtes, habitants de l'Égypte moderne.

Les législateurs égyptiens enseignaient le dogme de l'immortalité de l'ame, et croyaient à la métempsycose, pensant que les ames, avant d'animer d'autres corps humains, passaient dans ceux de quelques bêtes immondes, pour expier leurs fautes si elles avaient été vicieuses; et comme, selon leur opinion, cette transmigration et ce châtiment ne pouvaient commencer qu'après la corruption du cadavre, ils cherchaient à la retarder en embaumant avec soin les corps de leurs parents. Ils construisaient avec beaucoup de magnificence leurs sépulcres qu'ils nommaient des demeures éternelles, et ne considéraient leurs maisons que comme des hôtelleries.

Il n'est pas certain que les grands-prêtres de l'Égypte aient communiqué tous les secrets de leurs mystères et de leur culte aux philosophes grecs qui venaient les visiter. Nous dirons, en peu de mots, ce que ceux-ci nous ont appris de la religion des Égyptiens. Ils adoraient plusieurs divinités, dont les premières étaient le soleil et la lune, sous le nom d'Isis et d'Osiris; la Grèce reçut d'eux le culte de Jupiter, de Junon, de Minerve, de Cérès, de Vulcain, de Neptune, de Vénus et d'Apollon. Les emblêmes sous lesquels ils représentaient leurs divinités, étaient expressifs, mais bizarres. Un œil au bout d'un sceptre signifiait la providence d'Osiris; un faucon, sa vue perçante. La statue d'Isis, toute couverte de mamelles, montrait qu'elle nourrissait tous les êtres; elle portait une cruche et un sistre, pour rappeler la fécondité du Nil et les fêtes qu'on célébrait en son honneur. Sérapis, dieu de l'abondance, avait un boisseau sur la tête; Jupiter Ammon, la tête d'un bélier; Anubis, celle d'un chien; enfin beaucoup d'autres dieux, celles de différents animaux. Le peuple, naturellement superstitieux et grossier, oublia bientôt la Divinité pour adorer ses images, et, dans toutes les villes et bourgs de ce vaste pays, on vit les animaux et les plantes, érigés en dieux, devenir l'objet du culte le plus méprisable et le plus fanatique. Le rat ou le serpent, adoré dans une ville, était méprisé dans l'autre; on immolait dans un village ce qu'on encensait dans le village voisin; et cette opposition d'opinions et d'usages faisait naître entre les habitants du même pays, des haines funestes, que Diodore prétend avoir été provoquées par la politique d'un roi qui crut affermir son autorité en divisant ses sujets.

Une des plus fameuses de leurs idoles fut le bœuf Apis, universellement révéré. Jamais divinité n'eut des temples plus magnifiques, des prêtres plus riches et plus zélés. Les honneurs qu'on lui rendait, les dépenses pour le nourrir, le désespoir après sa mort, l'empressement à lui chercher un successeur, paraissent incroyables. Lorsqu'on l'installait à Memphis, toute l'Égypte était en fêtes et en réjouissances.

Il paraît que cette vénération avait fait une profonde impression sur les Israélites, puisqu'ils se révoltèrent dans le désert contre Moïse, pour dresser un autel au veau d'or.

L'affection des Égyptiens pour l'ichneumon paraîtra moins déraisonnable, puisque ce petit animal combattait le crocodile, monstre redoutable et fort commun dans les eaux du Nil.

La superstition générale était portée à un tel point, que les personnes les plus distinguées de l'État s'empressaient de servir, dans leurs temples,

les chats, les oiseaux et les autres objets du culte populaire; déplorable preuve de la faiblesse humaine, qui nous fait voir la plus sage nation de l'Univers livrée aux plus honteuses folies!

Beaucoup de monuments attestent les progrès du peuple égyptien dans l'astronomie, dans la géométrie et dans plusieurs autres sciences. Regardés comme bons agriculteurs, leurs nombreuses conquêtes ont prouvé leur bravoure; mais, s'ils se vantaient d'avoir découvert beaucoup d'arts et de métiers, on doit convenir qu'ils les avaient peu perfectionnés. Leurs édifices ne présentent qu'une architecture colossale, sans goût et sans proportion; leurs statues sont informes et presque ébauchées, et leurs peintures, avec de vives couleurs, ne rappellent que l'enfance de l'art.

La navigation égyptienne s'étendait par la mer Rouge sur les côtes de l'Afrique et de l'Asie; l'Égypte rapportait de l'Inde de grandes richesses, et peut-être quelques-unes des lois et des connaissances dont elle s'honore.

En général, le peuple égyptien était grave et peu adonné au plaisir. Dans leurs festins, où régnait la tempérance, on leur présentait une tête de mort pour leur rappeler la brièveté de la vie.

Ils faisaient peu de cas de la musique, regardant cet art comme propre à amollir les mœurs. Les Égyptiens s'attribuent l'invention de l'écriture; ils traçaient leurs caractères sur l'écorce d'une plante du pays nommée *papyrus*.

Ce que nous allons dire, d'après les Grecs, des temps fabuleux de l'Égypte, fera connaître plus particulièrement l'idée que les Égyptiens s'étaient faite d'Osiris, d'Isis, leurs premiers souverains et leurs premières divinités : car il est impossible de séparer le commencement de l'histoire d'un tel peuple, de ses fables et de sa religion.

CHAPITRE III.

TEMPS FABULEUX, TEMPS HÉROIQUES,
ROIS D'ÉGYPTE.

Naissance d'Osiris, d'Isis et de Typhon. — Règne d'Osiris. — Ses voyages. — Son retour. — Sa mort. — Sa résurrection. — Mort de Typhon. — Fausseté de l'histoire de Manéthon. — Division de l'Égypte. — Celle de son histoire. — Ménès. — Premier roi. — Thèbes bâtie par Busiris. — Osymandias. — Ses constructions. — Sa bibliothèque. — Son tombeau. — Division de l'année. — Euchoréus. — Memphis bâtie par lui. — Moeris. — Son lac. — Rois pasteurs. — Leur domination pendant deux cent soixante ans. — Amosis. — Son règne. — Époque de Joseph. — Ramescès. — Ses persécutions envers les Israélites. — Sésostris. — Le plus grand roi d'Égypte. — Éducation des enfans nés le même jour que lui. — L'Arabie soumise par lui. — Son administration. — Force de son armée. — Ses conquêtes. — Son repos après ses victoires. — Ses constructions. — Conspiration de son frère. — Cécité de Sésostris. — Fuite de son frère. — Phéron. — Son règne obscur. — Sa cécité. — Protée. — Guerre de Troie sous son règne. — Sa conduite envers Pâris. — Rhampsinit. — Son voyage fabuleux aux enfers. — Chéops et Chéphren. — Leur tyrannie. — Mycérénus. — Culte des dieux rétabli. — Asychis. — Sa loi pour les débiteurs. — Pharaon. — Mariage de sa fille avec Salomon. — Sézac. — Sa victoire sur les Israélites. — Zara. — Sa défaite. — Anysis. — Sa cécité. — Règne de Sabacus. — Séthos. — Sa conduite envers son armée qui l'abandonne. — Ravage des rats. — Taracca. — Dernier roi égyptien. — Les douze rois. —

Affaissement de la puissance égyptienne. — Coalition des douze rois. — Élévation du fameux labyrinthe. — Exil de Psammitique, un des douze rois. — Défaite des onze rois. — PSAMMITIQUE. — Il accueille les étrangers.—Fable sur deux enfans.—Prise d'Azoth après vingt-neuf ans de siége. — NÉCHAO. — Grandes entreprises sous son règne. — Désastre de l'une d'elles. — Ses victoires. — Perte de ses conquêtes.—PSAMMIS. — Établissement des jeux olympiques.—APRIÈS. — Ses victoires. — Sa défaite. — Sa cruauté. — Conquêtes de Nabuchodonosor. — AMASIS. — Vice-roi, ensuite roi. — Ses occupations.—Apologue de la cuvette d'or. — Chapelle d'une seule pierre. — PSAMMENITS. — Son règne de six mois. — Punition de la mort d'un héraut. — Sa défaite par Cambyse. — Sa mort.

Jupiter et Junon, enfants de Saturne et de Rhée, c'est-à-dire du temps et de la terre, engendrèrent Osiris, Isis, Typhon, Apollon et Vénus. Rhée, ayant commis une infidélité avec Mercure, fut condamnée par Saturne, son mari, à ne pouvoir accoucher dans aucun mois de l'année; mais Mercure déroba à plusieurs mois des heures dont il forma cinq jours qui n'appartenaient à aucun de ces mois, et, pendant ces jours, Rhée accoucha d'une multitude de dieux et de déesses. L'un de ces dieux fut un nouvel Osiris, qu'une vierge éleva avec beaucoup de soin et de tendresse.

Chargé de gouverner l'Égypte, il adoucit les mœurs sauvages de ses habitants; il bâtit la première ville, fonda les premiers temples et conçut le projet de civiliser toute la terre. En parcourant le monde dans ce dessein, il n'employa d'autres forces que celles de l'éloquence, de la musique et de la poésie ; neuf vierges, habiles musiciennes, l'accompagnaient dans ce voyage, sous la conduite d'Apollon, son frère.

Maron, qui le premier apprit à cultiver la vigne, et Triptolème, auquel on doit l'art du labourage, de la semence et des moissons, marchaient à sa suite. Enfin il grossit son cortége de quelques satyres, dont les danses et la gaîté lui parurent propres à gagner l'esprit des peuples qu'il voulait soumettre.

En quittant l'Égypte, Osiris y laissa Hercule pour la défendre, à la tête d'une armée. Antée, Busiris et Prométhée furent chargés du gouvernement des provinces, sous l'administration générale d'Isis que dirigeait et conseillait Hermès. Hermès était le plus habile des hommes dans l'opinion des Égyptiens, puisqu'ils prétendent qu'on lui doit les sons articulés, les lettres, la religion, l'astronomie, l'arithmétique, la lutte, la musique, la lyre à trois cordes et la culture de l'olivier. C'est cet Hermès qu'on nommait *Trismégiste,* trois fois grand, et qu'on assurait être le même que Mercure.

Osiris parcourut l'Arabie, l'Éthiopie, les Indes et toute l'Asie, bâtissant partout des villes sur son passage, érigeant des temples et enrichissant tous les peuples de connaissances utiles.

Revenu dans ses états, le conquérant législateur fut bientôt trahi par Typhon, son frère, qui voulait s'emparer du trône. Ce frère perfide le reçut avec l'apparence de l'amitié, l'invita à un festin. Pendant le repas, on apporta un coffre magnifique ; chacun en admirait l'ouvrage et la richesse. Typhon dit qu'il le donnerait à celui dont le corps le remplirait exactement. Plusieurs convives ayant inutilement tenté de le remplir, Osiris y entra à son tour. Le coffre se ferma ; Typhon fit verser dessus du plomb fondu, et l'envoya jeter dans la mer.

Isis, désolée, chercha dans tous les pays ce coffre funeste et précieux. Après beaucoup de voyages et de peines, elle le trouva chez un roi qui l'avait tiré des eaux. A sa vue elle jeta un cri si lamentable que le fils du monarque en mourut de frayeur. D'un seul de ses regards, elle tua un autre prince, qui la surprenait lorsqu'elle approchait son visage du corps de son époux.

Osiris ressuscita et descendit souvent du ciel pour diriger par ses conseils Isis, qui revint en Égypte, combattit et tua Typhon, et plaça les enfants d'Osiris sur différents trônes de la terre.

Après ces temps fabuleux, commencent les temps héroïques, dont l'histoire est très-obscure et très-incertaine. Les Égyptiens prétendaient avoir été gouvernés vingt mille ans par les dieux, les demi-dieux et les héros.

Manéthon, grand-prêtre d'Égypte, avait publié l'histoire de trente dynasties qu'il prétendait avoir tirée des écrits d'Hermès ou Mercure, et des anciens mémoires conservés dans les archives des temples. Cet ouvrage parut sous le règne de Ptolémée Philadelphe. Les dynasties de Manéthon comprennent plus de cinq mille trois cents ans jusqu'au règne d'Alexandre. Les savants ont démontré la fausseté de ses calculs. Ératosthène, Cyrénéen, appelé à Alexandrie par Ptolémée Évergète, donnait une liste de trente-huit rois thébains, toute différente de ceux de Manéthon. Ce qui est vraisemblable, c'est que, l'Égypte ayant été long-temps partagée en quatre royaumes, dont les capitales étaient Thèbes, Thaïn, la Saïs des Grecs, Memphis et Tanis, on a donné la liste des rois qui ont gouverné ces différents états, et qu'on a souvent pris leurs règnes simultanés pour des règnes successifs. Sans vouloir éclaircir ces obcurités ni expliquer ces contradictions, nous ferons connaître simplement ce qu'Hérodote et Diodore ont dit des rois d'Égypte. Leur but a été, comme le nôtre, de parler seulement des monarques égyptiens dont l'histoire a paru la plus intéressante et la plus instructive. L'histoire ancienne d'Égypte contient deux mille cent cinquante-huit ans; elle peut se diviser en trois parties.

La première[1], depuis l'établissement de la monarchie, fondée par Ménès, l'an du monde 1816, jusqu'à sa destruction par Cambyse, roi de Perse, l'an 3479.

[1] La première époque contient 1663 ans.

La seconde[1], depuis l'invasion des Perses jusqu'à la mort d'Alexandre-le-Grand, arrivée en 3681.

Enfin la troisième[2] contient l'histoire des monarques grecs appelés Lagides, et s'étend depuis Ptolémée Lagus jusqu'à la mort de Cléopâtre, dernière reine d'Égypte, en 3974.

MÉNÈS, ROI.

(An du monde 1816. — Avant Jésus-Christ 2188.)

Tous les historiens s'accordent à reconnaître Ménès comme le premier roi d'Égypte; il s'appelait aussi Mezraïm, et il était fils de Cham et petit-fils de Noé.

Cham, après le mauvais succès de l'entreprise faite pour bâtir la tour de Babel, alla en Afrique : on croit même que ce fut lui qui, dans la suite, y fut honoré comme dieu, sous le nom de Jupiter Ammon. Il avait quatre enfants, Chus, Mezraïm, Phuth et Chanaan. Chus s'établit en Éthiopie; Mezraïm, en Égypte; Chanaan, dans le pays qui depuis a porté son nom, et que les Grecs appelaient Phénicie; Phuth s'empara de la partie de l'Afrique qui est à l'occident de l'Égypte.

Ménès établit le culte des dieux, et régla les cérémonies des sacrifices. Assez long-temps après lui, Bu-

---

[1] La seconde époque contient 202 ans.
[2] La troisième époque contient 293 ans.

siris bâtit la ville de Thèbes. Ce n'est pas ce même Busiris dont l'histoire a consacré la cruauté.

OSYMANDIAS, ROI.

Il fallait que le royaume fût déjà très-peuplé et très-puissant, puisque Osymandias porta la guerre en Asie, et combattit les Bactriens à la tête d'une armée de quatre cent mille hommes d'infanterie et de vingt mille chevaux. A son retour, il fit construire des édifices magnifiques, ornés de bas-reliefs et de peintures qui représentaient les événements de cette expédition. On voyait dans un de ces tableaux une assemblée de juges, dont le président, entouré d'un grand nombre de livres, portait au cou une image de la Vérité qui avait les yeux fermés, pour apprendre aux juges qu'ils doivent savoir les lois et juger avec impartialité.

Osymandias forma une immense bibliothèque qui devint célèbre. Sur la porte on lisait cette inscription : *Trésor des remèdes de l'âme*. Le tombeau de ce roi frappait les yeux par sa magnificence extraordinaire; environné d'un cercle d'or, d'une coudée de largeur et de trois cent soixante-cinq coudées de circuit, on y avait marqué les heures du lever et du coucher du soleil, et les différentes phases de la lune. On sait par ce monument, dont la matière et le travail étaient également admirables, que, dès ce temps-là, les Égyptiens divisaient l'année en douze mois, chacun de trente jours; et qu'après le douzième mois ils ajoutaient cinq jours et six heures.

Près de la bibliothèque, le roi avait placé les statues de tous les dieux, auxquels il offrait de magnifiques présents. Il s'attira une grande vénération par sa justice pour les hommes et par sa piété envers les dieux.

EUCHORÉUS, ROI.

Euchoréus, l'un des successeurs d'Osymandias, bâtit la ville de Memphis, à la pointe du Delta, à l'endroit où le Nil se partage en plusieurs branches. Il lui donna cent cinquante stades de circuit, c'est-à-dire plus de sept lieues. Entourée de fossés et de chaussées, qui la mettaient à couvert des inondations du fleuve et des attaques des ennemis, cette ville, qu'on regardait comme la clef du Nil, dominait le pays, et devint la résidence des rois, jusqu'au moment où Alexandre fit bâtir Alexandrie.

MŒRIS, ROI.

(An du monde 1964. — Avant Jésus-Christ 2040.)

Mœris n'est fameux que par le lac qui porte son nom, et dont nous avons parlé. Cet immortel ouvrage prouvait à la fois la population du pays, la puissance du prince, et la sagesse qui lui faisait diriger ses grands travaux vers un but utile. Heureux le prince dont le règne, peu fécond en grands événements, ne vit dans l'histoire que par des monuments et des bienfaits!

ROIS PASTEURS.

Il paraît que ce fut après la mort de Mœris que des étrangers, arabes ou phéniciens, s'emparèrent de la Basse-Égypte et de Memphis. Leur domination y dura deux cent soixante ans; mais le trône de Thèbes fut toujours occupé par la dynastie des anciens rois, jusqu'au temps de Sésostris.

Ce fut sous le règne d'un de ces rois pasteurs, appelé, comme les autres, Pharaon, qu'Abraham vint en Égypte avec Sara, sa femme, dont la beauté enflamma le monarque égyptien.

AMOSIS OU THETHMOSIS, ROI.

(An du monde 2179. — Avant Jésus-Christ 1825.)

Amosis vainquit les rois pasteurs, les chassa de Memphis, et régna comme ses ancêtres, sur toute l'Égypte. La suite des rois jusqu'à Ramescès est inconnue. Pendant cette époque, en 2276, Joseph vendu par des marchands ismaélites aux Égyptiens, fut conduit, par une suite d'événements merveilleux, à la place de gouverneur de l'Égypte. Il établit dans ce pays son père Jacob et toute sa famille, en 2298. Trogue Pompée, historien du temps d'Auguste s'accorde, en racontant cette histoire, avec les livres sacrés, et donne de grands éloges à l'intelligence de Joseph et à sa rare prudence, qui avaient sauvé l'Égypte de la famine.

RAMESCÈS MIAMUM, ROI.
(An du monde 2427. — Avant Jésus-Christ 1577.)

Ce prince régna soixante-six-ans, et persécuta les Israélites; il les força de bâtir les villes de Phétum et de Ramescès, et les accabla de fardeaux et de travaux insupportables. Il eut deux fils, nommés Aménophis et Busiris. Quelques auteurs pensent que ce fut Aménophis qui périt en poursuivant les Israélites au passage de la mer Rouge, l'an du monde 2513, et avant Jésus-Christ 1491. D'autres, et Diodore est de ce nombre, attribuent la persécution des Hébreux à Sésostris, qui employait à ses ouvrages beaucoup d'étrangers. En suivant cette opinion, on placerait le grand événement du passage de la mer Rouge sous le roi Phéron, fils de Sésostris: le caractère d'impiété que lui donne Hérodote, et la similitude de son nom avec celui de Pharaon, ont rendu cette conjecture vraisemblable aux yeux de plusieurs historiens.

Ussérius prétend qu'Aménophis eut deux fils, nommés Sésostris et Armaïs. Les Grecs l'appellent Bélus, et ses deux enfans Égyptus et Danaüs.

SÉSOSTRIS, ROI.

(An du monde 2513. — Avant Jésus-Christ 1491.)

Sésostris fut le plus grand des rois d'Égypte. L'éducation que son père lui avait donnée, annonçait au monde un conquérant. Tous les enfants nés dans le royaume le même jour que lui, furent amenés à la cour par ordre du roi. Ils furent nourris près du jeune Sésostris, et reçurent la même éducation. Ils partagèrent ses travaux, ses exercices; on les accoutuma à une vie dure et laborieuse; on les prépara par les fatigues de la chasse à celles de la guerre. Leurs repas étaient le prix de leurs courses et de leurs luttes. Toute cette jeunesse, liée par un attachement presque fraternel à celui qui devait la gouverner, devint l'ornement de sa cour et l'appui de son trône. Tous veillaient pour sa sûreté et combattaient pour sa gloire : jamais prince n'eut de plus fidèles ministres, d'officiers plus zélés et de soldats plus ardents.

Ælien prétend que Sésostris fut instruit par Mercure Trismégiste, auquel on attribuait l'invention de tous les arts. Il paraît qu'Ælien se trompe; car Mercure ou Hermès existait du temps d'Osiris : au reste, Jamblique, prêtre égyptien, assurait que l'usage de son pays était de mettre sous le nom de Mercure tous les ouvrages que les savants publiaient.

Dès que Sésostris fut sorti de l'enfance, son père le chargea de porter la guerre en Arabie, et le jeune prince soumit ce peuple qui jusque-là passait pour indomptable. Il tourna ensuite ses armes du côté de la Lybie, et en conquit la plus grande partie.

Aménophis, en mourant, laissa à son fils de grands trésors et une forte armée : mais ce qui assura principalement le succès de ses entreprises, c'est le soin qu'il prit de ne point sacrifier le bonheur de son peuple à sa gloire. Différent de tous les autres conquérants, il chercha et trouva sa force dans l'amour de ses sujets.

Son ambition ne lui fit jamais négliger les soins de l'administration. Libéral, juste et populaire, il protégea le commerce et l'agriculture. Il divisa le royaume en trente-six gouvernements, qu'il fit administrer par des hommes dont il avait éprouvé les vertus et la capacité. Il pourvut ainsi à la sûreté intérieure de ses états, en s'attachant les peuples par des liens de vénération, d'affection et d'intérêt.

Son armée, composée de six cent mille hommes de pied, de vingt-quatre mille chevaux et vingt-sept mille chars, était commandée par dix-sept cents officiers choisis parmi les plus braves et les plus estimés des compagnons de son enfance. Une si grande force, dirigée par tant de sagesse, devait éprouver peu de résistance; aussi Sésostris fut un des plus heureux et des plus célèbres conquérants.

Il subjugua d'abord l'Éthiopie et l'obligea à lui payer tous les ans un tribut en ébène, en ivoire et en or. Pour cette expédition il avait équipé une flotte de quatre cents voiles, qui parcourut la mer Rouge et s'empara de toutes les côtes.

Il soumit toute l'Asie avec une rapidité inconcevable, et pénétra dans les Indes plus loin qu'Hercule et que Bacchus. Il passa le Gange et s'avança jusqu'à la mer. La Scythie, l'Arménie et la Cappadoce reconnurent sa domination; la Colchide reçut une colonie égyptienne, et en conserva long-temps les mœurs. Du temps d'Hérodote on voyait encore dans l'Asie-Mineure plusieurs monuments de ses victoires, et on lisait sur des colonnes cette inscription gravée : « Sésostris, le roi des rois et le sei- » gneur des seigneurs, a conquis ce pays par ses » armes. »

Son empire s'étendait depuis le Gange jusqu'au Danube. Les figures hiéroglyphiques tracées sur les monuments désignaient les peuples qui avaient défendu leur liberté et ceux qui avaient cédé sans combattre. La Thrace fut le terme de ces conquêtes : l'Europe, inculte et sauvage, offrait alors peu d'appât à l'ambition, et n'aurait pu fournir de vivres à une armée si nombreuse.

Ce qui rendit la gloire de Sésostris aussi solide que brillante, et ce qui le préserva des désastres qui ne suivent que trop souvent les conquêtes, c'est qu'il ne songea pas à maintenir son autorité sur les nations conquises. Content de l'honneur de les avoir battues et d'y avoir levé des tributs, il se renferma sagement dans ses anciennes limites, et revint à Memphis chargé de la dépouille des peuples vaincus. Il versa ses trésors dans son pays, récompensa magnifiquement son armée, et fit jouir paisiblement ses compagnons d'armes du fruit de leurs travaux.

Il employa son repos à construire des ouvrages utiles à la fécondité des terres et aux transports du commerce. Cent temples, érigés par lui, furent les monuments de sa reconnaissance envers les dieux. Des inscriptions gravées sur leurs portes annonçaient que ces grands travaux, faits par des captifs, n'avaient coûté ni fatigues ni sueurs à ses sujets.

A son retour, son frère ourdit une conspiration contre lui, et mit le feu à son palais. S'étant sauvé de ce péril, il enrichit le temple de Vulcain à Péluse, croyant qu'il devait son salut à la protection de ce dieu.

Les grandes chaussées qu'il avait construites, les canaux qu'il avait creusés, mettaient l'Égypte en sûreté contre les débordements du Nil, facilitaient les communications intérieures et rendaient le pays inaccessible aux courses de la cavalerie arabe. Son règne glorieux fut toujours révéré en Égypte, et il pourrait servir de modèle aux monarques, si Sésostris n'avait terni ses vertus par son orgueil. Il obligeait les chefs des nations vaincues à venir lui rendre hommage et à lui payer des tributs; il faisait atteler à son char ces rois et ces princes, fier d'être ainsi traîné par les maîtres des nations. Diodore vante cette vanité; quand l'histoire commet cette bassesse, elle est complice de la tyrannie.

Sésostris devint aveugle dans sa vieillesse; il ne put supporter ce malheur et se tua. Il avait régné trente-trois ans, et laissa l'Égypte puissante et riche; mais le sceptre sortit de sa dynastie à la quatrième génération : ainsi passe la gloire humaine; il n'en reste que quelques monuments et un tombeau!

Les Égyptiens, à cette époque, établirent différentes colonies. Celle de Cécrops bâtit douze villes qui composèrent par la suite le royaume d'Athènes. Le frère de Sésostris, Armaïs ou Danaüs, n'ayant pu réussir dans sa conjuration, s'enfuit dans le Péloponnèse et s'empara du royaume d'Argos, fondé quatre cents ans auparavant par Inachus.

Ce fut dans ce temps que Cadmus porta de Syrie en Grèce les lettres phéniciennes ou samaritaines.

Ce que l'histoire rapporte de la férocité de Busiris, frère d'Aménophis, qui égorgeait impitoyablement tous les étrangers descendus sur le Nil, est peu conciliable avec la fermeté de Sésostris et la tranquillité dont l'Égypte jouissait sous son règne. Il est probable que ce prince n'exerça ses cruautés qu'après la mort du roi.

PHÉRON, ROI.

(An du monde 2547. — Avant Jésus-Christ 1457.)

Phéron succéda à Sésostris sans le remplacer, vécut sans vertu et mourut sans gloire. Il n'imita que l'orgueil de son père; il le poussa même jusqu'au délire, puisqu'on prétend qu'indigné contre le Nil, dont le débordement causait un grand dégât, il lança un javelot dans le fleuve pour le châtier. Il perdit la vue peu de temps après : cet accident fut regardé comme une punition de son impiété.

PROTÉE, ROI.

(An du monde 2800. — Avant Jésus-Christ 1204.)

Ce fut sous le règne de ce prince qu'éclata la guerre de Troie. Hérodote prétend que Pâris retournant en Phrygie avec Hélène, fut jeté par la tempête sur la côte d'Égypte. Protée, dit cet historien, reprocha au Troyen sa lâche perfidie et la passion criminelle qui l'avait porté à dépouiller son hôte de ses biens et à enlever sa femme.

Il ne le fit pas mourir par respect pour les lois qui défendaient aux Égyptiens de souiller leurs mains du sang des étrangers. Il le chassa de ses états, en gardant Hélène et ses richesses pour les rendre à leur légitime possesseur. A cette occasion, il fit bâtir un temple dans la ville de Memphis, dédié à Vénus l'Étrangère.

RHAMPSINIT, ROI.

Son voyage aux enfers, rapporté par Hérodote, est trop fabuleux pour trouver place dans l'histoire. Ce monarque eut la gloire d'être le dernier qui fit régner la justice en Égypte.

CHÉOPS ET CHÉPHREN, ROIS.

La violence, l'injustice et l'impiété signalèrent le gouvernement de ces deux rois. Les prêtres et les sages ne furent point écoutés; on ordonna de fermer les temples; on défendit d'offrir des sacrifices aux dieux; le caprice et l'arbitraire remplacèrent les lois; les Égyptiens furent accablés d'impôts et de travaux. On attribue à ces deux rois la construction des deux plus grandes pyramides, monuments indestructibles d'un désir insensé d'immortalité, et qui fatiguent encore par leur poids la terre qu'opprimaient ces deux tyrans. L'Égypte gémit cinquante ans sous leurs règnes.

MYCÉRÉNUS, ROI.

Mycérénus était fils de Chéops. Il ne fut pas cruel comme son père : il rétablit le culte des dieux, et sa douceur le fit aimer. Les peuples respiraient; mais ce repos fut court. Un oracle avait annoncé au roi qu'il ne garderait le trône que sept ans; cet oracle s'accomplit. Mycérénus se plaignait aux dieux de leur injustice, qui accordait si peu de jours à un roi vertueux; tandis que deux princes barbares avaient régné un demi-siècle. Les prêtres répondirent que la douceur de son règne était précisément la cause de sa brièveté, parce que les dieux avaient voulu rendre les Égyptiens malheureux pendant cent cinquante ans pour les punir de leurs vices.

Ce roi, aussi malheureux que bienfaisant, avait perdu sa fille unique, qui seule faisait sa consolation; il rendit de grands honneurs à sa mémoire. Du temps d'Hérodote, on brûlait encore dans Saïs, jour et nuit, des parfums sur son tombeau. On attribue aussi à Mycérénus la construction d'une petite pyramide. La tradition fabuleuse de l'oracle prouve seulement la bonté de ce roi et le relâchement des mœurs en Égypte à cette époque.

ASYCHIS, ROI.

On dit que ce prince fut l'auteur de la loi qui ordonnait aux débiteurs de donner le corps ou la momie de leur père aux créanciers pour gage de leur créance. Les événements de son règne ne nous sont pas connus. Il passait pour avoir fait construire en briques une pyramide plus grande que toutes les autres, et qui portait cette inscription : « Gardez-vous de me mépriser en me comparant aux autres pyramides faites de pierres; je leur suis autant supérieure que Jupiter l'est aux autres dieux. »

En supposant que les six règnes précédents aient duré cent soixante-dix ans, il existe dans l'histoire d'Égypte une lacune de près de trois cents ans jusqu'à Sabacus l'Éthiopien. Rollin place dans cet intervalle deux ou trois faits qu'on trouve dans les livres saints.

PHARAON, ROI.

(An du monde 2991. — Avant Jésus-Christ 1013.)

Pharaon donna sa fille en mariage à Salomon, roi d'Israël.

SÉZAC, ROI.

(An du monde 3026. — Avant Jésus-Christ 978.)

Ce fut chez ce prince que se réfugia Jéroboam, pour éviter la colère de Salomon.

Sézac marcha contre Jérusalem, la cinquième année du règne de Roboam, à la tête d'une grande armée de Libyens, de Troglodytes et d'Éthiopiens. Il battit les Israélites, enleva les trésors du temple et du roi, et rapporta en Égypte les trois cents boucliers d'or de Salomon.

ZARA, ROI.

(An du monde 3063. — Avant Jésus-Christ 941.)

Ce prince, qui gouvernait l'Égypte et l'Éthiopie, conduisit en Judée un million d'hommes et trois cents chariots de guerre.

Aza, roi de Juda, lui livra bataille; et, secouru par le dieu qu'il avait invoqué, il tailla en pièces les Égyptiens et extermina leurs armées.

ANYSIS, ROI.

(An du monde 3237. — Avant Jésus-Christ 767.)

Ce roi était aveugle. Il fut détrôné par Sabacus, roi d'Éthiopie, qui, sur la foi d'un oracle, entreprit et fit la conquête de l'Égypte. Sabacus régna avec douceur; il supprima la peine de mort et lui substitua les travaux publics. Il bâtit plusieurs temples. Hérodote cite celui de Rubaste, dont il fait une magnifique description. Rollin croit que Sabacus est le même que Sua qui secourut Osée, roi d'Israël, contre Salmanasar, roi des Assyriens.

Après avoir régné cinquante ans, il rendit le trône à Anysis, qui jusque-là avait vécu obscur et caché.

SÉTHOS, ROI.

(An du monde 3285. — Avant Jésus-Christ 719.)

D'autres nomment ce prince Sévéchus; il était fils du conquérant Sabacus. Livré à la superstition, il négligeait les fonctions de roi pour remplir celles de prêtre. Loin de ménager l'armée, il lui ôta tous ses priviléges, et la dépouilla des fonds de terre que les anciens rois lui avaient assignés. Le ressentiment des gens de guerre ne tarda pas à éclater. Sennachérib, roi d'Assyrie et d'Arabie, vint attaquer l'Égypte. Tous les officiers et les soldats refusèrent de défendre Séthos. Ce roi-pontife implora son dieu, Vulcain, qui le rassura. Il marcha jusqu'à Péluse, à la tête d'un petit nombre de marchands et de gens de la lie du peuple; il y trouva Sennachérib campé.

Pendant la nuit, Vulcain envoya dans le camp des Assyriens une multitude effroyable de rats qui rongèrent les cordes des arcs et les courroies des boucliers. Les Assyriens, ainsi désarmés, prirent la fuite et perdirent une partie de leurs troupes.

Séthos se fit ériger une statue dans le temple de Vulcain; il tenait à la main un rat, et portait une inscription qui disait : « Qu'on apprenne, en me voyant, à respecter les dieux. » Telles étaient les fables que les prêtres d'Égypte empruntaient de l'histoire juive, et racontaient à Hérodote qui les répandait dans la Grèce.

Ces mêmes prêtres, qui donnaient à leur pays onze mille trois cents quarante années d'antiquité, montrèrent à l'historien grec trois cent quarante et un colosses de bois, représentant les rois d'Égypte rangés dans une galerie.

Ces rois étaient appelés *pyromis*, c'est-à-dire bons et honnêtes.

TARACCA, ROI.

Taracca, roi d'Éthiopie, avait secouru Jérusalem avec Séthos ; il le remplaça sur le trône, qu'il occupa pendant dix-huit ans. Ce fut le dernier des rois éthiopiens qui régnèrent en Égypte.

Après sa mort, les Égyptiens, ne pouvant s'accorder sur le choix d'un monarque, furent livrés à tous les désordres et à tous les malheurs de l'anarchie pendant deux ans.

LES DOUZE ROIS.

(An du monde 3319. — Avant Jésus-Christ 685.)

En écrivant l'histoire de tous les peuples, nous aurons souvent l'occasion de remarquer que différents principes de législation, de religion et de morale ont été la base de leur force, la cause de leur grandeur, et que, du moment où ce principe s'est altéré, on a vu commencer leur décadence, et l'on a pu prévoir leur chute.

L'attachement des Égyptiens à la dynastie de leurs rois, leur respect pour les prêtres, leur constante soumission aux lois religieuses et civiles, leur haine pour les innovations, et la simplicité de leurs mœurs les faisaient passer pour la nation la plus sage de la terre. Forts par leur union, ils n'avaient craint aucune attaque étrangère, et leurs armes victorieuses avaient soumis les plus riches provinces de l'Afrique et de l'Asie. Mais les conquêtes enflèrent leur orgueil; les rois vainqueurs méprisèrent la sagesse des anciens, les conseils des prêtres, et se crurent au-dessus des lois. Leur tyrannie aliéna les esprits; les dépouilles des vaincus, les richesses de l'Orient, amollirent les mœurs; la patrie et le roi ne furent plus des objets sacrés; et, depuis le règne du petit-fils de Sésostris, la puissance égyptienne ne cessa de décliner. L'on vit bientôt ce beau pays devenir successivement la proie des factions et des étrangers, et subir tour à tour le joug des Éthiopiens, des Assyriens, des Perses, des Grecs et des Césars, qui le réduisirent enfin en province romaine.

Les rois éthiopiens étaient morts; aucun grand,

aucun guerrier ne réunissait assez de puissance et de gloire pour forcer les autres à l'obéissance, et pour entraîner les suffrages du peuple.

Après deux ans d'anarchie, douze des principaux seigneurs, s'étant ligués ensemble, s'emparèrent du royaume et le partagèrent. Ils convinrent de gouverner chacun leur district avec une égale autorité, de se soutenir mutuellement contre toute attaque étrangère, et de ne rien entreprendre l'un contre l'autre.

Un oracle avait prédit que celui de ces princes qui ferait des libations à Vulcain dans un vase d'airain, deviendrait le maître de l'Égypte. Effrayés par cette prédiction, ils crurent devoir cimenter leur accord par les plus terribles sermens. Leur règne fut d'abord tranquille, et leur union dura quinze ans. Pour en laisser à la postérité un monument célèbre, ils bâtirent à frais communs ce fameux labyrinthe, composé de la réunion de douze palais, qui contenaient quinze cents appartemens au-dessus du sol et autant sous la terre.

Un jour qu'ils étaient tous les douze réunis dans le temple, pour faire un sacrifice à Vulcain, les prêtres présentèrent à chacun d'eux une coupe d'or pour les libations; mais il ne se trouva que onze coupes : alors Psammitique, sans aucun dessein prémédité, prit son casque, qui était d'airain, pour offrir sa libation. Cette circonstance rappela tout à coup l'oracle : les collègues de Psammitique, inquiets et voulant pourvoir à leur sûreté, se réunirent contre lui, et l'exilèrent dans une contrée marécageuse, où il attendit quelques années l'occasion de se venger.

La fortune ne tarda pas à la lui présenter. On vint lui dire qu'une tempête avait jeté sur la côte d'Égypte des soldats grecs. Se souvenant alors d'un oracle qui lui avait annoncé que des *hommes d'airain* viendraient de la mer à son secours, il courut les joindre, se mit à leur tête, réunit ses anciens partisans, attaqua les onze rois, détruisit leur armée et devint seul maître de l'Égypte.

PSAMMITIQUE, ROI.

(An du monde 3344. — Avant Jésus-Christ 660.)

Le nouveau roi, pour marquer sa reconnaissance aux Cariens et aux Ioniens, leur donna des établissements en Égypte; et, au mépris des anciennes coutumes, il ouvrit les portes du royaume aux étrangers. Depuis cette époque, l'histoire égyptienne, mieux connue, se trouve moins mêlée de ces fables que débitaient les prêtres de Memphis. On peut cependant en citer encore une qu'Hérodote rapporte.

Psammitique, curieux de savoir quelle était la plus ancienne nation du monde, fit enfermer deux enfants nouveau-nés dans une maison où ils ne pouvaient entendre personne, et dans laquelle ils ne voyaient que deux chèvres qui les nourrissaient. Quand ils eurent atteint l'âge de deux ans, on entra dans leur chambre, et on les entendit tous deux s'écrier à la fois *beccos*, mot phrygien qui signifie *pain*. Depuis ce moment, l'orgueil des Égyptiens consentit à reconnaître les Phrygiens pour le plus ancien des peuples.

Si ce fait, cité par les historiens, a quelque réalité, il est probable que les deux enfans, au lieu de parler phrygien, comme on le prétend, auront imité le bêlement des chèvres qui les allaitaient.

Dans le temps où régnait Psammitique, les Assyriens s'étant emparés de la Syrie, la Palestine, qui séparait seule l'Égypte de ce nouvel empire, devint un sujet de guerre entre les rois de Memphis et de Babylone. Psammitique entra en Palestine; mais il ne put prendre Azoth, ville des Philistins, qu'après un siége de vingt-neuf ans.

A peu près à cette époque, les Scythes s'emparèrent d'une partie de la Haute-Asie, et portèrent leurs armes jusqu'aux frontières de l'Égypte. Psammitique s'accorda avec eux et les apaisa par des présents. Il mourut la vingt-quatrième année du règne de Josias, roi de Juda, et laissa le trône à son fils Néchao, dont il est souvent parlé dans l'Écriture sainte.

NÉCHAO, ROI.

(An du monde 3388. — Avant Jésus-Christ 616.)

Le règne de Néchao fut justement célèbre par ses entreprises militaires et commerciales, et par ses grands travaux. Ses projets étaient audacieux, et son administration fut sage. Par ses ordres, une flotte partit de la mer Rouge, et, portant des navigateurs phéniciens, fit le tour de l'Afrique; elle revint en Égypte par le détroit de Gibraltar.

Il fut moins heureux dans une autre entreprise. Ayant voulu joindre le Nil à la mer Rouge par un canal, cent vingt mille hommes périrent dans ces travaux sans pouvoir les achever.

Néchao, jaloux de l'ambition et de la puissance des Babyloniens, s'avança sur l'Euphrate pour les combattre. Josias, roi de Juda, lui refusa son alliance et s'opposa à son passage. Les Juifs furent taillés en pièces à Mageddo, dans une grande bataille. Le roi de Juda, vaincu, mourut de ses blessures. Néchao battit les Babyloniens et s'empara de plusieurs places fortes. Ayant appris que les Juifs avaient, sans son consentement, placé sur le trône Joachas, il le fit venir près de lui, le chargea de fers et l'envoya en Égypte, où il mourut. Il vint ensuite à Jérusalem, donna le sceptre à Joachim, fils de Josias, assujettit les Juifs à un tribut annuel de cent talents d'or, et retourna en Égypte après une campagne glorieuse de trois mois.

A la fin de sa vie, la fortune lui devint contraire. Nabopolassar, roi de Babylone, donna le commandement de son armée à Nabuchodonosor, qui reprit sur Néchao toutes ses conquêtes, et enleva la Palestine aux Égyptiens. Néchao mourut après un règne de seize ans. Psammis, son fils, lui succéda.

PSAMMIS, ROI.

(An du monde 3404. — Avant Jésus-Christ 600.)

Le règne de ce prince ne dura que six ans. Il fit une expédition en Éthiopie, dont on ignore le succès. Pendant son règne, on établit en Grèce les jeux olympiques. Les habitants de l'Élide envoyèrent une ambassade pour le consulter sur cette institution : de l'avis des prêtres, le roi répondit que la justice aurait été mieux observée dans ces jeux si les Grecs n'y avaient admis que des étrangers, parce qu'il était difficile que les juges ne décernassent pas le prix à leurs concitoyens.

APRIÈS OU OPHRA, ROI.

(An du monde 3410. — Avant Jésus-Christ 594.)

Apriès fit la guerre heureusement au commencement de son règne, et parut hériter des talents de son père Psammis. Il se rendit maître de la

Phénicie et de la Palestine; mais, enorgueilli par ses victoires, il voulut opprimer et détruire la colonie grecque des Cyrénéens qui avaient fait des progrès dans la Libye. L'armée du roi fut taillée en pièces, et les Cyrénéens secouèrent son joug. Apriès leur envoya Amasis, un de ses généraux, pour les ramener dans le devoir; mais ils attirèrent dans leur parti cet officier, qu'ils proclamèrent roi.

Apriès chargea un des grands de sa cour d'arrêter le rebelle, et, pour le punir de l'impossibilité où il s'était trouvé de remplir sa mission, il lui fit couper le nez et les oreilles. Cette cruauté révolta le peuple et l'armée contre le roi, qui fut détrôné et forcé de se retirer dans la Haute-Égypte.

Tandis que tous ces événemens se passaient sur les rives du Nil, Nabuchodonosor, roi de Babylone, s'emparait de Tyr, de Jérusalem, et réduisait tous les Juifs en captivité. Maître de la Palestine, il profita des divisions intestines de l'Égypte, et la conquit totalement. Il y fit partout d'horribles ravages, tua un grand nombre d'habitants et ruina tellement ce beau royaume qu'il ne put se rétablir pendant l'espace de quarante ans. Nabuchodonosor, après avoir achevé sa conquête, confia l'administration de l'Égypte à Amasis et retourna à Babylone.

Cependant Apriès, qui, dans sa retraite, avait rassemblé une armée d'Ioniens et d'autres étrangers, marcha contre Amasis et lui livra bataille près de Memphis. Mais il fut battu, pris et mené à Saïs, où on l'étrangla dans son propre palais.

AMASIS, ROI.
(An du monde 3436. — Avant Jésus-Christ 568.)

Amasis gouverna d'abord l'Égypte comme vice-roi ; mais les troubles de l'Orient, pendant les conquêtes de Cyrus, lui donnèrent l'occasion et les moyens de s'emparer de l'autorité souveraine. Ce qui le prouve, c'est que le fils de Cyrus se crut, comme nous le verrons bientôt, obligé d'employer de nouveau les armes pour reconquérir l'Égypte.

Le règne d'Amasis fut sage et glorieux. Il était célèbre par l'étendue de ses connaissances et par les agréments de son esprit. On cite de lui des traits ingénieux et des reparties piquantes. Pythagore et Solon vinrent le visiter et consulter la sagesse et les livres des Égyptiens. On croit que Pythagore emprunta d'eux ses idées sur la métempsycose.

Amasis employait toutes ses matinées à recevoir des placets, à donner des audiences, à tenir des conseils. Il laissait aux plaisirs le reste de la journée ; et, comme on lui reprochait un jour de porter quelquefois sa gaîté au-delà des bornes qui convenaient à son rang, il répondit que l'esprit était comme un arc, et ne pouvait pas toujours être tendu.

Voyant, au commencement de son règne, qu'on

méprisait la bassesse de son origine, il voulut avec adresse rappeler les esprits au devoir et à la raison. Il avait une cuvette d'or où lui et ses commensaux se lavaient les pieds; il ordonna de la fondre et d'en faire une statue qu'il exposa à la vénération publique. Les peuples accoururent en foule rendre hommage à cette nouvelle idole. Le roi leur rappela l'usage auquel cette statue avait d'abord servi, ce qui ne les empêchait pas de se prosterner religieusement devant elle. L'application de cet apologue était facile à faire; et tout le peuple, depuis ce jour, respecta sa personne, son rang et son esprit. Ce fut lui qui obligea tous les particuliers d'inscrire leurs noms chez le magistrat et de se choisir une profession.

Amasis bâtit plusieurs temples. On admirait, parmi tous ces ouvrages, une chapelle faite d'une seule pierre qui avait vingt et une coudées de longueur, quatorze de largeur et huit de hauteur. Deux mille hommes avaient été employés, pendant trois ans, à la transporter d'Éléphantine à Saïs.

Il forma et entretint des liaisons avec les Grecs, et leur permit d'habiter en Égypte, dans la ville de Naucratis. Il contribua pour une forte somme à la réparation du temple de Delphes. Amasis avait épousé une femme cyrénéenne. Il contracta une alliance avec Polycrate, tyran de Samos; ses armes conquirent l'île de Chypre, qu'il rendit tributaire.

Après un règne de quarante-quatre ans, Amasis mourut et transmit le sceptre à Psammenits, son fils.

PSAMMENITS, ROI.

(An du monde 3479. — Avant Jésus-Christ 526.)

Ce prince ne jouit que six mois de l'héritage de son père. Cambyse, roi de Perse, fils de Cyrus, entra avec une grande armée dans l'Égypte et la subjugua. Une seule bataille renversa le trône égyptien. Cambyse avait envoyé un héraut à Memphis, pour engager le roi à capituler; les Égyptiens massacrèrent le héraut. Cette offense fut cruellement punie: le roi de Perse s'empara de Memphis, et livra la ville et les temples aux flammes. Psammenits, chargé de fers, fut traîné dans le faubourg. Là, placé sur un tertre, on fit paraître devant lui sa fille, habillée en esclave, et portant une cruche pleine d'eau; les filles des grands du pays l'accompagnaient dans le même costume et déploraient à grands cris leur infortune. Leurs pères désolés fondaient en larmes. Le roi seul, immobile, les yeux fixés vers la terre, retenait ses sanglots, et semblait maître de sa douleur. Bientôt son fils parut, suivi de deux mille jeunes Égyptiens, portant tous des mors dans la bouche et des licols; ils marchaient pour être immolés aux mânes du héraut persan qu'on avait massacré. Jusque-là Psammenits n'avait laissé éclater aucun signe de faiblesse et de désespoir: tout à coup il aperçoit dans la foule un de ses intimes amis couvert des haillons de la misère. Alors le roi jette un grand cri, verse des torrents de larmes et se frappe comme un furieux. Cambyse lui ayant fait demander comment il paraissait si sensible à un malheur qui lui était étranger, il répondit: «Les calamités de ma famille » sont trop grandes pour donner le temps de ré- » fléchir, et pour laisser couler les larmes; mais la » vue d'un ami réduit à la misère me permet de » pleurer.»

Le roi de Perse, le trouvant assez puni, lui fit grace de la vie; mais, dans la suite, cet infortuné monarque ayant laissé échapper quelques désirs de vengeance, Cambyse le fit mourir.

Dans le cours de cette funeste révolution, rien ne fut respecté par les Perses. Les rois et les grands furent traités avec indignité; on foula aux pieds les lois; on outragea les mœurs; on livra au mépris les objets sacrés du culte populaire; le bœuf Apis fut massacré. Ces cruautés, ce mépris du vainqueur, inspirèrent aux Égyptiens une haine profonde, qui depuis les porta sans cesse à la révolte. Jamais le pouvoir des rois de Perse ne put être tranquillement affermi en Égypte; et jusqu'au règne d'Alexandre, ce malheureux pays devint le théâtre des combats continuels que soutenait, à tout risque, l'amour de l'indépendance contre la tyrannie : tant il est vrai que le projet le plus insensé que puissent former les rois est celui de gouverner par la crainte, et de croire que la force peut long-temps résister à l'opinion publique.

GOUVERNEMENT DE L'ÉGYPTE

SOUS LES ROIS DE PERSE.

Tyrannie de Cambyse. — Mort du bœuf Apis. — Retour de Cambyse dans ses états. — Sa chute et sa blessure mortelle. — Règne d'Inarus. — Victoire et défaite de ce roi. — Son supplice. — Ses successeurs. — Règne de Nectanébus, dernier roi égyptien. — Sa défaite et sa fuite. — Darius Ochus est maître de l'Égypte. — Sa tyrannie. — Cruauté de son favori Bagoas. — Sa mort. — Règne de Darius Codoman. — L'Égypte soumise à Alexandre.

Après avoir vaincu Psammenits et soumis toute l'Égypte, poussé par un désir immodéré de conquêtes, aveuglé par l'orgueil qui lui faisait braver toutes les difficultés opposées par la nature et par le climat à ses projets, Cambyse envoya cinquante mille hommes de son armée dans les déserts au-delà de pyramides, dans la seule intention de détruire le temple de Jupiter Ammon. Ce temple était situé dans une de ces petites parties de terre qu'on appelle *oasis*, qui sont fertiles et cultivées et paraissent comme des espèces d'îles, vertes, fraîches et fleuries, au milieu des mers de sables brûlants et arides de ces contrées désertes. Ces cinquante mille hommes périrent et furent tous engloutis dans le sable soulevé par un tourbillon de vent.

Ce désastre horrible n'ouvrit pas les yeux à Cambyse. Il avait envoyé des ambassadeurs au roi d'Éthiopie, qui lui portaient de riches présents et l'invitation de reconnaître l'autorité des rois de Perse. Le fier monarque répondit, en bandant un arc d'une immense grandeur, qu'il se soumettrait lorsqu'il trouverait un Persan assez fort pour tendre cet arc. Irrité de cette réponse, Cambyse entra avec son armée dans les déserts qui séparent l'Égypte de l'Éthiopie. Brûlés par le soleil, accablés par la soif et la faim, les Perses furent bientôt obligés de manger leurs chevaux et leurs chameaux, et enfin s'entre-tuèrent pour se procurer une épouvantable nourriture. Terrassé sans combattre et vaincu par la nature, le roi se vit forcé de revenir en Égypte, ayant perdu plus de trois cent mille hommes dans cette folle entreprise. Arrivé à Saïs, il exerça une inutile et cruelle vengeance sur le cadavre d'Amasis, et dépouilla le tombeau d'Osymandias du cercle d'or qui l'environnait.

Lorsqu'il revint à Memphis, il trouva toute la ville en fêtes : on y célébrait celle d'Apis. Cambyse, croyant qu'on insultait par la joie publique à ses revers, fit d'abord périr plusieurs grands personnages et plusieurs prêtres; mais, ayant enfin appris le véritable sujet de cette fête, il eut la curiosité de voir le dieu Apis et se le fit amener. Lorsque le taureau sacré fut devant lui, il se moqua de la superstition des Égyptiens et perça lui-même avec son glaive la cuisse de cette étrange divinité qui, peu de temps après, mourut de sa blessure.

Ce prince aurait dû connaître assez la force de l'attachement de ces peuples à leur religion, pour ne pas s'attirer leur haine implacable en l'outrageant. Leur superstition avait été utile à ses succès; car, lorsqu'il avait mis le siége devant Péluse, clef de l'Égypte, qui aurait pu l'arrêter long-temps, il fit précéder ses troupes de chats, de chiens, de brebis et d'autres animaux révérés par les habitants de cette ville; on ne lui opposa dès-lors aucune résistance, aimant mieux céder au vainqueur que combattre des dieux.

Cambyse, emportant les dépouilles de l'Égypte, revint dans ses états, soulevés par un imposteur qui avait pris le nom de son frère, Smerdis, massacré précédemment par ses ordres. Comme le roi se préparait à le combattre, ayant fait une chute de cheval, il se blessa avec sa propre épée et mourut. Les Égyptiens remarquèrent que le glaive l'avait frappé à la cuisse dans le même endroit où il avait blessé le dieu Apis, et cet événement fortifia leur superstition.

Les Égyptiens, opprimés, cherchèrent constamment à secouer le joug des Perses. Darius Ier fut obligé de marcher contre eux.

Une nouvelle révolte attira en Égypte les armes de Xercès. Toujours vaincus et jamais subjugués, ils donnèrent la couronne à Inarus, roi de Libye, qui fut secouru par les Athéniens. Ce prince se soutint quelque temps sur le trône.

Artaxerce régnait alors en Perse. Décidé à détrôner Inarus, sans lui laisser le temps de s'affermir, il fit marcher contre lui une armée de trois cent mille hommes, sous le commandement d'Achéménide, son frère.

La flotte athénienne battit celle des Perses, et Charitimes, général des Athéniens, s'étant joint à Inarus et aux Égyptiens, ils livrèrent bataille à Achéménide et le défirent si complétement, que ce général et cent mille de ses soldats y perdirent la vie; le reste se sauva à Memphis. Artaxerce irrité leva une nouvelle armée; elle entra en Égypte sous les ordres de Mégabyse, qui donna une grande bataille et mit en fuite Inarus, et les Athéniens.

Le malheureux Inarus, poursuivi jusqu'à Biblos, y fut pris. Mégabyse lui avait promis la vie; mais Artaxerce, cédant à la passion de sa mère qui voulait venger Achéménide, fit crucifier ce prince infortuné[1]. Ce manque de foi fut dans la suite la cause de tous les malheurs d'Artaxerce.

[1] An du monde 3558. — Avant Jésus-Christ 446.

Cependant Amyrtacus, un des grands qui combattaient sous Inarus, avait échappé à la vengeance des Perses. Il ranima le courage des Égyptiens, et conserva l'indépendance d'une partie de ces contrées.

Sept princes y régnèrent après lui, toujours attaqués par les Perses et secourus par les Grecs qui acquirent alors une grande prépondérance en Égypte, et se firent payer chèrement leur assistance.

Artaxerce Mnémon rassembla de grandes forces pour renverser du trône d'Égypte l'un de ces princes, nommé Accoris, qui l'occupait à cette époque. Il négocia en même temps avec les Athéniens et les détermina à ne point donner de secours aux Égyptiens.

Pharnabaze fut chargé de la conduite de cette guerre. Les préparatifs se firent avec tant de lenteur, que deux années s'écoulèrent avant qu'on entrât en campagne.

Pendant ce temps Accoris mourut. Psammuthis, son successeur, ne régna qu'un an. Néphrérite le remplaça et ne gouverna que quatre mois. Enfin Nectanébus monta sur le trône et régna dix à douze ans[1].

Vingt mille Grecs, sous la conduite d'Iphicrate, et deux cent mille Perses, commandés par Pharna-

---

[1] An du monde 3630. — Avant Jésus-Christ 374.

baze, s'emparèrent d'une forteresse près d'une des embouchures du Nil, dite Mendésienne. Ce fort était probablement aux lieux où l'on voit aujourd'hui Damiette ou Rosette.

Iphicrate voulait qu'on marchât sur-le-champ à Memphis. Pharnabaze, jaloux de l'Athénien, temporisa : ce délai donna le temps aux Égyptiens de se reconnaître. Ils rassemblèrent leurs forces et harcelèrent tellement l'armée des Perses, qu'ils l'empêchèrent de s'avancer. L'inondation du Nil survint, et Pharnabaze se vit forcé de retourner en Phénicie, après avoir perdu une grande partie de son armée.

Nectanébus, délivré de ses ennemis, régna paisiblement et transmit le sceptre à Tachos, qui se voyant menacé d'une nouvelle invasion des Perses, leva des troupes et implora le secours des Lacédémoniens.

Agésilas, roi de Sparte, âgé de quatre-vingts ans, commanda lui-même les troupes qui vinrent en Égypte. La simplicité de ce grand homme, la petitesse de sa taille, la grossièreté de ses vêtements le firent mépriser par les Égyptiens. Tachos lui marqua peu d'égards, ne profita point des ses conseils et ne voulut suivre que les avis de l'Athénien Chabrias, qui était venu le joindre volontairement. Agésilas voulait qu'on se bornât à défendre l'Égypte. Tachos, n'écoutant point la prudence, marcha avec ses troupes en Phénicie : pendant son absence, les Égyptiens se révoltèrent, et, appuyés par Agésilas, ils placèrent sur le trône un parent du roi, nommé Nectanébus.

Tachos, ne pouvant rentrer en Égypte, se retira à la cour d'Artaxerce, qui lui donna le commandement de ses troupes contre les rebelles. Le nouveau roi Nectanébus fut troublé dans son règne par une autre révolte qu'excitait un prince de la ville de Mendès : mais, avec le secours d'Agésilas, il vainquit son antagoniste et le fit prisonnier [1].

Darius Ochus, monté sur le trône de Perse après Artaxerce, ne voulut plus confier à des généraux le soin de la guerre d'Égypte, et se mit lui-même à la tête d'une forte armée pour combattre Nectanébus et le chasser du trône. Un corps de troupes grecques servait sous ses ordres.

Il marcha d'abord contre Péluse que défendaient cinq mille Spartiates commandés par Clinias. Dès le premier combat, Clinias fut tué et sa troupe taillée en pièces. Nectanébus, craignant que l'ennemi ne profitât de cette victoire et ne marchât droit à Memphis, se retira précipitamment dans cette capitale pour la défendre, abandonnant ainsi la garde de tous les passages qui auraient pu arrêter long-temps le vainqueur.

La marche d'Ochus fut rapide; il exterminait

[1] An du monde 3643. — Avant Jésus-Christ 361.

tous ceux qui se défendaient, et promettait la vie et la liberté à tout ce qui se soumettait. Cette politique, répandant à la fois la terreur et l'espoir, fit abandonner toute idée de résistance. Les villes ouvrirent leurs portes; les troupes se débandèrent; la défection devint générale, et Nectanébus, désespérant de pouvoir se défendre, se sauva avec ses trésors en Éthiopie, d'où il ne revint jamais.

Ce prince fut le dernier roi de la race égyptienne[1], et depuis, ce royaume a toujours été sous la domination étrangère, comme Ézéchiel l'avait prédit.

Ochus devenu maître de l'Égypte, voulut y détruire tout esprit et tout moyen de révolte. Il fit démenteler les places fortes, dispersa et massacra les prêtres, pilla les temples, changea la forme du gouvernement, les lois, et fit enlever les archives, antique dépôt où l'on gardait les registres des princes et les livres sacrés. Il inonda l'Égypte de sang et la réduisit en province.

Le peuple égyptien, se moquant de l'embonpoint du roi et de sa paresse, lui avait donné le nom de l'animal le plus stupide. Outré de cet affront, il dit qu'il prouverait qu'il n'était point un *âne*, mais un lion, et que ce lion mangerait leur bœuf. Dans sa colère, il tira le dieu Apis de son temple, le fit sa-

---

[1] An du monde 3654. — Avant Jésus-Christ 350.

crifier à un âne, et le donna à manger aux officiers de sa maison.

L'eunuque Bagoas, l'un des grands officiers et des principaux ministres de Darius Ochus, était Égyptien. Il vit avec désespoir les malheurs de son pays, son humiliation, et l'outrage fait à son culte. Dès-lors il jura de venger sa patrie et sa religion, et, par la suite, satisfit sa passion avec autant de fanatisme que de barbarie.

De retour en Perse, Ochus se livra à la mollesse, abandonna les rênes du gouvernement à ses ministres et à son favori Bagoas. Cet eunuque perfide l'empoisonna; et, ne bornant même point là sa vengeance, il fit enterrer un autre mort à la place du roi, prit le corps de ce prince, et, pour venger Apis, le fit hacher par petits morceaux et manger par des chats. Il fit faire ensuite, avec ses os, des manches de couteau et de glaive, pour rappeler la cruauté de ce monarque. Usant en même temps du pouvoir qui lui avait été confié, il renvoya secrètement en Égypte les idoles des dieux, et tout ce qu'il put retrouver des archives et des ornements des temples.

Ce traître immola à sa fureur toute la famille d'Ochus, et périt enfin sous les coups de Darius Codoman, le seul rejeton de la race royale qui eût échappé à son poignard.

Darius Codoman, estimé par sa bravoure et par

ses vertus, fut le plus malheureux des rois de Perse, puisqu'il vit son trône renversé et sa patrie conquise par Alexandre-le-Grand. On peut croire que, pendant ces événements, les Égyptiens avaient encore tenté de recouvrer leur liberté; car l'histoire rapporte qu'Amyntas, déserteur de l'armée d'Alexandre, et qui commandait huit mille Grecs entrés au service de Darius, supposa avoir reçu un ordre du roi de Perse pour gouverner l'Égypte. Dans cette confiance, Péluse lui ouvrit ses portes. Levant ensuite le masque, il déclara ses prétentions à la couronne, et annonça qu'il voulait chasser les étrangers d'Égypte. Les Égyptiens, le regardant comme un libérateur, accoururent en foule près de lui. Il marcha vers Memphis et gagna une grande bataille; mais, ses troupes s'étant ensuite dispersées pour piller, il fut surpris et tué.

Cet échec rendit les Perses encore plus odieux aux Égyptiens, qui volèrent au-devant d'Alexandre, lorsqu'il entra en Égypte pour soumettre cette contrée à son empire.

Ce conquérant voulut se rendre au temple de Jupiter Ammon; il cherchait à fortifier son autorité sur la terre, en lui trouvant une origine dans le ciel. Les prêtres d'Ammon, gagnés par ses largesses, déclarèrent qu'il était fils de ce dieu.

Alexandre, plus habile que ses prédécesseurs, rendit aux Égyptiens leurs anciennes lois, leurs anciennes coutumes, et la liberté de leur culte. Voulant s'assurer leur soumission par leur amour, il confia l'administration civile du royaume à un Égyptien nommé Dolopas. Mais, en même temps qu'il se conciliait ainsi les cœurs par sa bonté, il donna sagement la conduite des troupes à des officiers macédoniens que commandait Cléomène; et, afin que ce général ne pût point profiter de son autorité pour se rendre indépendant, il partagea le pays en départements dans chacun desquels il établit un lieutenant qui ne recevait d'ordres que de lui-même.

L'événement justifia sa prévoyance. Cléomène, dès qu'Alexandre fut parti, abusa de son pouvoir, commit des injustices et des exactions, et serait peut-être parvenu à la tyrannie, si les autres lieutenants ne s'étaient opposés à ses desseins.

Alexandre bâtit la ville d'Alexandrie sur les bords de la Méditerranée : cette ville devint la capitale de l'Égypte, le dépôt des sciences, et le centre du commerce du monde.

Alexandre mourut peu de temps après à Babylone. L'empire immense qu'il avait fondé ne lui survécut pas, et ses compagnons d'armes en partagèrent les débris.

Ptolémée, fils de Lagus, eut en partage l'Égypte et toutes les conquêtes des Macédoniens en Afrique.

GOUVERNEMENT DE L'ÉGYPTE

SOUS LES LAGIDES.

PTOLÉMÉE LAGUS, gouverneur de l'Égypte. — Ses ouvrages. — Le phare. — Bibliothèque d'Alexandrie. — Prospérité sous ce règne. — Mort de Ptolémée. — PTOLÉMÉE PHILADELPHE. — Ses ouvrages. — Son fratricide. — Sa mort. — PTOLÉMÉE ÉVERGÈTE. — Sa guerre en Syrie. — Sa victoire. — Chevelure de Bérénice. — Grands travaux sous ce règne. — Mort de Ptolémée attribuée à son fils. — PTOLÉMÉE PHILOPATOR. — Son règne efféminé. — Sa victoire sur Antiochus. — Caractère belliqueux d'Arsinoé. — Cruauté de Ptolémée envers les Juifs. — Sa mort honteuse. — PTOLÉMÉE ÉPIPHANE. — Sa minorité. — Prétention d'Aghatoclès à la régence. — Sa punition. — Régence d'Aristomène. — Inconduite du roi devenu majeur. — Mort du régent. — Mort d'Épiphane. — PTOLÉMÉE PHILOMÉTOR. — Son couronnement. — Sa bataille avec Antiochus. — Sa défaite et sa captivité. — Couronnement de Ptolémée Physcon. — Règne des deux frères. — Leur désunion. — Conspiration de Physcon. — Fuite de Philométor. — Partage de leurs états par le sénat romain. — Victoire et générosité de Philométor envers son frère. — Sa victoire sur Alexandre Bala. — Sa mort. — PTOLÉMÉE PHYSCON. — Sa perfidie envers Cléopâtre qu'il épouse. — Sa tyrannie. — Révolte des Égyptiens contre lui. — Sa fuite. — Son atrocité. — Ravages des sauterelles. — Mort de Physcon. — PTOLÉMÉE LATHYRE ET ALEXANDRE. — Le trône d'Égypte donné à Alexandre, ensuite à Lathyre. — Astuce de Cléopâtre pour détrôner Lathyre. — Victoire de Lathyre sur Alexandre. — Sa cruauté envers les prisonniers. — Parricide d'Alexandre. — Sa mort. — Mort de Lathyre. — PTOLÉMÉE ALEXANDRE II. — Son règne méprisé. — Sa chute du trône. — Sa fuite. — Son testament en faveur du peuple romain et sa mort. — PTOLÉMÉE

Aulètes. — Testament d'Alexandre refusé par le sénat. — Élévation de Ptolémée au trône. — Testament accepté par le sénat. — Désintéressement de Caton. — Crainte de Ptolémée pour son trône. — Le sénat le proclame roi. — Révolte de ses sujets. — Le trône donné à Bérénice, sa fille. — Ambassadeurs empoisonnés. — Ptolémée remonte sur le trône. — Sa vengeance. — Sa perfidie envers Rabirius. — Sa mort. — Mariage de ses deux aînés. — Cléopatre et Ptolémée. — Celui-ci règne seul. — Sa perfidie envers Pompée. — Mort de Pompée. — Arrivée de César à Alexandrie. — Ruse de Cléopâtre pour fléchir César. — Incendie de la bibliothèque d'Alexandrie. — Trait de courage de César. — Naissance de Césarion. — Cléopatre seule. — Triumvirat pour venger la mort de César. — Antoine cite Cléopâtre à son tribunal. — Triomphe de cette reine. — Folles dépenses de Cléopâtre et d'Antoine. Nouvelle bibliothèque d'Alexandrie. — Couronnement de Cléopâtre. — Éclat de l'Égypte à ce moment. — Guerre entre Auguste et Antoine. — Combat naval. — Défaite et fuite de Cléopâtre. — Sa flotte est brûlée par les Arabes. — Mort d'Antoine par la perfidie de Cléopâtre. — Fermeté d'Auguste à l'égard de Cléopâtre. — Suicide de cette reine.

PTOLÉMÉE LAGUS OU SOTER.

(An du monde 3684. — Avant Jésus-Christ 323.)

Ptolémée était gouverneur d'Égypte au moment où Alexandre mourut; on le croyait frère de ce conquérant. Arsinoé, sa mère, concubine de Philippe, roi de Macédoine, était enceinte lorsque ce monarque la donna en mariage à Lagus, un des grands de la cour de Macédoine. Lagus fit exposer l'enfant qu'elle mit au monde; mais un aigle en eut soin et le nourrit du sang des animaux qu'il avait pris à la chasse. Ce prodige toucha Lagus, qui reprit cet enfant et le reconnut.

Ce qui est certain, c'est qu'Alexandre l'aima

comme un frère. Il l'éleva aux premiers grades militaires, le combla de faveurs, et lui confia le gouvernement important de l'Égypte. Aimé par les troupes et par le peuple, il s'empara facilement du trône, et s'y maintint glorieusement. Les historiens s'accordent pour donner à ce prince un éloge bien rare, en disant qu'il n'entreprit jamais une guerre sans nécessité, et qu'il la termina toujours avec succès.

Les rois égyptiens avaient élevé des monuments somptueux; Ptolémée n'en fit que d'utiles : il avança le canal qui joignait le Nil à la mer Rouge; il agrandit et embellit tellement Alexandrie, il y attira tant de population et de richesses qu'on l'appela la ville des villes et la reine de l'Orient.

Ce fut lui qui fit construire le phare : c'était une tour de marbre blanc, sur laquelle on allumait des feux pour guider les marins dans l'obscurité de la nuit. Le roi avait ordonné de graver sur la tour cette inscription : « Le roi Ptolémée, aux dieux » sauveurs, pour le bien de ceux qui vont sur mer. » Mais l'architecte, voulant perpétuer son nom, n'appliqua ces mots que sur un enduit, et, lorsque cet enduit tomba, on n'y vit plus que ces paroles : « Sostrate le Cnidien, aux dieux sauveurs, pour le » bien de ceux qui vont sur mer. » Ptolémée forma la fameuse bibliothèque d'Alexandrie. Il y rassembla quatre cent mille volumes, qu'il confia à l'inspection de plusieurs savants, nourris aux dépens du gouvernement et logés dans un magnifique palais, où les amis des lettres de tous les pays trouvaient, dans tous les temps, société, amusement et instruction.

Cette bibliothèque, qu'on appelait *la mère*, avait une succursale qui contenait trois cent mille volumes, et qu'on appelait *la fille*. La première périt par accident, et la seconde, selon l'opinion la plus commune, par le fanatisme des mahométans.

Ptolémée institua aussi un ordre militaire en l'honneur d'Alexandre. Ainsi, on peut le regarder comme le premier fondateur des sociétés de savants et des ordres militaires.

Ce prince défendit son trône contre Perdiccas qui prétendait à la succession d'Alexandre, et le défit dans une grande bataille où Perdiccas fut tué.

Un autre général macédonien, Démétrius Poliorcètes, voulait ravir la liberté aux Rhodiens. Ptolémée les garantit de ses fureurs; et les habitants de Rhodes l'en récompensèrent en lui donnant le titre de *Soter* ou *sauveur*, que ses sujets et la postérité lui conservèrent. Il se faisait craindre par sa vaillance, respecter par son habileté, adorer par sa bonté. Les gens du peuple l'abordaient facilement : « Ce sont mes amis, disait-il; ils m'apprennent les » vérités que mes courtisans me cachent. »

Pendant son règne, qui dura quarante ans, l'Égypte changea totalement de face. La religion reprit sa dignité; les lois retrouvèrent leur force; l'armée fut soumise à la discipline; le peuple jouit de la paix et de la liberté; les canaux, débarrassés des débris qui les obstruaient, fertilisèrent les campagnes; les villes sortirent de leurs ruines, et l'élégance grecque orna la solidité de l'architecture égyptienne.

Ptolémée ouvrit de nouveaux ports sur la mer Rouge; il rendit plus sûrs et plus commodes ceux de la Méditerranée; enfin, en terminant sa carrière, il laissa tranquille et florissant ce royaume qu'avaient dévasté tour à tour la tyrannie, la guerre et une longue anarchie.

Avant de mourir, Ptolémée Soter associa au trône son second fils, nommé Ptolémée Philadelphe [1]. Les vices de Céraunus, qui était l'aîné, lui avaient fait perdre la bienveillance de son père. Céraunus se réfugia en Macédoine, auprès du roi Séleucus, son beau-frère. Il en fut accueilli, et il l'assassina. Après ce meurtre, voulant s'emparer du trône, il épousa la reine Arsinoé sa sœur, et, le jour même du mariage, il égorgea ses enfants entre ses bras. Le peuple indigné se souleva et tua le meurtrier.

Arsinoé, devenue veuve pour la seconde fois, vint retrouver en Égypte son frère Philadelphe, l'é-

---

[1] An du monde 3720. — Avant Jésus-Christ 284.

pousa et conserva toujours un empire absolu sur son esprit.

Philadelphe, imitant la sagesse de son père, modéra les impôts, se montra économe sans avarice, généreux sans prodigalité. Toujours armé pour se défendre et non pour attaquer, il fut respecté par les étrangers, dont il était le conciliateur et l'arbitre. Il étendit la navigation et fit fleurir le commerce. Tandis que les vices et la tyrannie des autres successeurs d'Alexandre remplissaient l'Europe et l'Asie de guerres, de massacres et de désordres, la douceur du règne de Ptolémée attirait de toutes parts en Égypte les étrangers qui venaient y chercher la paix et la liberté.

Philadelphe augmenta la bibliothèque d'Alexandrie; il rendit la liberté aux juifs qui habitaient cette capitale; il envoya de riches présents à Jérusalem, et obtint du grand-prêtre Éléazar un exemplaire des livres de Moïse. C'est à ce monarque que nous devons la Bible traduite par les septante. D'illustres savants vinrent visiter ce protecteur des lettres. Aratus, Aristophane le grammairien, Théocrite, Lycophron, commentateur célèbre, le grammairien Aristarque, l'historien Manéthon, les mathématiciens Conon et Hipparque, Zénodote, fameux par ses notes sur Homère, brillèrent à sa cour. Sotade, poète obscène, le satirique Zoïle, furent mal reçus de lui : ils moururent à Alexandrie dans la misère et dans le mépris. La prudence de Philadelphe l'engagea à ménager, mais sans faiblesse, la puissance romaine. Neutre entre les Romains et les Carthaginois, il répondit aux premiers qui lui demandaient des secours : « Je ne puis assis- » ter un ami contre un ami. »

On vit alors paraître à Alexandrie la première ambassade romaine : Quintus Fabius, Quintus Ogulinus, et Cnéius Fabius Pictor, chargés de cette mission, se firent respecter par leur désintéressement. A la fin d'un festin, le roi leur fit distribuer des couronnes d'or : le lendemain on trouva ces couronnes posées sur les statues du monarque, dans les places publiques. Ptolémée exigea qu'ils les reprissent; mais, en arrivant à Rome, ils les déposèrent dans le trésor.

Ce fut Philadelphe qui termina le canal de Suez, déjà presque achevé par son père, et qui transportait par le Nil, au port d'Alexandrie, les productions de l'Arabie, de l'Inde, de la Perse et de l'Éthiopie.

Le roi d'Égypte entretint des flottes considérables dans la Méditerranée et sur la mer Rouge. Quoiqu'il ne fît point la guerre, il avait toujours sur pied une armée de deux cent mille hommes d'infanterie, quarante mille chevaux, trois cents éléphants, deux mille chariots de guerre, un arsenal bien garni et un trésor considérable.

Les bonnes qualités de Ptolémée furent ternies par des faiblesses et par un crime. Craignant l'ambition de ses frères, il en fit périr un; l'autre se sauva et s'empara de la Libye et de la Cyrénaïque, où il régna. Ainsi ce fut par ironie que les Égyptiens lui donnèrent le nom de *Philadelphe* (ami de ses frères). On retrouve sous les rois grecs plusieurs traces des anciennes mœurs égyptiennes; et le peuple, en donnant des surnoms à ses monarques, désignait leurs vices ou leurs vertus, et rappelait ainsi l'usage antique qui autorisait la nation à juger ses rois. On voit aussi que les Lagides adoptèrent tous la coutume qui autorisait les mariages des frères avec leurs sœurs.

Philadelphe adorait Arsinoé, sa sœur et son épouse. Lorsqu'il la perdit, il voulut suspendre son cercueil, par la force de l'aimant, à la voûte d'un temple; mais sa mort prévint l'exécution de ce projet.

La fin de sa vie fut trop adonnée à la mollesse et aux plaisirs. Sa vieillesse fut précoce, et sa douceur le rendit plus célèbre que ses vertus.

PTOLÉMÉE EVERGÈTE.

(An du monde 3758. — Avant Jésus-Christ 246.)

Ce prince, en succédant à son père, se vit obligé de porter ses armes en Syrie. Anthiochus Théos, roi de ce pays, ayant répudié Laodice sa femme, avait épousé Bérénice, fille de Philadelphe et sœur d'Évergète. Après la mort de son beau-père, Antiochus, délivré de toute crainte et séduit par les artifices de sa première femme, se sépara de Bérénice, et reprit Laodice. Cette reine ambitieuse, comptant peu sur le cœur d'un époux qui l'avait déjà abandonnée, l'empoisonna et plaça Séleucus, son fils aîné, sur le trône. Bérénice, échappée à son poignard, s'était sauvée avec son fils dans la ville de Daphné, d'où elle avait écrit à son frère pour implorer sa protection et son secours. Le jeune roi d'Égypte marcha précipitamment en Syrie, à la tête d'une armée, pour défendre sa sœur; mais il arriva trop tard : Bérénice, assiégée et livrée par des traîtres à son implacable ennemie, venait d'être égorgée avec son fils. Ptolémée furieux combattit l'armée syrienne, la défit complétement, s'empara de tous les États que gouvernait Laodice, et livra la tête de cette femme cruelle au fer des bourreaux.

Conquérant de la Syrie, de la Phénicie, maître de Babylone, il s'attira l'amour des Égyptiens en leur renvoyant et en faisant replacer dans leurs temples les idoles que Cambyse leur avait enlevées. Cet acte religieux le fit surnommer *Évergète*, ou *bienfaiteur*. Une ancienne inscription a fait croire aux historiens que depuis il porta ses armes avec succès dans plusieurs autres contrées. Cette inscription le nommait souverain de Lybie, de Phénicie, de Chypre, et y ajoutait même la Cilicie, la Thrace, la Mésopotamie, la Perse, la Médie, l'Illyrie, la Carie et les Cyclades.

Pendant son expédition en Syrie, sa femme, nommée aussi Bérénice, avait promis aux dieux, s'il triomphait, de leur consacrer sa chevelure qui était d'une grande beauté. Ptolémée revint victorieux; Bérénice se fit couper les cheveux, et les déposa sur l'autel de Vénus, dans le temple que Philadelphe avait bâti en l'honneur d'Arsinoé. Peu de temps après, on s'aperçut de la disparition de ces cheveux. Irrité contre les prêtres qui devaient les conserver, le roi allait ordonner leur supplice. Dans cet instant Conon, habile astronome, se présente et lui dit : « Seigneur, levez les yeux; voyez dans le » ciel ces sept étoiles qui sont à la queue du dragon; » c'est la chevelure de Bérénice que les dieux ont » enlevée, et qu'ils ont placée dans les cieux comme » une constellation favorable. » Le roi, trompé par cette ingénieuse flatterie, ou feignant de l'être, ne montra plus de courroux, et ordonna de rendre des hommages solennels à la nouvelle constellation. Callimaque l'a célébrée dans un hymne que Catulle a traduit.

En revenant de Syrie, Ptolémée assista, dans le temple de Jérusalem, aux cérémonies des Juifs et offrit un sacrifice au dieu d'Israël.

Il fut encore obligé de porter ses armes contre les Syriens. Séleucus avait profité de son absence pour reprendre une partie de ses États. Le roi d'Égypte eut d'abord des succès sur mer et sur terre; mais comme il apprit, après ses victoires, qu'Antiochus rassemblait des forces considérables pour secourir son frère, il sacrifia son ambition au repos de ses peuples, et conclut avec Séleucus une trève de dix ans. De retour dans ses États, il ne fit plus qu'une expédition militaire pour s'assurer de la soumission de l'Éthiopie et des habitants des côtes de la mer Rouge.

Ce prince consacra le reste de son règne à de grands travaux pour faire fleurir l'agriculture et le commerce; il se livra particulièrement à l'étude des sciences et des lettres. Il avait fait composer une histoire des rois de Thèbes par Ératosthène, son bibliothécaire, ainsi que plusieurs autres ouvrages qui ne sont pas venus jusqu'à nous.

Tandis que l'Égypte jouissait d'une paix profonde, l'Asie était troublée par la guerre cruelle que se faisaient Antiochus et Séleucus. Le premier, vaincu par son frère, vint chercher un asile à la cour de Ptolémée; mais le roi d'Égypte, loin de vouloir le protéger, le retint en prison pendant plusieurs années. Ce prince, parvenu enfin par l'adresse d'une courtisane à briser ses fers, s'échappa et fut tué par des voleurs sur les frontières de l'Égypte.

Dans ce même temps Sparte, après avoir tenté un dernier effort sous la conduite du brave Cléomène son roi, pour recouvrer sa gloire et sa liberté, fut conquise par Antigone. Ce prince, en lui accordant la paix, voulut s'arroger la gloire d'être son libérateur; mais il anéantit ses lois. Elles faisaient toute la force de Lacédémone; et, dès qu'elle les eut perdues, elle cessa bientôt d'exister.

Cléomène, battu sans être découragé, s'était réfugié à Alexandrie. Ptolémée l'accueillit d'abord froidement; mais, dès qu'il eut connu l'étendue de son esprit et la fermeté de sa vertu, il lui accorda son amitié, et résolut de l'aider à relever sa patrie. La mort l'empêcha d'exécuter ce généreux dessein. Il termina sa carrière après avoir régné vingt-cinq ans. On soupçonna son fils d'avoir attenté à ses jours, et les Égyptiens, toujours gravement satiriques, lui donnèrent le surnom de *Philopator*.

Ptolémée Évergète fut le dernier des Lagides qui montra des vertus. Son règne, ainsi que ceux de son père et de son aïeul, furent l'âge d'or de l'Égypte.

Ce beau pays, fertile, peuplé, redoutable par ses richesses et par la vaillance de ses troupes, était devenu l'asile des lettres, des sciences et des arts, et le centre du commerce de l'Afrique, de l'Asie et de l'Europe : mais les successeurs de Ptolémée Évergète, par la férocité de leur caractère, par l'ineptie de leur administration et par la corruption de leurs mœurs, amenèrent promptement la décadence et la ruine de ce grand empire, qui se fondit dans la monarchie romaine comme les fleuves de la terre perdent à la fin leur cours, leur nom et leur existence dans les eaux du vaste Océan.

PTOLÉMÉE PHILOPATOR.

(An du monde 3783. — Avant Jésus-Christ 221.)

Ptolémée Philopator reçut aussi de ses sujets le nom de *Tryphon*, c'est-à-dire *l'efféminé*, nom que méritaient sa mollesse et ses débauches. Antiochus, roi de Syrie, connaissant l'indolence du nouveau souverain et la haine qu'il inspirait aux Égyptiens, crut le moment favorable pour reconquérir la Phénicie et la Palestine. L'un des généraux de Philopator, nommé Théodote, ne pouvant supporter le joug de ce monarque aussi cruel que vicieux, quitta son service et commanda l'armée syrienne. Pendant les deux premières campagnes, les armes d'Antiochus furent heureuses. Il s'empara de Séleucie, de Damas, de Samarie, de Sidon, et, s'approchant de Péluse, il conçut l'espoir de conquérir l'Égypte; mais les inondations du Nil l'obligèrent de renoncer à cette entreprise.

Au bruit des victoires de ses ennemis, Ptolémée sortit enfin de sa mollesse. Il se mit à la tête d'une armée de soixante-dix mille hommes d'infanterie, de vingt mille chevaux et de cent vingt éléphants. Il marcha en Palestine contre Antiochus; les deux armées se rencontrèrent à Raphia. La nuit qui précéda le combat, Théodote eut la témérité de pénétrer seul dans le camp égyptien et d'arriver jusqu'à la tente du roi. Il n'y trouva pas ce prince; mais il tua son médecin et deux officiers. Le lendemain les deux armées se livrèrent bataille. Antiochus, qui avait d'abord enfoncé l'aile droite de Ptolémée, ne put secourir à temps son centre enfoncé et battu. Sa défaite fut complète; il perdit dix mille hommes, et se vit obligé de se retirer à Ptolémaïde.

Ce triomphe ne donna point de gloire à Ptolémée: on attribua avec raison ses succès à la reine Arsinoé, sa femme et sa sœur, qui haranguait elle-même les soldats, et combattait à leur tête. Elle était secondée par Nicolas, Étolien, général habile, qui avait su long-temps arrêter les progrès d'Antiochus par son courage et par ses manœuvres.

Après la victoire de Raphia, Ptolémée vint à Jérusalem. Il y offrit des sacrifices, et voulut, au mépris de la loi de Moïse, entrer dans le saint des saints. La résistance des prêtres et les prières du peuple ne pouvaient réprimer sa curiosité; mais au moment où il s'approchait du sanctuaire, une terreur panique le saisit, et il prit la fuite sans avoir exécuté son entreprise.

De retour à Alexandrie, il voulut se venger de cet affront; il ordonna à tous les Juifs d'Égypte d'adorer les dieux, sous peine d'être marqués avec un fer chaud qui imprimerait sur leur front l'image d'une feuille de lierre, plante consacrée à Bacchus. Tous, à trois cents près, résistèrent, préférant le supplice à l'apostasie. Le roi furieux les fit venir à Alexandrie au nombre de quarante mille, et les destinait à être écrasés sous les pieds des éléphants; mais troublé par un songe qu'il prit pour un avertissement céleste, il n'acheva point ce massacre.

Le roi avait un frère, nommé Magas, dont les vertus contrastaient avec ses vices. Jaloux de l'amour que lui portait le peuple, il le fit périr, malgré les prières de Cléomène. Cet infortuné roi de Sparte devint sa victime peu de temps après. Il lui avait refusé des secours et la permission d'aller combattre avec les Achéens et les Lacédémoniens pour la liberté. Craignant qu'il ne s'échappât, et que, vainqueur de la Grèce, il ne portât ses armes en Égypte, il le fit assassiner.

On lui impute aussi la mort de Bérénice, sa mère. Un nommé Sosibe était l'agent de ses fureurs. Cet homme artificieux, ministre sous trois règnes, flattait ses vices, servait ses passions, l'éloignait des affaires, gouvernait seul l'État, et en partageait les richesses avec de vils courtisans.

La reine Arsinoé osa faire entendre la vérité et

justifier le mécontentement du peuple qui s'était révolté : la mort fut le prix de son courage.

Le peuple la vengea, en massacrant son meurtrier. On força le roi à chasser Sosibe et à confier l'administration à Tlépolème, homme intègre, mais sans force et sans capacité.

Depuis ce moment, Ptolémée, bourreau de sa famille, méprisé par ses sujets, livra son royaume à des hommes corrompus, à des femmes sans pudeur; et, après avoir régné dix-sept ans, il mourut dans l'abrutissement et dans la débauche, laissant le trône à un fils d'Arsinoé, âgé de cinq ans.

L'éducation du jeune prince avait été confiée à une maîtresse du roi nommée Agathoclée, à son frère Agathoclès et à Œnante leur mère. Cette famille ambitieuse cacha quelques jours la mort du roi, et enleva du palais une grande quantité d'or et de bijoux. Agathoclès élevait ses prétentions plus haut. Aspirant à la régence, il prit dans ses bras le jeune prince, et, versant des larmes, il demanda au conseil, aux courtisans, au peuple, leur protection pour cet enfant, que le roi mourant lui avait, disait-il, recommandé. Il assurait que sa vie était menacée, et que Tlépolème voulait s'emparer du trône. Cette fourberie ne trompa personne : le peuple indigné arracha le jeune roi des bras de l'imposteur, le porta dans l'Hippodrome, et le proclama. Agathoclès et ses complices furent amenés devant lui, condamnés en son nom et exécutés sous ses yeux. La populace traîna leurs cadavres sanglants dans les rues et les déchira en pièces. Leurs parents et leurs amis subirent le même sort.

Antiochus, roi de Syrie, et Philippe, roi de Macédoine, rompant l'alliance qu'ils avaient jurée avec les Égyptiens, voulurent profiter de la minorité de Ptolémée pour conquérir ses États et pour les partager. Les embarras que leur suscitèrent les Romains ne leur permirent pas de persister longtemps dans cette entreprise. Un général étolien, nommé Scopas, combattit avec succès les Syriens et les chassa de la Palestine et de la Célésyrie. Il fut moins heureux dans la campagne suivante. Scopas, battu, assiégé dans Sidon, se vit réduit à signer une capitulation honteuse, et toute la Palestine rentra sous le joug d'Antiochus.

Les grands d'Égypte, mécontents du peu de capacité de Tlépolème, et ne pouvant s'accorder sur le choix d'un régent, s'adressèrent à Rome qui accorda sa protection au roi d'Égypte, et donna la régence à un Acarnanien, homme de mérite, nommé Aristomène. Ce nouveau régent rétablit l'ordre dans le royaume et dans l'armée, développa dans son administration beaucoup d'habileté et de fermeté, profita de la division qui existait entre les ennemis de l'Égypte, repoussa leurs efforts, et négocia avec tant d'adresse, qu'Antiochus, qui avait d'autres guerres sur les bras et qui redoutait les Romains, donna sa fille Cléopâtre à Ptolémée, et lui céda, en faveur de ce mariage, la Palestine et la Phénicie.

Ptolémée, n'ayant fait aucune action mémorable, ne dut la gloire du commencement de son règne, et le surnom d'*Épiphane* qu'on lui donna, qu'aux talents d'Aristomène. Ce sage ministre entretint aussi des liaisons avec les Achéens qui formaient alors une ligue puissante dans la Grèce.

Le bonheur de l'Égypte cessa avec la minorité de Ptolémée. Ce monarque s'abandonna à tous les vices qui avaient déshonoré son père. Il épuisa son trésor, opprima ses sujets, et commit de tels excès que le peuple se révolta contre lui.

On répandit le bruit qu'il avait été tué dans une émeute. A cette nouvelle, Anthiochus s'arma et marcha promptement pour s'emparer du trône; mais, apprenant que le roi, secouru par la fermeté d'Aristomène, avait comprimé la révolte et puni de mort Scopas, chef de cette conjuration, il se retira dans ses États, se bornant à s'emparer d'une partie de la Palestine.

Ptolémée, moins touché des services d'Aristomène qu'importuné par sa vertu, voulut s'affranchir d'une gêne qui lui devenait insupportable; il le fit empoisonner. Délivré par ce crime de toute contrainte, il se livra aux plus honteux excès. Ses désordres lui avaient enlevé tout moyen de faire la guerre, et cependant il voulait marcher contre Antiochus. Les grands lui demandèrent où il prendrait l'argent nécessaire pour les frais de cette expédition; il leur répondit : « Mes amis sont mon » trésor. » Cette réponse leur fit craindre qu'il ne les dépouillât de leur fortune, ils l'empoisonnèrent.

Ce monarque avait régné vingt-quatre ans. Il laissa deux fils, Ptolémée Philométor et Ptolémée Physcon, et une fille nommée Cléopâtre sous la tutelle de Cléopâtre leur mère.

La reine Cléopâtre régna sagement et maintint la paix entre son frère Antiochus et son fils Ptolémée; mais elle ne vécut qu'un an, et le plus jeune de ses fils fut soupçonné d'avoir hâté sa mort. Le peuple furieux voulait l'exterminer; mais le jeune roi que sa tendresse pour sa mère avait fait surnommer *Philométor*, le prit sous sa protection et lui sauva la vie.

Dans ce temps, Antiochus Épiphane monta sur le trône de Syrie. Bientôt il revendiqua la possession de la Palestine, comme une partie des terres tombées en partage, après la mort d'Alexandre, à Séleucus Nicator. Ptolémée, qui était âgé de quinze ans et qui se dirigeait par les conseils de son gouverneur Eulée et par ceux du régent de l'Égypte nommé Léné, opposa aux prétentions de son oncle les droits de ses aïeux, une longue possession et l'abandon récent qu'Antiochus-le-Grand avait fait de ces provinces, en mariant sa fille Cléopâtre au feu roi d'Égypte.

Aucun des deux ne voulut céder; on se prépara de part et d'autre à la guerre. Cependant le jeune Ptolémée fut couronné, et Apollonius, ambassadeur d'Antiochus, vint en Égypte, moins pour assister à cette cérémonie que pour prendre des informations sur les projets et sur les moyens des Égyptiens.

Instruit de leur faiblesse, le roi de Syrie rassembla deux grandes armées de terre et de mer, et marcha rapidement jusqu'à Péluse, après avoir battu les troupes qui voulaient s'opposer à ses progrès; mais la saison était trop avancée; et comme le bruit d'une révolte des Juifs l'inquiétait, il retourna à Tyr.

L'année suivante, il reparut, avec des forces plus considérables, sur les frontières d'Égypte, livra bataille à Ptolémée, le fit prisonnier, et marcha sans obstacle jusqu'à Memphis dont il s'empara. Alexandrie résistait seule à ses armes. Antiochus affectait de prendre soin des intérêts du jeune roi, son neveu, et administrait les affaires comme son tuteur; mais, une fois maître du pays, il le livra au plus horrible pillage.

Pendant ce temps, le bruit de sa mort se répandit en Palestine. Jason vint à Jérusalem et y excita un soulèvement. Antiochus, apprenant ces nouvelles, sortit d'Égypte, marcha en Judée, prit Jérusalem, la livra au pillage, et tua quatre-vingt mille hommes. Les habitants d'Alexandrie, profitant de son absence, couronnèrent Ptolémée Physcon. Alors Antiochus revint pour la troisième fois en Égypte et s'approcha d'Alexandrie.

Physcon avait imploré le secours de Rome. Le sénat envoya des ambassadeurs pour réconcilier le roi de Syrie avec ses neveux. Antiochus, qui craignait une diversion dans son propre royaume, pensa que, sans achever sa conquête par la force, il pouvait se l'assurer par la ruse; en conséquence, il se déclara le protecteur de Philométor, et lui rendit toute la partie de l'Égypte qu'il avait conquise.

Par ce traité, le roi d'Égypte lui cédait la Palestine, la Célésyrie et la ville de Péluse qui était la clef du royaume. Antiochus laissa dans cette ville une forte garnison, et se retira en Palestine, persuadé que l'Égypte, déchirée par la guerre civile allumée entre les deux frères, dont l'un régnait à Memphis et l'autre à Alexandrie, s'affaiblirait de plus en plus, et ne pourrait lui échapper.

Les ministres des deux Ptolémée pénétrèrent ses projets, et les firent échouer. Ils déterminèrent les deux frères à poser les armes, à se réunir et à régner d'accord. Le traité eut lieu.

Dès qu'Antiochus fut informé de cet arrangement, il entra de nouveau en Égypte, ne dissimulant plus son ambition. Loin de paraître soutenir l'un de ses neveux contre l'autre, il avoua hautement le projet de s'emparer de tout le royaume. Vainqueur dans différents combats et maître de Memphis, il s'approchait d'Alexandrie, lorsque Popilius Léna, ambassadeur romain, vint l'arrêter dans sa marche et lui ordonna de renoncer à son entreprise. Le roi demandait du temps pour faire connaître ses intentions; mais Popilius, traçant un cercle autour de lui, déclara que Rome le regarderait comme son ennemi, s'il sortait de ce cercle avant d'avoir promis d'obéir. Cette insolence romaine eut un plein succès: Antiochus, atterré par une telle audace, et voyant déjà les Romains, vainqueurs de Persée et de la Grèce, prêts à fondre sur lui, promit de respecter les alliés du sénat, et sortit de l'Égypte avec son armée. Outré de cet affront, il déchargea sa colère sur les Juifs, auxquels il fit souffrir les plus horribles persécutions.

Les deux rois, délivrés par sa retraite, ne vécurent pas long-temps unis. Physcon, ambitieux, ingrat et cruel, conspira contre son frère; et Philométor, obligé de sortir d'Alexandrie, s'embarqua et courut à Rome implorer la protection du sénat. Il arriva dans cette capitale sans suite, sans argent, sans équipages, et logea chez un peintre d'Alexandrie.

Le sénat, touché du malheur dans lequel se trouvait un roi, son allié, maître naguère d'un puissant empire, l'accueillit avec intérêt, le traita magnifiquement, écouta ses plaintes, et, par un décret, fit un partage entre les deux frères, donnant à Physcon la Cyrénaïque et la Libye, et à Philométor l'Égypte, ainsi que tous les états qui en dépendaient.

Physcon se soumit aux ordres de la république; mais, après avoir obéi, il représenta aux Romains qu'il était traité trop inégalement, et demanda l'île de Chypre en indemnité.

Le sénat avait toujours fondé la grandeur romaine sur la division des rois étrangers; il ne se rendait leur arbitre que pour devenir leur maître. Conformément aux principes de cette politique, la demande de Physcon fut accueillie, et l'on ajouta Chypre à son partage.

Philométor n'obéit point à cet ordre du sénat, et les Romains envoyèrent leurs troupes et celles de leurs alliés dans l'île de Chypre, sous la conduite de Physcon. Mais Philométor l'attaqua, le battit, le fit prisonnier; et, par une générosité qu'il ne méritait pas, il lui rendit la liberté et ses états de Cyrénaïque et de Libye.

Le sénat, frappé du courage et de la magnanimité de Philométor, conclut la paix avec lui et le laissa tranquille possesseur de l'île de Chypre.

Depuis cette époque, et depuis la paix conclue avec Physcon, le règne de Philométor fut paisible; mais, quelques années après, apprenant que Démétrius, monté sur le trône de Syrie, avait à soutenir la guerre contre un fils naturel d'Antiochus, nommé Alexandre, l'espoir de recouvrer la Palestine le décida à secourir ce dernier, auquel il donna sa sœur Cléopâtre en mariage.

Alexandre Bala, après avoir battu et tué Démétrius, se rendit maître de toute la Syrie; mais ses vices, ses excès, ses injustices et les crimes de ses ministres le rendirent odieux aux peuples dont les vœux appelaient un libérateur. Un jeune prince, fils du feu roi, nommé comme lui Démétrius, débarqua en Cilicie avec des troupes grecques, et reconquit une partie de ses états.

Ptolémée Philométor marcha au secours de son gendre; toutes les villes de la Palestine lui ouvrirent leurs portes, et Jonathas, prince des Juifs, vint avec lui à Ptolémaïde. En y arrivant, Philométor découvrit un complot tramé par Apollonius pour l'assassiner. Alexandre refusa de lui livrer ce perfide. Ptolémée furieux lui ôta sa fille et la donna à Démétrius, auquel il promit son assistance pour remonter sur le trône de son père.

Les habitants d'Antioche ouvrirent leurs portes à Ptolémée. Alexandre, qui était alors en Cilicie, marcha promptement contre lui pour reprendre cette ville. Les deux armées se livrèrent bataille : Alexandre la perdit ; son armée fut mise en déroute complète, et un prince arabe lui trancha la tête qu'il envoya à Ptolémée. Celui-ci ne jouit pas longtemps de sa victoire ; il mourut peu de temps après, d'une blessure qu'il avait reçue dans le combat.

Son règne avait duré trente-cinq ans. Ptolémée Physcon, son frère, devint par sa mort le seul maître de l'Égypte.

PTOLÉMÉE PHYSCON.

(An du monde 3859. — Avant Jésus-Christ 145.)

Cléopâtre, veuve de Philométor, espérait donner le trône à son fils. Une partie des Égyptiens l'appuyait ; Onias, avec une armée juive, venait à son secours ; Physcon avait aussi un grand parti. Thermus, ambassadeur romain, apaisa ces différends par sa médiation. Physcon épousa la reine Cléopâtre, sa sœur et sa belle-sœur, et promit d'élever son fils ; mais, le jour même des noces, il égorgea ce jeune prince. Malgré ce crime et les vices auxquels ce nouveau roi s'abandonnait, les sept premières années de son règne furent heureuses, parce qu'il sut confier l'administration du royaume à un ministre habile et vertueux, nommé Hiérax.

Ptolémée, voulant s'attribuer le mérite qui appartenait à Hiérax, se nomma lui-même *Évergète* (bienfaiteur); mais les Alexandrins, qui connaissaient son affreux caractère, le nommaient *Cacoergète* (malfaiteur), et toute l'Égypte l'appela *Physcon*, parce qu'il avait un ventre énorme.

Dans ce même temps, Démétrius fit massacrer les garnisons égyptiennes qui l'avaient si bien servi. Privé de leur appui, il fut détrôné par Tryphon. Pendant son règne, Simon rendit la Judée indépendante; et les Parthes, dont le royaume venait d'être fondé par Arsace, firent de grandes conquêtes, sous la conduite de Mithridate, et étendirent leurs limites depuis l'Euphrate jusqu'au Gange.

L'Égypte perdit bientôt la tranquillité dont elle jouissait. Physcon, n'étant plus retenu par les conseils d'Hiérax, se livra à ses passions et à tous les excès qui rendent la tyrannie odieuse. Il fit mourir tous les partisans de son frère, pillant ses sujets pour payer ses débauches, et punissant de mort tout ce qui murmurait contre ses injustices. En peu de temps, Alexandrie devint déserte; tout ce qui avait quelque vertu ou quelque fortune abandonna cette ville malheureuse. Les savants, les artistes, les hommes de lettres, que la magnificence des Lagides y avait attirés, s'éloignèrent et se dispersèrent dans l'Asie, dans la Grèce et dans l'Italie.

Le fameux Scipion vint alors en Égypte avec deux autres ambassadeurs, Memmius et Métellus: la présence de ces hommes vertueux mit quelque temps un frein aux folies du roi. Il les reçut avec de grands honneurs, et comme il accompagnait un jour Scipion, celui-ci lui dit, en riant, que les Alexandrins lui avaient une grande obligation, celle de voir marcher une fois leur roi.

Scipion visita toutes les curiosités de l'Égypte. Il en offrit lui-même de plus grandes et de plus nouvelles aux regards des Égyptiens, sa vertu et sa simplicité.

Après son départ, Physcon reprit avec violence le cours de ses extravagances et de ses cruautés. Il répudia sa femme et épousa la fille de cette reine, appelée aussi Cléopâtre.

Les Égyptiens, fatigués de son joug, se révoltèrent. Physcon, qui entretenait des troupes étrangères, apaisa la sédition; mais, peu content de ce succès, il fit rassembler dans l'Hippodrome toute la jeunesse d'Alexandrie, et la fit égorger par ses soldats mercenaires. Le peuple indigné se souleva de nouveau, et courut avec des torches pour le brûler dans son palais. Le tyran se sauva avec sa nouvelle épouse, en Chypre, emmenant avec lui son fils Memphitis. Avant de partir, il fit périr un de ses enfants qui gouvernait la Cyrénaïque.

Lorsqu'il eut quitté Alexandrie, le peuple brisa

ses statues et donna le gouvernement de l'Égypte à Cléopâtre, sa première femme. Physcon, la regardant comme l'auteur de la conspiration et de ses malheurs, égorgea le fils qu'il avait eu d'elle, coupa son corps en morceaux et le mit dans une caisse avec la tête entière. Il l'envoya ensuite à Alexandrie, et ordonna que ce funeste présent fût offert à la reine, au milieu des fêtes que l'on donnait pour célébrer le jour de sa naissance. Ce spectacle d'horreur porta au comble l'indignation des Égyptiens, et tous s'armèrent pour empêcher ce monstre de revenir à Alexandrie. Mais la fortune abandonna la vertu et favorisa le crime. Physcon, à la tête d'une armée étrangère, entra en Égypte et battit les troupes de la reine.

Démétrius, roi de Syrie, avait épousé la fille de cette princesse, nommée aussi Cléopâtre, et qui ne fut que trop fameuse par ses cruautés. Ce roi vint au secours de sa belle-mère; mais une conspiration, qui menaçait son trône en Syrie, l'obligea d'y retourner. Ptolémée Physcon entra vainqueur dans Alexandrie, et la reine se sauva en Syrie près de son gendre.

Le tyran, pour compléter sa vengeance, envoya des secours à un imposteur nommé Alexandre Zébina, fils d'un fripier d'Alexandrie, qui prétendait être le fils d'Alexandre Bala. Cet aventurier détrôna Démétrius et s'empara de son royaume.

Livrée sans défense à la tyrannie d'un monstre, l'Égypte éprouva les plus grandes calamités. Une nuée épouvantable de sauterelles ravagea les campagnes, et la putréfaction de ces insectes répandit la peste dans tout le royaume. Physcon, persécuteur de sa femme, assassin de sa famille et bourreau de ses sujets, termina paisiblement sa carrière à Alexandrie, à l'âge de soixante-treize ans, après en avoir régné vingt-neuf. En lisant l'histoire d'un roi si barbare, on sent l'indispensable nécessité de croire à une justice éternelle qui punit dans le ciel les crimes triomphants sur la terre.

PTOLÉMÉE LATHYRE ET ALEXANDRE.

(An du monde 3888. — Avant Jésus-Christ 116.)

Physcon laissa le trône à Cléopâtre, sa femme, avec la liberté de faire régner sur l'Égypte celui de ses deux fils, Lathyre et Alexandre, qu'elle préférerait. Il donna la Cyrénaïque à Ptolémée Appion, son fils naturel.

La reine, qui voulait garder le pouvoir, couronna d'abord Alexandre, espérant qu'il serait plus soumis que son frère. Elle envoya Lathyre en Chypre; mais les grands n'approuvèrent pas l'injustice qu'on faisait au fils aîné de Physcon, et ils obligèrent la reine à rappeler Ptolémée Lathyre et à lui donner le trône.

Alexandre prit sa place dans l'île de Chypre. On

exigea en même temps que Lathyre répudiât Cléopâtre, sa sœur, et épousât son autre sœur qui s'appelait Sélène; il obéit. La malheureuse Cléopâtre, sa première femme, s'étant mariée ensuite à Antiochus de Cyzyque, fut attaquée à Antioche par Antiochus Grypus, pendant une absence de son époux. Trompée par une capitulation, elle se rendit; mais la reine Tryphène, femme de Grypus, la fit inhumainement massacrer. Son mari, arrivant trop tard pour la sauver, la vengea, prit Tryphène, et la fit périr.

Peu de temps après, Jean Hircan, prince des Juifs, voulut s'emparer de Samarie. Antiochus de Cyzyque secourut cette ville. Ptolémée Lathyre, son allié, lui envoya des troupes, malgré la volonté de sa mère qui était gouvernée par deux ministres juifs, fils d'Onias.

Cléopâtre, voyant que son fils gouvernait seul et n'écoutait plus ses conseils, résolut de se venger de lui et de le chasser du trône. Elle fit blesser quelques-uns de ses eunuques, parcourut les rues d'Alexandrie, versa des larmes, en s'écriant que Lathyre voulait la tuer, et avait blessé ceux qui la défendaient. Le peuple alors, irrité contre le roi, lui enleva sa femme Sélène, le força de fuir en Chypre où il régna, rappela Ptolémée Alexandre, son frère, qui remonta ainsi sur le trône d'Égypte.

Lathyre, furieux contre les Juifs qu'il regardait

comme les premiers auteurs de sa disgrace, et qui avaient contracté une alliance avec son frère et sa mère, rassembla des troupes, déclara la guerre à Alexandre, roi de Judée, et lui livra, sur les bords du Jourdain, une bataille dans laquelle il tua trente mille hommes. Josèphe et Strabon assurent que ce roi cruel, voulant, après sa victoire, inspirer une grande terreur dans le pays, massacra tous les prisonniers qu'il avait faits dans cette bataille, et les fit manger par ses troupes.

Cette horreur, invraisemblable dans tout autre temps, devient croyable dans un siècle où les princes d'Asie et d'Égypte signalaient leur tyrannie par les plus infâmes et par les plus affreuses cruautés.

Ptolémée Alexandre, obéissant aux ordres de sa mère et de ses deux ministres juifs, Chelcias et Ananias, leva une armée et débarqua en Phénicie. Cléopâtre marcha elle-même à la tête des troupes. Craignant quelques troubles pendant son absence, elle déposa dans l'île de Cos son petit-fils Alexandre. Le sort de cet enfant fut extraordinaire; car Mithridate, roi de Pont, s'étant emparé de cette île, fit le jeune prince prisonnier. Il fut délivré par Sylla qui l'emmena à Rome; et le sénat, dans la suite, le fit roi d'Égypte.

Cléopâtre et son fils Alexandre obligèrent Lathyre à lever le siége de Ptolémaïde.

Tandis que la reine était dans cette ville, Lathyre tenta de rentrer en Égypte; son expédition fut malheureuse. Il se vit forcé de retourner dans l'île de Chypre. La reine Cléopâtre, dont l'ambition n'avait point de bornes, et qu'aucun crime n'effrayait lorsqu'il s'agissait de la satisfaire, conçut le projet de s'emparer de la Judée, et voulut assassiner le roi des Juifs qui se trouvait près d'elle à Ptolémaïde. Le ministre Ananias empâcha ce forfait.

Ayant appris que Lathyre s'était allié avec Antiochus de Cyzyque, la reine embrassa le parti de son rival Antiochus Grypus, et lui donna en mariage Sélène, femme de Lathyre, qu'elle avait retenue dans les fers.

Lorsqu'elle fut revenue à Alexandrie, elle continua à tyranniser un de ses fils et à persécuter l'autre. Ptolémée Alexandre, las de son joug, quitta le trône et voulut vivre en simple particulier; mais, apprenant que sa mère tramait un complot contre ses jours, il la fit assassiner.

Ce crime révolta le peuple qui chassa le roi et rappela Lathyre. Dans ce même temps, Appion mourut et laissa par son testament la Cyrénaïque aux Romains.

Lathyre, remonté sur le trône, ne régna point paisiblement. La Haute-Égypte s'étant révoltée, il y marcha et détruisit la ville de Thèbes. Alexandre, son frère, vint deux fois l'attaquer; mais ce prince détrôné échoua dans la première expédition et périt dans la seconde.

Lathyre ne survécut pas long-temps à la ruine de Thèbes. Il avait régné onze ans avec sa mère, dix-huit ans en Chypre, et cinq ans seul en Égypte. Il laissa le trône à sa fille Cléopâtre. Son neveu Alexandre, appuyé par Sylla, réclamait la couronne; un mariage termina cette contestation : dix-neuf jours après qu'il eut été célébré, Alexandre tua sa femme et régna seul.

PTOLÉMÉE ALEXANDRE II.

(An du monde 3913. — Avant Jésus-Christ 91.)

Ptolémée Alexandre, moins habile et moins féroce que Physcon, se fit généralement mépriser par ses vices. Il ne sut point apaiser la révolte que les Juifs, habitants de la Cyrénaïque, y excitèrent; et les Romains, qui avaient refusé d'abord cet héritage de Ptolémée Appion, s'y établirent.

Sélène, sœur de Lathyre et veuve d'Antiochus Grypus, prévoyant qu'Alexandre ne pourrait pas garder le trône d'Égypte, le réclama pour ses fils Antiochus et Séleucus. Le sénat rejeta leur demande, et le jeune Antiochus, en sortant de Rome, fut dépouillé d'une partie de ses richesses par Verrès, préteur de Sicile.

Ce que Sélène avait prévu ne tarda pas à arriver.

Les Égyptiens, las de la mollesse et des vices d'Alexandre, le chassèrent d'Alexandrie et prirent pour roi un bâtard de Lathyre, qu'on appelait Ptolémée Aulètes, c'est-à-dire *joueur de flûte*. Le frère de ce nouveau roi fut établi en Chypre. Alexandre, banni de ses États, se réfugia en Palestine, près de Pompée, et implora vainement sa protection. Il se retira ensuite à Tyr, où il mourut après avoir fait un testament par lequel il léguait l'Égypte et l'île de Chypre au peuple romain. Nicomède, à la même époque, venait de lui céder la Bithynie.

PTOLÉMÉE AULÈTES.

(An du monde 3939. — Avant Jésus-Christ 65.)

Le sénat romain ayant reçu le testament d'Alexandre, cette affaire y excita de grands débats : l'acquisition d'un si puissant empire tentait les plus ambitieux ; cependant la majorité fut d'avis de ne point effrayer la terre par un accroissement si rapide. On venait de réunir à la république la Cyrénaïque et la Bithynie ; et il était à craindre qu'en y joignant tout à coup l'Égypte, l'ambition romaine dévoilée n'armât contre elle tous les rois d'Europe et d'Asie. On résolut donc de ne pas accepter ce testament, mais sans le rejeter formellement : on se contenta de recueillir les trésors qu'Alexandre avait laissés à Tyr, et Ptolémée Aulètes conserva provisoirement le trône d'Égypte. Son frère, qui régnait dans l'île de Chypre, perdit quelques temps après son royaume par avarice. Clodius, proconsul romain, étant pris par des pirates, avait prié ce prince de payer sa rançon. Il ne lui envoya que deux talents. Les corsaires refusèrent une si modique somme, aimant mieux s'attirer la protection de Clodius en lui rendant gratuitement la liberté.

Clodius résolut de se venger d'Aulètes. Revenu à Rome, la faveur du peuple l'éleva au tribunat; profitant alors du crédit que cette charge lui donnait, il fit délibérer le peuple sur le testament d'Alexandre, en représentant l'importance de l'île de Chypre et les malheurs de ce pays opprimé par un tyran méprisable. Il fit appuyer son opinion par ses amis au sénat, et obtint enfin un décret qui déclarait la réunion de ce royaume à la république et chargeait Caton de s'en emparer.

Caton, arrivé dans l'île de Chypre, promit au roi le sacerdoce de Vénus à Paphos, s'il obéissait aux ordres du sénat. Ce prince, au désespoir, voulut périr avec toutes ses richesses. Il s'était déjà embarqué sur un vaisseau chargé de ses trésors, et se préparait à le percer pour le couler à fond; mais tout à coup il changea de dessein, revint dans l'île et se tua.

Caton recueillit, après sa mort, vingt-un millions

qu'il envoya à Rome. Il ne garda pour lui que le portrait du philosophe Zénon, et donna ainsi, dans un siècle de corruption, le plus grand exemple de sagesse et d'intégrité.

Ptolémée Aulètes, roi d'Égypte, apprenant la ruine de son frère, craignit avec raison que le sénat, après avoir commencé à profiter du testament d'Alexandre, ne s'emparât aussi de l'Égypte. Méprisé par ses sujets, il ne comptait pas sur eux pour le défendre.

Ce qui est digne de remarque, c'est que, dans un temps où l'ambition romaine aurait dû irriter tous les peuples, on les voyait tous voler au devant de son joug. Plusieurs princes même, en mourant, dépouillaient leurs familles pour léguer leurs États à la république. D'un côté l'habileté du sénat romain, de l'autre les vices, les crimes, les extravagances des rois d'Europe, d'Asie et d'Afrique, expliquent cette disposition générale. Tous ces princes se haïssaient, s'égorgeaient entre eux; leurs parents étaient leurs plus cruels ennemis, et les peuples, las de leurs assassinats et de leur tyrannie, aspiraient tous au repos que leur promettait et que leur donnait la protection de Rome; car, pendant les beaux temps de la république, la conduite du sénat à l'égard des peuples soumis avait toujours été aussi douce, aussi bienfaisante que ses armes s'étaient montrées terribles pour ceux qui lui résistaient.

La prospérité corrompit ces vertus qui avaient fondé sa grandeur, et nous sommes arrivés à l'époque où les maîtres du monde, livrés à une sordide avarice et dévorés d'ambition, vont détruire la liberté de leur patrie et désoler toute la terre par leurs sanglantes querelles.

Ptolémée Aulètes connaissait la cupidité des principaux personnages qui gouvernaient alors la république; il fonda sur leur avidité l'espoir de sauver son trône : il ne se trompa point.

César venait d'être nommé consul; il avait besoin d'argent pour exécuter les vastes plans de son ambition. Aulètes partagea dix-huit millions entre ce consul et Pompée. Ces deux rivaux se réunirent pour le protéger; leurs partisans entraînèrent la majorité du sénat, et Ptolémée fut reconnu solennellement roi d'Égypte et ami du peuple romain.

Mais ces sacrifices, qui lui avaient si bien réussi à Rome, lui attirèrent beaucoup de malheurs dans son pays. Le roi, pour acheter une alliance si chère, s'était vu forcé d'établir de lourds impôts sur ses sujets. Ils se soulevèrent et l'obligèrent à fuir. Comme on en voulait à ses jours, il cacha si bien sa marche qu'on le crut mort. Ses deux fils étant trop jeunes pour gouverner, on plaça sur le trône Bérénice, sa fille aînée.

Cependant Ptolémée, débarqué à Sardes, y trouva Caton qui le reçut avec hauteur et sans se lever à son approche. Le sévère Romain blâma le faible prince de sa timidité, et lui dit qu'il ferait mieux d'affronter la mort en rentrant en Égypte, que d'aller en suppliant à Rome s'exposer au mépris des grands dont tous ses trésors ne pourraient satisfaire l'avarice. Caton lui offrit même de l'accompagner, s'il voulait tenter la fortune des combats et remonter sur son trône sans secours étrangers. Ptolémée, trop timide pour suivre un pareil avis, et déjà séduit par quelques agents de Pompée, partit pour Rome.

Il y fut d'abord abreuvé de toutes les humiliations dont Caton l'avait menacé. Il traîna de porte en porte ses offrandes et ses suppliques, et réussit enfin à force de bassesses. Le sénat lui promit de le rétablir dans son royaume et de l'y faire conduire par Lentulus.

Dans ce même temps, les Égytiens envoyèrent une ambassade à Rome, pour traverser la négociation de leur roi. Aulètes fit empoisonner les ambassadeurs. Un homme vertueux et hardi, nommé Dion, voulut dénoncer ce crime au sénat; mais il périt aussi sous le poignard du roi.

Malgré l'indignation que ces forfaits et la corruption des grands excitaient dans Rome, Pompée protégeait toujours Aulètes, et voulait que le sénat tînt sa promesse. Marcellinus, nouveau consul, s'y opposait en produisant un oracle de la sibylle, qui permettait de s'allier aux Égyptiens, mais qui défendait de prêter des troupes aux rois d'Égypte. Pompée ne se découragea pas; et, par le conseil de Cicéron, il crut pouvoir éluder l'oracle, en laissant le roi à Ptolémaïde et en envoyant des légions pour apaiser la révolte d'Alexandrie.

Lentulus n'osa pas exécuter les ordres de Pompée; Gabinius, plus avare et bien payé, s'en chargea.

Ce général jugea qu'il fallait agir avec rapidité; car, dans ce moment, Bérénice, voulant s'assurer le secours de la Syrie, offrait sa main à Séleucus son parent, fils du dernier roi Lathyre.

Gabinius, précédé par Antoine, entra en Égypte, s'empara de Péluse, et gagna plusieurs batailles. Archélaüs, qui combattait pour Bérénice, fut tué dans une de ces actions.

Cette guerre commença la renommée et fonda la puissance d'Antoine. L'Égypte se soumit. Ptolémée Aulètes remonta sur le trône et prouva par ses cruautés combien il en était indigne. Il fit mourir sa fille Bérénice, massacra tous ses partisans, afin de confisquer leurs biens et de payer ce qu'il devait à Pompée, à Gabinius, à Antoine.

Les Égyptiens consternés souffraient sans murmure tous ces excès; mais ce qui prouve à quel point la superstition avait conservé de force chez eux, c'est qu'au moment où ils livraient sans résistance leurs corps aux bourreaux et leurs fortunes aux étrangers, un soldat romain ayant tué par mégarde un chat, la présence redoutable du roi, de Gabinius et de ses légions, ne put les empêcher de se soulever, de venger leur méprisable dieu et de mettre en pièces son innocent meurtrier.

Aucun événement important ne marqua plus le règne d'Aulètès. L'Égypte humiliée conserva, non la paix, mais la tranquillité et le silence des tombeaux.

Rabirius, chevalier romain, ayant prêté à Aulètes une grande partie de l'argent qu'il avait répandu dans Rome, vint en Égypte pour se faire payer. Le roi lui proposa de se charger de l'administration des finances, afin d'être remboursé plus promptement. Rabirius, trompé par cette offre, devint comptable; le roi le fit arrêter quelque temps après, malgré la protection de César et de Pompée. Il se sauva de prison, revint misérable et dépouillé à Rome, où on l'accusa encore d'avoir aidé Ptolémée à corrompre des sénateurs. L'éloquence de Cicéron le sauva de la mort, mais non pas de l'exil.

Ptolémée Aulètès mourut quatre ans après son rétablissement; son règne avait duré trente ans. Il laissa deux fils, tous deux appelés Ptolémée, et deux filles : l'une était la célèbre Cléopâtre; l'autre se nommait Arsinoé. Les deux aînés de ses enfants,

Ptolémée et Cléopâtre, se marièrent et régnèrent ensemble sous la tutelle de Rome.

CLÉOPATRE ET PTOLÉMÉE.

(An du monde 3969. — Avant Jésus-Christ 35.)

Ptolémée avait treize ans, et Cléopâtre dix-sept. Pompée, tuteur du jeune roi, se trouvait en Grèce. L'eunuque Photin, gouverneur de Ptolémée, Achillas, général de ses troupes, Théodote, son précepteur, étaient à la tête de l'administration. Ces ministres profitèrent de l'absence de Pompée pour priver Cléopâtre de la part d'autorité que lui assurait le testament d'Aulètes; et, afin de gouverner le royaume, ils firent régner leur élève.

Cléopâtre ne supporta pas tranquillement cet affront; elle se sauva du palais, rassembla ses partisans, courut en Palestine et en Syrie chercher des secours, et revint disputer le trône à Ptolémée, son frère et son époux.

Les deux armées étaient en présence sur la côte, à peu de distance d'Alexandrie, et près d'en venir aux mains. Dans ce même moment Pompée, vaincu à Pharsale par César, arrive avec sa flotte et demande la liberté d'aborder sur ce rivage qu'il avait jadis protégé; il sollicite l'appui d'un prince enfant, son pupille.

Photin, Achillas et Théodote délibérèrent avec

le jeune roi sur cette demande. L'un voulait qu'on l'accueillît, l'autre qu'on lui dît de s'éloigner; mais Théodote représenta le danger de s'attirer la colère de César et la nécessité de mériter sa faveur, en le délivrant d'un ennemi. Il proposa, non de chasser Pompée qui pourrait un jour s'en venger, mais de le tuer : car, dit-il, *les morts ne mordent pas.* Ce lâche avis prévalut, et on résolut d'immoler le vaincu, pour enlever à Cléopâtre la protection du vainqueur, et pour s'assurer sa reconnaissance.

Achillas et un Romain nommé Septimius furent chargés d'exécuter l'ordre fatal. Ptolémée écrivit à Pompée qu'il pouvait disposer de lui et de son royaume. Comme la côte était basse, et que les vaisseaux ne pouvaient en approcher, on envoya au devant de lui une chaloupe pavoisée; ainsi la trahison prit toutes les formes du respect et de la reconnaissance.

Cependant Pompée, qui avait un secret pressentiment de sa destinée, au moment d'entrer dans cet esquif qui devait être son tombeau, dit à sa femme Cornélie ce vers de Sophocle : « Tout homme qui » arrive à la cour d'un tyran devient son esclave, » quoiqu'il y soit entré libre. »

La chaloupe s'éloigna de la flotte. Dès qu'elle fut près du rivage, à la vue du roi, Achillas et Septimius poignardèrent Pompée, coupèrent la tête de ce héros et jetèrent son corps sur le sable. Cornélie vit le crime et fit retentir l'air de ses gémissements. Sa flotte déploya ses voiles et s'éloigna précipitamment de cet horrible lieu. Un vieux soldat romain eut seul le courage de s'emparer du corps de Pompée, de lui rendre des honneurs funèbres et de le brûler sur un bûcher qu'il forma des débris d'un vieux bâtiment échoué.

Peu de temps après, César arriva à Alexandrie. Dans sa marche rapide, comptant plus sur sa fortune que sur ses forces, il n'avait amené que trois mille hommes de pied et huit cents chevaux. Ptolémée se présenta à lui avec son affreux tribut. À la vue de la tête de son rival, le généreux vainqueur versa de nobles larmes, témoigna ouvertement son horreur pour un tel crime et accabla de son mépris les lâches qui croyaient s'en faire un titre à sa faveur.

César fit faire de magnifiques obsèques à Pompée, et traita si bien ses partisans qu'ils se soumirent sincèrement à lui.

Les ministres du roi, redoutant dès-lors la vengeance de César et voyant le petit nombre de ses troupes, commencèrent à répandre dans Alexandrie tous les bruits qui pouvaient soulever les Égyptiens contre lui. César lui-même servit leurs projets; il avait besoin d'argent, et il exigea qu'on lui payât promptement la somme considérable que le feu roi lui devait. Photin profita avec adresse de cette circonstance; il fit enlever toutes les richesses des temples et prit aux grands du royaume leur vaisselle et leurs vases précieux. Chacun se crut dépouillé par César. Sa hauteur acheva d'irriter les Égyptiens. Prétendant, comme tuteur, être l'arbitre des rois, il cita Ptolémée et Cléopâtre à son tribunal pour juger leurs différends, et leur ordonna de nommer des avocats pour plaider devant lui ce grand procès.

Cléopâtre, qui comptait plus sur ses charmes que sur l'éloquence de ses défenseurs, prit une résolution hardie; elle quitta son armée, se jeta dans un bateau, et arriva de nuit au pied des murs du château d'Alexandrie. Elle se fit envelopper et cacher dans un paquet de linge et de robes; sans craindre alors les regards des Romains et de ses ennemis, un de ses serviteurs, Apollodore, la porta sur ses épaules et la fit entrer dans l'appartement de César. Ce grand homme ne résista point aux artifices de cette femme étonnante, dont l'esprit égalait la merveilleuse beauté, et le maître du monde devint en un instant l'esclave de sa captive.

Consultant plus son amour que sa prudence, il envoya chercher le jeune roi pour lui ordonner de partager son trône avec Cléopâtre. Ptolémée, convaincu que sa cause était perdue, et furieux de voir que sa femme avait passé la nuit dans la chambre de César, sortit désespéré du palais. Il parcourut la ville en jetant de grands cris, arrachant son diadème, et racontant au peuple son malheur et son affront.

La populace en furie se souleva et vint attaquer César. Les soldats romains s'emparèrent de la personne de Ptolémée qui s'était jeté sur eux sans précaution; mais, la foule augmentant de rage et de nombre, le danger devenait imminent. César, au moment de périr, parut avec courage devant le peuple, l'étonna par sa fermeté, et trouva le moyen de le calmer, en lui promettant de le satisfaire.

Le lendemain, comme tuteur et comme arbitre, il confirma, au nom du peuple romain, le testament du feu roi, ordonna que Ptolémée et Cléopâtre régneraient ensemble, et céda l'île de Chypre aux plus jeunes enfants d'Aulètes, Ptolémée et Arsinoé. Ce sacrifice le tira de danger, et la colère des Égyptiens s'apaisa. Mais, peu de jours après, l'artificieux Photin réveilla leur fureur; il trouva le moyen de leur persuader que César les trompait, qu'il n'avait voulu que gagner du temps, et que son projet était de faire périr le roi et ses partisans pour soumettre l'Égypte à la tyrannie de Cléopâtre.

Le peuple se souleva de nouveau : Achillas, à la tête d'une armée, partit de Péluse et accourut pour combattre César, qui trouva moyen de repousser leurs efforts avec le peu de braves qu'il commandait. On l'attaqua aussi par mer; mais il brûla la flotte égyptienne et s'empara de la tour du phare. Le feu des vaisseaux gagna la ville et brûla cette fameuse bibliothèque qui contenait quatre cent mille volumes. César, investi et resserré de tous côtés, avait envoyé chercher des secours en Asie : en les attendant, il se fortifia dans le quartier du palais, et le théâtre lui servit de citadelle.

César tenait le jeune roi renfermé; il découvrit que Photin correspondait avec l'armée, il le fit mourir.

Un autre eunuque, nommé Ganymède, et favori du roi, craignant le même sort, enleva la princesse Arsinoé du palais et la conduisit à l'armée : il y répandit des soupçons contre Achillas qu'il tua, et, délivré de ce rival, il prit sa place. Ganymède conduisit assez habilement la guerre : il coupa tous les canaux qui conduisaient l'eau dans Alexandrie; par-là, il excita dans les troupes romaines une sédition qui aurait exposé César aux plus grands dangers; mais celui-ci creusa des puits, trouva des sources et apaisa les révoltés. Cependant Calvinus arrivait d'Asie avec une légion. Ganymède voulut empêcher la jonction; il fut battu dans un combat naval. Sans se décourager, il arma une autre flotte et parvint à entrer dans le port d'Alexandrie.

César attaqua alors l'île de Pharos Dans cette occasion, la fortune abandonna ses armes : on le repoussa; il perdit huit cents hommes; son vaisseau se rompit, coula à fond, et sa mort semblait inévitable; mais il se jeta tout armé dans la mer et parvint à gagner le rivage en nageant. Jamais il ne fut dans un plus grand péril et ne montra plus de courage : car, pendant qu'il luttait d'une main contre les flots, de l'autre, il tenait en l'air et portait des papiers importants qu'il sut ainsi conserver.

Les Égyptiens lui offrirent alors la paix, à condition qu'il leur rendrait leur roi. César y consentit; Ptolémée, en le quittant, lui promit, les larmes aux yeux, d'être fidèle au traité; à peine rendu à la liberté, il se mit à la tête de son armée et recommença la guerre. Sa flotte fut battue à Canope, et bientôt César se vit en état de ne plus craindre ses ennemis. Mithridate de Pergame lui amena des secours de Cilicie et de Syrie; Antipater s'y joignit avec trois mille Juifs. Les princes arabes embrassèrent son parti, et les Juifs qui habitaient l'Égypte se déclarèrent en sa faveur.

Mithridate et Antipater, après avoir pris Péluse d'assaut, gagnèrent une bataille contre Ganymède, passèrent le Nil, et, sous la conduite de César, marchèrent contre Ptolémée qui avait rassemblé toutes les forces dont il pouvait disposer.

Les deux armées se livrèrent bataille; la victoire des Romains fut complète. Dans la déroute des

Égyptiens, Ptolémée, cherchant à se sauver sur le Nil, s'y noya. Alexandrie et toute l'Égypte se soumirent à César qui plaça sur le trône Cléopâtre, en lui associant, pour la forme, son jeune frère, Ptolémée, âgé seulement de onze ans.

César, sans ennemis, oublia quelque temps la gloire pour les plaisirs; il passait les jours et les nuits en festins et en fêtes avec Cléopâtre. Il s'embarqua avec elle sur le Nil et parcourut toute l'Égypte. Son dessein était de pénétrer en Éthiopie; mais les légions, effrayées par l'exemple de Cambyse, refusèrent de le suivre.

La reine lui donna un fils nommé Césarion, qui augmenta son amour et sa dépendance; on assure qu'au mépris des coutumes romaines, il comptait, après son retour à Rome, épouser Cléopâtre. Lorsqu'il fut mort, le tribun Helvius Cinna avoua qu'il avait une harangue prête pour proposer une loi qui permettrait aux citoyens romains d'épouser autant de femmes qu'ils voudraient, et même des étrangères.

César fut enfin obligé de s'arracher du sein des voluptés pour aller combattre Pharnace, fils du fameux Mithridate. Avant de partir d'Égypte, voulant prouver sa reconnaissance aux Juifs qui, sous la conduite d'Antipater, l'avaient si puissamment secouru, il confirma leurs priviléges et les fit graver sur une colonne. Après avoir vaincu Mithridate, il revint à Rome. La jeune princesse Arsinoé orna son triomphe et y parut chargée de chaînes. Il la mit ensuite en liberté, et elle se retira en Asie.

Dès que le jeune Ptolémée eut quinze ans, âge fixé en Égypte pour la majorité des rois, il voulut prendre les rênes du gouvernement; mais Cléopâtre l'empoisonna et régna seule.

CLÉOPATRE SEULE.

On apprit bientôt en Égypte que César, aspirant au trône, avait été assassiné par Brutus et Cassius, derniers et cruels défenseurs de la liberté romaine. Antoine, Lépide et Octave, qu'on nomma depuis Auguste, formèrent un triumvirat pour venger la mort de César. Cléopâtre se déclara pour eux et leur envoya les quatre légions que ce grand homme lui avait laissées; mais Cassius s'en rendit maître.

Cléopâtre arma ses vaisseaux et monta sur sa flotte pour aller au secours des triumvirs; une tempête l'obligea de revenir en Égypte.

Un an après, Cassius et Brutus ayant été vaincus et tués à Philippes, Antoine arriva en Asie, chargé par ses collègues de gouverner cette partie du monde. Tous les rois et les princes d'Orient vinrent en foule recevoir ses ordres et lui présenter leurs **hommages.**

Ayant appris que le gouverneur de la Phénicie, qui dépendait alors de l'Égypte, avait envoyé des secours à Cassius, il cita fièrement Cléopâtre à son tribunal, et lui ordonna de comparaître devant lui pour se justifier. Il l'attendait dans la ville de Tarse.

Cette reine superbe s'embarqua avec ses trésors et un cortége magnifique; elle partit non pour se défendre, mais pour vaincre Antoine. Arrivée en Asie, elle parut sur le Cydnus dans une galère dont la poupe était éclatante d'or, les voiles de pourpre, les rames garnies d'argent; le tillac était couvert par un pavillon où brillaient des étoffes tissues d'or. On y voyait Cléopâtre vêtue comme on représente Vénus et entourée des plus belles filles de sa cour, sous la forme de Grâces et de Nymphes. Les airs retentissaient du son mélodieux des instruments; les avirons, frappant l'onde en cadence, rendaient ces sons plus agréables; on brûlait sur le tillac des parfums qui répandaient au loin leurs douces odeurs; et le rivage se remplissait d'un peuple nombreux qui prenait Cléopâtre pour une divinité, et se prosternait devant elle.

Tous les habitants de Tarse en sortirent pour aller admirer cet étonnant spectacle, de sorte qu'Antoine, voulant conserver sa dignité, resta seul dans son tribunal, entouré de ses licteurs.

Il invita la reine à souper dans son palais; mais

elle lui fit dire de venir la trouver dans sa tente, où elle lui avait fait préparer un festin.

Il céda, la vit, s'enflamma, ne parla plus de ses griefs; et, loin de se montrer comme un juge sévère, il ne fut plus dès ce moment qu'un esclave soumis.

Les jours se passaient en fêtes et en plaisirs; la reine y déployait le plus grand faste, et, lorsqu'elle donnait des festins, elle distribuait aux officiers romains les vases d'or et d'argent qui couvraient sa table. Antoine voulait en vain rivaliser avec elle de magnificence; Cléopâtre avait soutenu devant lui qu'elle dépenserait deux millions dans un festin, et, comme il en niait la possibilité, elle fit dissoudre dans le vinaigre une perle qui valait un million et l'avala. Antoine obtint d'elle de conserver une autre perle du même prix, qui fut envoyée au Capitole.

Le premier sacrifice que le général romain offrit à son amour, fut un crime; cédant aux prières de Cléopâtre, il fit mourir sa sœur Arsinoé qui s'était retirée à Milet, dans le temple de Diane, asile sacré qu'elle croyait inviolable. Antoine, oubliant sa gloire, suivit Cléopâtre dans l'Égypte, que ruinait et scandalisait leur luxe effréné.

La reine ne le quittait ni dans ses plaisirs, ni dans ses exercices. Un jour il pêchait à la ligne près d'elle et ne prenait rien. Cléopâtre fit attacher à sa ligne, par un plongeur, un gros poisson cuit et salé; et, après l'avoir raillé sur son succès, elle lui dit : « Laissez la ligne à nous autres reines d'Asie et » d'Afrique : la pêche qui vous convient est celle » où l'on prend des villes, des royaumes et des rois. »

Antoine, obligé de retourner à Rome, sortit un moment des chaînes de Cléopâtre. Son asservissement l'avait brouillé avec Octave; il se raccommoda avec lui et épousa sa sœur Octavie. Mais, étant depuis chargé de faire la guerre aux Parthes, il revint en Orient, revit Cléopâtre, rentra sous son joug et s'enflamma plus que jamais pour elle.

La reine protégeait les sciences et cultivait elle-même les lettres : elle fit reconstruire la bibliothèque d'Alexandrie. Antoine lui envoya de Pergame deux cent mille volumes.

Les historiens assurent que Cléopâtre parlait avec facilité les langues grecque, romaine, hébraïque, arabe, éthiopienne, et celles des Syriens et des Parthes; ce qui est d'autant plus difficile à concevoir que ses prédécesseurs savaient à peine l'égyptien, et avaient presque oublié la langue des Macédoniens.

Quoique Antoine fût revenu dans les fers de Cléopâtre, cette reine orgueilleuse, qui prétendait être sa femme légitime, ne pouvait lui pardonner l'hymen d'Octavie. Pour l'apaiser, il sacrifia les intérêts de Rome et lui donna la Phénicie, l'île de Chypre, une partie de la Cilicie, de la Judée, de la Syrie et de l'Arabie. Ces largesses, faites aux dépens de l'empire romain, irritèrent Octave. La vertueuse Octavie voulut en vain les réconcilier : elle partit de Rome pour rejoindre son époux; mais Antoine, soumis aux ordres de la reine, défendit à la malheureuse Octavie de dépasser Athènes; et, peu de temps après, il lui ordonna de retourner à Rome.

Auguste profita de son aveuglement pour rompre ouvertement avec un collègue dont la puissance l'importunait; et, sous prétexte de venger sa sœur et Rome, il s'arma dans l'espoir de se rendre, sans partage, le maître du monde.

Pendant ce temps Antoine déclara la guerre aux Arméniens, et s'empara de leur pays. Il revint triomphant à Alexandrie, traînant derrière son char le roi d'Arménie, chargé de chaînes d'or. Il fit hommage à la reine de ce captif couronné.

Cléopâtre l'avait tellement asservi qu'un jour, dans l'ivresse, il lui promit l'empire romain. Cléopâtre fut alors couronnée avec une très-grande magnificence à Alexandrie. Elle parut dans cette cérémonie avec son amant, sur un trône d'or massif, où l'on montait par des marches d'argent. Le front d'Antoine portait un diadème; il était armé d'un cimeterre persan; sa main tenait un sceptre magnifique; il était couvert d'une robe de pourpre brodée d'or avec des boutons de diamans. La reine, assise à sa droite, se montrait vêtue d'une robe éclatante faite d'une étoffe précieuse jusque-là exclusivement destinée à couvrir la statue de la déesse Isis, dont cette reine orgueilleuse osait prendre l'habit et le nom. Au bas du trône, on voyait assis Césarion, fils de César, et deux enfans, nommés Alexandre et Ptolémée, que Cléopâtre avait eus d'Antoine.

Après le couronnement, un héraut d'armes proclama Cléopâtre reine d'Égypte, de Chypre de Libye et de Célésyrie, conjointement avec Césarion. Il proclama ensuite les autres princes rois des rois, assignant à Ptolémée la Syrie, la Phénicie et la Cilicie, et au prince Alexandre les royaumes d'Arménie, de Médie et même celui des Parthes, dont Antoine méditait la conquête.

Jamais l'Égypte n'avait été plus puissante et plus riche; et le moment qui précéda sa destruction fut celui où elle jeta le plus grand éclat, semblable à ces feux qui, terminant les fêtes, répandent dans les airs, en mourant, les plus vives clartés, et, après avoir presque égalé la splendeur du soleil, s'éteignent et sont promptement remplacés par une épaisse fumée et par une obscurité profonde. Ce beau pays était devenu le centre des richesses de l'Afrique et de l'Asie. Alexandrie pouvait se croire la capitale de l'Orient. Tous les princes, tous les rois venaient porter leurs tributs à Cléopâtre et se prosternaient au pied de son trône pour recevoir ses ordres. Antoine, son premier esclave, n'avait plus qu'un pas à faire pour devenir le maître du monde et lui en faire hommage. Mais toute cette puissance, fondée par l'orgueil et minée par les vices, ne tarda pas à s'écrouler; cette gloire éclatante ne fut qu'une courte illusion. La mollesse d'Antoine, ses débauches, son ambition sans bornes, son avidité, son asservissement à l'Égyptienne et surtout sa dureté pour Octavie, avaient irrité contre lui le peuple romain, et il s'était attiré à la fois sa haine et son mépris.

Octave, non moins ambitieux, mais plus adroit, cachait sa tyrannie à l'ombre des formes républicaines, et se faisait pardonner sa grandeur par sa popularité. Sous le nom de prince du sénat, de tribun du peuple, il montait au trône sans effrayer la liberté; et les légions romaines ne voyaient encore dans le maître de l'Occident qu'un consul et qu'un général, heureux héritier du nom et de la gloire de César, tandis qu'Antoine, efféminé, couronné, vêtu à l'orientale et plongé dans les voluptés, ne paraissait plus à leurs yeux qu'un de ces Anthiochus, qu'un de ces Ptolémée qui avaient si souvent suivi le char de leurs triomphateurs.

Auguste déclara la guerre à Antoine; et toutes les nations de l'Europe, de l'Asie et de l'Afrique se partagèrent entre ces deux rivaux, dont le choc allait décider la destinée du monde. Jusqu'à ce moment, Antoine, intrépide, belliqueux, dur à la fatigue et doué d'une force singulière, s'était acquis plus de réputation militaire que son rival; mais l'amour et la fortune l'avaient changé, les débauches l'avaient énervé. Ses alliés étaient plus nombreux, plus riches que ceux d'Octave, ses légions plus aguerries et mieux exercées; il avait plus de troupes, plus d'argent, plus de vaisseaux qu'Octave. Tous ses moyens étaient prêts, lorsque Auguste commençait à peine à réunir les siens. En se hâtant il pouvait l'écraser facilement; mais il perdit un an à Alexandrie dans les plaisirs et dans les bras de Cléopâtre; et tandis qu'il s'ôtait tout espoir d'accommodement en répudiant la vertueuse Octavie, il ne prenait aucun des moyens qui pouvaient le soustraire à la vengeance de Rome. Enfin, apprenant la marche d'Octave, il sortit de son voluptueux sommeil et s'arma pour combattre. Cléopâtre voulut l'accompagner et commander elle-même sa flotte; il consentit: cette faiblesse fit son malheur.

Dix-huit légions et vingt-deux mille chevaux composaient l'armée de terre d'Antoine; cinq cents vaisseaux portaient plus de cent mille soldats et douze mille cavaliers. Tous les rois d'Orient servaient sous ses ordres. Cléopâtre les surpassait par sa puissance et par son luxe. Octave, avec moins de pompe, mais plus de discipline, possédait plus de forces réelles.

On avait conseillé à Antoine de combattre avec

son armée de terre, parce que ses légions, supérieures en nombre à celles de son ennemi, étaient plus accoutumées au péril : mais Cléopâtre voulait que la gloire appartînt à sa flotte ; elle ordonna un combat naval, et il eut lieu dans le golfe d'Ambracie, près la ville d'Actium.

La bataille fut sanglante et long-temps douteuse ; le succès était incertain, lorsque Cléopâtre, effrayée par les cris des combattants, par le choc des armes, par la vue du sang qui couvrait les ondes et par les gémissements des blessés, prit soudain la fuite avec ses vaisseaux. Elle emportait avec elle l'âme et le courage d'Antoine, qui, n'écoutant plus que sa funeste passion, abandonna l'honneur, la victoire et l'empire du monde pour la suivre. Sa flotte se battit long-temps après son départ ; mais enfin elle fut vaincue, détruite ou dispersée. Les légions, privées de leur chef, passèrent du côté d'Octave.

Cléopâtre revint à Alexandrie, et Antoine en Libye où il avait encore une armée ; mais, en y arrivant, il trouva qu'elle s'était soumise à l'autorité d'Octave.

Vaincu, abandonné, sans forces et sans espoir, il retourna près de Cléopâtre. Cette reine perfide et cruelle, en rentrant dans le port, fit couronner ses vaisseaux comme s'ils étaient victorieux, pour tromper quelque temps le peuple ; et, craignant que les grands de l'Égypte, instruits de la vérité, n'excitassent une révolte, elle les fit assassiner. Cléopâtre essaya ensuite de faire remonter le Nil à sa flotte, dans l'intention de la transporter dans la mer Rouge; mais les Arabes l'attaquèrent et la brûlèrent.

Tandis qu'Antoine ne se consolait de la perte du monde que par son amour, cette reine artificieuse ne songeait qu'à le trahir et à gagner la faveur d'Auguste. Ils lui avaient envoyé tous deux des ambassadeurs pour demander la paix : Antoine promettait de vivre à Athènes en simple particulier, pourvu qu'on laissât le trône d'Égypte à Cléopâtre; et la reine faisait assurer secrètement Auguste qu'elle le seconderait et abandonnerait Antoine s'il voulait lui accorder son amitié. Les ambassadeurs d'Antoine n'obtinrent point de réponse; on amusa ceux de Cléopâtre par des paroles flatteuses et des espérances vagues.

Auguste, qui connaissait le prix du temps, n'en perdit pas et arriva bientôt devant Péluse, dont les ordres secrets de la reine lui firent ouvrir les portes. Elle consommait ainsi la ruine de son amant, toujours trompé par ses perfides caresses. Cependant, comme Octave la laissait dans l'incertitude sur son sort, elle cacha ses trésors dans un tombeau près du temple d'Isis.

L'armée d'Octave arriva sans obstacles auprès

d'Alexandrie. Antoine, au comble du malheur, retrouva enfin son courage : à la tête d'une troupe peu nombreuse, mais fidèle, il fit une sortie vigoureuse, battit son ennemi, revint triomphant aux pieds de sa maîtresse, et passa la nuit en fêtes et en festins. Le lendemain il voulut livrer bataille; la flotte de Cléopâtre l'abandonna et se livra à Octave. Désespéré de cette trahison, il défia son rival en combat singulier. Auguste répondit que, « si » Antoine était las de vivre, il pouvait prendre d'au- » tres moyens pour mourir. »

Cléopâtre alors, voulant se délivrer des importunités d'Antoine, répandit dans la ville le bruit de sa mort, et quelques-uns de ses affidés vinrent dire à cet infortuné général qu'elle s'était poignardée. Il ne tenait à la vie que pour elle; il ordonna à un esclave de lui enfoncer un poignard dans le sein. Ce serviteur fidèle refusa d'obéir et se tua devant lui. Antoine suivit son exemple et se précipita sur son épée : mais, apprenant dans le même instant que Cléopâtre vivait encore, il se fit panser et porter à la forteresse où elle était enfermée.

Comme on craignait d'être surpris par les troupes d'Auguste, on n'ouvrit point les portes du fort; mais du haut d'un balcon on jeta des cordes et des chaînes auxquelles on attacha le malheureux Antoine; et Cléopâtre, aidée de deux de ses femmes, le monta dans son appartement. Pendant qu'elle l'élevait péniblement en l'air, on voyait cet amant, mourant et passionné, les yeux fixés sur la reine, oublier l'univers et ne soupirer qu'après l'instant qui allait pour la dernière fois le rejoindre à sa maîtresse. Arrivé près d'elle, il recueillit le peu de forces qui lui restaient, pour la conjurer de veiller à son salut et de se méfier de la fausseté d'Octave ; il l'assura qu'il mourait heureux puisqu'il finissait sa vie entre ses bras, et qu'il ne rougissait pas de sa défaite puisque Rome seule l'avait vaincu. En disant ces mots il expira. A l'instant même, Proculéius se présenta, dans l'intention d'inviter la reine à se rendre. Elle refusa de le voir ; mais cet officier, suivi de quelques soldats, entra par une fenêtre dans sa chambre. A sa vue, Cléopâtre voulut se tuer ; il lui arracha le poignard, en la priant de laisser à Auguste une si belle occasion de montrer sa clémence et sa générosité. La reine se soumit en apparence et ne demanda que la permission d'ensevelir Antoine. L'ayant obtenue, elle lui rendit des honneurs magnifiques, le fit embaumer, et le plaça dans le tombeau des rois d'Égypte.

Auguste, après l'avoir laissée quelques jours livrée à sa douleur et à la solitude, vint chez elle. La reine se jeta à ses pieds, les cheveux épars, le visage pâle, les yeux baignés de larmes, la voix tremblante et le sein couvert de contusions et de plaies ; malgré ce désordre, quelques éclairs de sa dangereuse beauté brillaient encore, étonnaient Auguste, et, presque mourante, elle ne désespérait pas d'enflammer son vainqueur. Sa chambre était pleine des portraits de Jules César; elle dit à Auguste : « Voilà les images de celui qui vous a adopté » et qui m'a protégée; vous lui devez l'empire, et » je lui dois ma couronne. » Elle lui montra plusieurs lettres de ce grand homme qui lui assurait son trône, et qui lui promettait sa protection et sa foi; elle mêla à ses discours des louanges délicates pour enivrer le jeune conquérant; enfin elle déploya tous les artifices de la plus adroite coquetterie : mais Auguste y parut insensible; dirigé par son ambition, éclairé par l'exemple de César et d'Antoine, il l'écouta froidement, l'exhorta au courage et ne lui promit rien.

Cléopâtre vit alors toute sa destinée; dissimulant ses sinistres projets, elle parla des présents qu'elle réservait à Octavie, et à l'impératrice Livie, pour en obtenir un traitement favorable lorsqu'elle serait à Rome.

Octave, qui voulait la tromper, fut trompé par elle, crut à sa résignation, et ne soupçonna pas son désespoir. Elle lui demanda la permission d'aller rendre ses derniers devoirs au tombeau d'Antoine; Octave la lui accorda.

La reine, décidée à ne pas subir l'humiliation du triomphe et la honte de la captivité, couvrit d'abord de fleurs la tombe de son amant; rentrée chez elle, elle se mit au bain et se fit ensuite servir un repas magnifique. Étant sortie de table, elle écrivit un billet à Octave, et renvoya tous ceux qui étaient dans son appartement, excepté deux de ses femmes. Sa porte fermée, elle se mit sur un lit de repos, et demanda une corbeille pleine de figues, qu'un de ses serviteurs, déguisé en paysan, venait d'apporter. Un moment après que cette corbeille eut été placée près d'elle, on vit Cléopâtre s'étendre sur son lit comme endormie. La longueur et l'immobilité de ce sommeil étonnèrent ses femmes; elles s'approchèrent et virent bientôt qu'un aspic, caché parmi les fruits, l'ayant piquée au bras, son venin était parvenu jusqu'au cœur et l'avait fait périr sans qu'elle eût donné aucun signe de douleur.

Cependant Auguste, après avoir lu le billet de la reine qui lui demandait de placer son corps dans le tombeau d'Antoine, envoya précipitamment deux officiers pour l'empêcher d'attenter à ses jours; mais ils la trouvèrent morte.

Elle périt à trente-neuf ans, son règne en avait duré vingt-deux. On renversa les statues d'Antoine; celles de Cléopâtre restèrent long-temps sur les places publiques. Un de ses favoris, pour les conserver, donna mille talents à Auguste.

L'indépendance de l'Égypte finit avec la vie de Cléopâtre; ce royaume devint une province romaine gouvernée par un préfet. Jamais les Égyptiens ne recouvrèrent leur liberté, et de la domination des Romains ils passèrent sous celle des Arabes et des Turcs.

Le règne des Ptolémée, qui datait de la mort d'Alexandre-le-Grand, avait duré deux cent quatre-vingt-treize ans, depuis l'an du monde 3681 jusqu'à l'an 3974.

Cléopâtre mourut trente ans avant la naissance de Jésus-Christ.

FIN DE L'HISTOIRE D'ÉGYPTE.

PEUPLES D'ASIE.

ASSYRIENS.

Obscurité sur les premiers peuples de l'Asie. — Origine de l'astronomie et de l'astrologie attribuée aux Chaldéens. — Leur observatoire.— Vente des femmes. — Punition de l'adultère. — Culte des Babyloniens. — Babylone bâtie par Nembrod, selon l'Écriture sainte. — NEMBROD. — Son surnom de Bélus. — Fondation de la ville de Ninive. — NINUS. — La ville de Ninive achevée par lui. — Prise de la ville de Bactres par Sémiramis. — Mort de Ninus. — SÉMIRAMIS. — Fable sur sa naissance. — Babylone bâtie par vingt-un millions d'hommes. — Grands travaux sous ce règne. — Guerre sanglante de l'Inde. — Conspiration contre Sémiramis. — Sa mort. — NINIAS. — Son règne obscur. — Règne de ses successeurs inconnus. — SARDANAPALE. — Son règne honteux. — Conspiration contre lui. — Sa mort sur un bûcher.

Les premiers temps des peuples de l'Asie sont enveloppés d'épaisses ténèbres; aucun savant n'a pu les percer, et on y cherche en vain la vérité. On nous parle, dans les livres anciens, des Babyloniens et des Assyriens, comme de deux peuples différents, dont les capitales, Ninive et Babylone, étaient sept fois plus grandes que Paris. On nous représente ces nations si rapprochées, et occupant le petit territoire qui se trouve entre le Tigre et l'Euphrate, comme des états assez puissants pour inonder et conquérir l'Asie avec des armées de deux millions d'hommes. Aucun lecteur sensé ne peut croire de pareils contes : l'invraisemblance de ces récits et les contradictions de leurs auteurs prouvent assez qu'on ne saurait acquérir aucune connaissance certaine de cette partie de l'histoire du monde.

Il est évident que Ctésias de Gnide, médecin du jeune Cyrus, n'a écrit que des fables répétées depuis par Diodore. Plusieurs autres historiens l'ont copié ; et, pour savoir le peu de foi qu'il mérite, il suffit de rappeler qu'Aristote le jugeait indigne de croyance, et que cet auteur a rempli son *Histoire des Indes* de fictions qu'il donnait pour des faits certains et dont il disait avoir été le témoin oculaire.

Nous allons cependant rapporter brièvement ce que les anciens ont dit de l'empire d'Assyrie; et, tout en avertissant nos lecteurs qu'ils vont entendre des fables, nous pensons qu'il serait peu convenable de les leur laisser ignorer, puisque la science de l'histoire consiste non-seulement à savoir des vérités, mais à connaître tout ce qu'on a dit de remarquable des peuples célèbres qui ont brillé sur la terre.

La Mésopotamie est située entre le Tigre et l'Euphrate : c'est une terre fertile, dans un des plus beaux climats du monde ; on appelait ce pays la Chaldée : les prêtres de Babylone gardèrent le nom de Chaldéens ; ils passaient pour avoir fait les premières observations astronomiques, et leur pays disputait à l'Égypte l'avantage d'avoir été le berceau des arts et des sciences.

On cherche en effet, avec plus de raison, la source de la civilisation dans une vaste plaine comme celle de Babylone, que dans un pays inondé comme l'Égypte.

Les Chaldéens, astronomes, prirent bientôt les astres pour des dieux, et on les regarde comme les inventeurs de l'astrologie, science par laquelle on prétendait connaître l'avenir.

Ils avaient découvert le mouvement des planètes d'occident en orient. Ils divisaient le zodiaque en trente degrés et chaque degré en trente minutes. Leurs années étaient de trois cent soixante-cinq jours, auxquels on ajoutait cinq heures et quelques minutes. Ils regardaient les comètes comme des planètes excentriques à la terre ; on leur attribuait l'invention des cadrans solaires. Une haute tour au centre du temple de Bel leur servait d'observatoire. Leurs prêtres disaient que leur dieu Bélus, après avoir créé le monde et les animaux, s'était fait couper la tête, et que, du sang de sa blessure, les autres dieux détrempèrent la terre, qui produisit des hommes doués d'une portion de l'intelligence divine.

Bérose regardait les fables des Chaldéens comme une allégorie mystérieuse du chaos et de la création. On trouve aussi, dans l'Ézourvedham, l'histoire d'un dieu dont les membres coupés donnèrent naissance aux différentes castes indiennes; celle des Brames, la première de toutes, venait de la tête du dieu.

Tout l'Orient semblait reconnaître un dieu suprême qui avait chargé un ou plusieurs autres dieux d'établir et de maintenir l'ordre dans l'univers; mais ce qu'on ne pourra jamais connaître, c'est la source de cette doctrine : les uns pensent qu'elle est sortie de l'Inde; les autres que les Égyptiens et les Chaldéens l'ont répandue sur la terre; d'autres enfin l'attribuent aux Chinois.

De temps immémorial les arts florissaient à Babylone, et l'on y vit aussi régner de tout temps le luxe et la débauche. La superstition favorisait le vice. On regardait la Vénus des Babyloniens, nommée *Mélitta*, comme une divinité malfaisante qu'on devait apaiser par le sacrifice de la vertu. On prétend que chaque femme était obligée, une fois dans sa vie, de se livrer dans le temple à un étranger. Justin et Ælien disent que la même loi existait en Chypre et en Lydie.

Ce qui est remarquable, c'est que, dans presque

toute l'Asie, les femmes se dérobaient aux regards des hommes, et que les Babyloniennes seules vivaient et communiquaient librement avec eux.

Pour favoriser la population on vendait les plus belles femmes à l'enchère et les laides au rabais, de sorte que la partie pauvre du peuple trouvait toujours à se marier. On punissait sévèrement l'adultère; mais le lien conjugal était rompu facilement en rendant la dot que les femmes avaient reçue de leurs maris.

Le peuple babylonien adorait beaucoup de dieux et divinisait les héros; il montrait une vénération particulière pour un monstre sorti de la mer, moitié homme, moitié poisson, qu'ils nommaient *Oanès;* ils prétendaient que ce dieu avait enseigné toutes les sciences.

Les historiens anciens nous représentent l'Assyrie comme l'un des plus puissants empires du monde. Justin lui donne treize cents ans de durée; d'autres cinq cent vingt; cette dernière opinion est celle d'Hérodote. L'Écriture sainte nous apprend que la ville de Babylone fut bâtie par Nembrod, le plus ancien des conquérants. Callisthène écrivait à Aristote que les Babyloniens comptaient au moins mille neuf cent trois ans d'antiquité, lorsque Alexandre entra triomphant à Babylone; ce qui ferait remonter son origine à l'an du monde 1771, c'est-à-dire cent quinze ans après le déluge.

ROIS D'ASSYRIE.

NEMBROD.

(An du monde 1800. — Avant Jésus-Christ 2204.)

Nembrod avait aussi le nom de Bélus, qui signifie *maître*; on l'adora sous ce titre. Il était petit-fils de Cham et arrière-petit-fils de Noé. La Genèse en parle comme d'un *violent chasseur devant le Seigneur*. En exerçant la jeunesse à la chasse, il la préparait à la guerre et la formait au courage, à la fatigue et à l'obéissance. On croit que ce fut lui qui le premier entoura de murailles la tour de Bel. Cette tour, construite en briques et plus haute que les Pyramides, servait d'observatoire aux Chaldéens. (Il paraît que c'était elle que l'Écriture nommait la tour de Babel.) Réunissant dans cette enceinte ses amis et ses confédérés, Nembrod se vit bientôt assez fort pour soumettre tous les environs; il passa ensuite dans l'Assyrie où il commença la fondation d'une grande ville qu'il nomma Ninive, du nom de son fils Ninus.

Ce qui paraît certain, c'est que Nembrod est le fameux Bélus des Babyloniens, et que son fils, plein de vénération pour sa mémoire, lui érigea des temples et le fit adorer par ses sujets. On ignore la durée de son règne et celle de sa vie.

NINUS.

(An du monde 1842. — Avant Jésus-Christ 2162.)

Ninus, suivant l'exemple de son père, augmenta et disciplina son armée. Soutenu par les Arabes, il conquit, pendant l'espace de quinze ans, presque tous les pays qui se trouvaient entre l'Inde et l'Égypte. Il acheva Ninive que son père avait commencé à bâtir; il lui donna huit lieues de diamètre et vingt-quatre lieues de circuit, si l'on en croit Jonas, qui disait qu'il fallait marcher trois jours pour faire le tour de cette ville. Ses murs, hauts de cent pieds et fortifiés de quinze cents tours élevées de deux cents pieds, étaient assez épais pour qu'on y pût conduire de front trois chars. Ctésias, qui rapporte ces fables, prétend que l'armée de Ninus se composait de dix-sept cent mille hommes de pied, de deux cent mille chevaux, et de seize mille chariots armés de faux.

Malgré ses forces, Ninus assiégeait en vain depuis long-temps Bactres, capitale de la Bactriane; et il aurait peut-être été forcé de se retirer, sans les conseils et le courage de Sémiramis, femme d'un des premiers officiers. Elle découvrit le moyen de s'introduire dans la citadelle et de s'en emparer; elle exécuta elle-même avec audace le plan qu'elle avait conçu, et rendit Ninus maître de la ville, où il trouva d'immenses trésors.

La reconnaissance du roi se changea en amour. Le mari de Sémiramis, effrayé par les menaces du monarque, se donna la mort. Sa veuve devint reine et eut un fils qu'elle nomma Ninias. Plusieurs auteurs ont cru que Sémiramis, ayant obtenu du roi la puissance souveraine pour cinq jours, en avait profité pour le tuer. Rollin et d'autres historiens le nient et disent que Ninus mourut paisiblement, en laissant à sa femme le gouvernement de ses États et la tutelle de son fils. On voyait, longtemps après la ruine de Ninive, un superbe tombeau que cette reine célèbre fit bâtir pour son époux.

SÉMIRAMIS.

(An du monde 1852. — Avant Jésus-Christ 2152.)

Sémiramis était née à Ascalon, en Syrie. Diodore raconte qu'étant abandonnée après sa naissance, elle avait été nourrie d'une façon miraculeuse par des colombes. Son nom, qui voulait dire *colombe*, a peut-être donné lieu à cette fable.

Sémiramis s'occupa toujours à couvrir la bassesse de sa naissance par la grandeur de ses entreprises. Voulant surpasser en magnificence ses prédécesseurs, elle employa vingt et un millions d'hommes, tirés de toutes les parties de son vaste empire, à bâtir la célèbre Babylone dont les anciens ont décrit, avec tant d'éloges et d'exagération, les murs élevés, les jardins suspendus, le lac superbe, les palais magnifiques, le pont hardi et les vastes temples que dominait celui de Bel. Ce dernier subsistait encore du temps de Xercès, qui le pilla et le démolit entièrement.

Alexandre, à son retour des Indes, voulut le rebâtir; et dix mille hommes travaillaient à en déblayer les décombres, lorsque la mort de ce grand roi interrompit cette entreprise.

Sémiramis parcourut toutes les parties de son empire; elle agrandit et embellit les villes; elle construisit des aqueducs pour conduire les eaux, perça des montagnes, et combla des vallées, afin d'ouvrir partout de grandes routes et des communications faciles.

La vénération qu'elle inspirait était telle que sa vue seule apaisait une sédition. On vint l'avertir un jour, à sa toilette, que le peuple se soulevait. Elle partit aussitôt, la tête à demi coiffée; sa présence calma les esprits. On lui érigea une statue qui rappelait à la fois le négligé de sa parure et la force de son autorité.

Ses armes conquirent une grande partie de l'Éthiopie. Elle visita le temple de Jupiter Ammon, dont l'oracle lui apprit que sa vie finirait lorsque son fils Ninias conspirerait contre elle, et qu'après sa mort les peuples de l'Asie lui rendraient les honneurs divins.

La dernière de ses expéditions fut la guerre de l'Inde. Ses troupes se réunirent à Bactres. Apprenant que les Indiens avaient plus d'éléphants qu'elle, la reine fit arranger des chameaux, de manière à leur donner la forme et l'apparence d'éléphants. Cet artifice puéril et grossier n'eut aucun succès. Le roi des Indes lui envoya demander son nom et les motifs de son agression : « Dites à votre maître, » répondit-elle, que dans peu je lui ferai connaître » qui je suis. »

Elle s'avança ensuite près du fleuve Indus, dont elle força le passage après un sanglant combat, où elle fit cent mille prisonniers et détruisit mille barques ennemies. Laissant soixante mille hommes sur les bords du fleuve, elle pénétra rapidement dans l'intérieur du pays. Mais le roi des Indes lui livra une nouvelle bataille : les Indiens remportèrent la victoire; les éléphants épouvantèrent les chameaux et mirent l'armée assyrienne en déroute. Sémiramis, dans la mêlée, fut blessée deux fois par le roi, et ne dut son salut qu'à la vitesse de son cheval. Elle perdit une grande partie de ses troupes en repassant l'Indus. Heureusement pour elle, le roi des Indes, retenu par un oracle, ne la poursuivit pas au-delà de ce fleuve. La reine conclut la paix avec lui, et revint à Babylone, ramenant à peine le tiers de son armée. Alexandre est le seul conquérant après elle qui ait porté la guerre au-delà de l'Indus.

Sémiramis rentrée à Babylone, découvrit une conspiration tramée par son fils contre elle. Se rappelant alors la prédiction de Jupiter Ammon, elle ne punit aucun des coupables, céda sans murmure l'empire à son fils Ninias, et se déroba à la vue des hommes, dans l'espoir de jouir bientôt des honneurs divins que l'oracle lui avait promis. On dit qu'en effet les Assyriens lui érigèrent des temples et l'adorèrent sous la forme d'une colombe. Sa vie dura soixante-deux ans, et son règne quarante-deux.

NINIAS.

Ninias, assis sur le trône, jouit de la gloire de ses prédécesseurs, sans les imiter. Il s'occupait uniquement de ses plaisirs, et se tenait presque toujours renfermé dans son palais. Les princes de l'Asie adoptèrent presque tous cet usage, croyant se rapprocher des dieux en se rendant invisibles aux mortels, et s'attirer d'autant plus de vénération qu'ils étaient moins connus.

Les différents peuples, soumis aux rois d'Assyrie, envoyaient tour à tour à Ninive des troupes pour la garde du roi. Elles ne restaient qu'un an dans cette ville, et l'on les plaçait sous la conduite de chefs d'une fidélité éprouvée. On en usait ainsi pour prévenir les conspirations et pour ne point laisser aux troupes le temps de se corrompre dans la capitale. Les successeurs de Ninias suivirent, pendat trente générations, cette coutume; ils furent tous, comme lui, pacifiques et adonnés aux plaisirs.

Aucun grand événement ne nous a laissé de traces de leurs règnes; ce temps peu glorieux fut probablement heureux pour l'Assyrie. Le silence de l'histoire peut être considéré comme une preuve de la tranquillité des peuples.

L'Écriture sainte, en nous faisant connaître la vie d'Abraham, parle d'Amraphes, roi de Sennaar, pays où était située Babylone. Il paraît que ce fut sous le gouvernement de ces rois indolents et peu connus que Sésostris, roi d'Égypte, porta si loin ses conquêtes dans l'Orient; mais il se contenta de lever des tributs et laissa subsister l'empire d'Assyrie, dont Platon dit que le royaume de Priam était une dépendance.

L'Écriture parle encore d'un roi assyrien, nommé Phul, qui vint en Judée et auquel Manahem, roi d'Israël, offrit mille talents pour en obtenir des secours. On croit que ce Phul était le même roi de Ninive qui, touché des discours de Jonas, fit pénitence avec tout son peuple. Plusieurs historiens pensent qu'il donna le jour à Sardanapale, roi des Assyriens.

SARDANAPALE.

Sardanapale surpassa tous ses prédécesseurs en mollesse, en luxe et en débauches. Il perdait sa vie au milieu de ses maîtresses, habillé et fardé comme ces femmes et s'occupant à filer avec elles. Il amassa de grands trésors qu'il n'employa qu'à varier ses voluptés.

Arbace, gouverneur des Mèdes, osa enfreindre la défense de pénétrer dans le palais. Révolté de voir la conduite infâme de Sardanapale qui, oubliant son rang et son sexe, outrageait les lois, la religion et la gloire du trône, il ne put supporter plus long-temps que des gens de courage restassent soumis à un prince si indigne de régner. Il sortit, courut dans la ville et divulgua tous les secrets de ce foyer de débauches, de vices et de prostitution.

Bélésis, gouverneur de Babylone, et d'autres grands formèrent avec lui une conspiration pour renverser du trône ce prince efféminé.

Au premier bruit de la révolte, le roi se cacha dans les appartements les plus retirés de son palais. Mais enfin, se croyant au moment d'y être pris, le désespoir lui tint lieu de courage; il sortit de la ville avec quelques amis, rassembla des troupes, combattit les rebelles et gagna sur eux trois batailles. Vaincu dans un dernier combat, il prit la fuite et s'enferma dans la ville de Ninive, espérant qu'une aussi forte cité serait pour lui un asile inexpugnable.

Un ancien oracle disait que jamais cette ville ne serait prise, à moins que le fleuve ne devînt son ennemi. Cet oracle rassurait complétement Sardanapale; mais un jour il apprit que les eaux du Tigre, se débordant avec violence, avaient abattu vingt stades de murs et ouvert un large passage aux ennemis. Il se crut alors perdu; et voulant effacer par une mort courageuse la honte de sa vie, il se fit préparer un bûcher, y mit le feu et s'y brûla avec ses eunuques, ses femmes et tous ses trésors [1].

Après sa mort on lui érigea une statue qui le représentait dans l'attitude d'un danseur. Le piédestal portait cette inscription : « Mange, bois, goûte » tous les plaisirs ; tout le reste n'est rien. »

Le premier empire des Assyriens finit avec la vie de Sardanapale, après une durée de plus de quatorze cent cinquante ans.

Trois grands royaumes se formèrent de ses débris; l'un fut celui des Mèdes qui durent leur liberté à Arbace, chef de la conspiration. Bélésis s'empara du trône des Assyriens de Babylone ; et un prince, nommé Ninus le jeune, devint le roi des Assyriens de Ninive.

[1] An du monde 3234. — Avant Jésus-Christ 770.

SECOND EMPIRE DES ASSYRIENS.

Cet empire dura deux cent dix ans. — Bélésis, roi de Babylone. — Son règne de douze ans. — Théglathphalazar, roi de Ninive. — Son règne obscur. — Salmanazar. — Sa victoire. — Époque de Tobie. — Sennachérib. — Sa victoire. — Sa défaite. — Sa tyrannie. — Conspiration de ses fils contre lui. — Leur parricide. — Asarhaddon. — Ses conquêtes. — Nabuchodonosor Ier. — Ses exploits. — Victoires d'Holopherne. — Sa mort. — Saracus. — Son règne méprisé. — Sa mort. — Nabopolassar. — Son fils associé à l'empire. — Ses conquêtes. — Captivité des Juifs pendant soixante-dix ans. — Nabuchodonosor II. — Époque du prophète Daniel. — Blocus et prise de Jérusalem. — Statue de Nabuchodonosor, de soixante coudées. — Siége et prise de Tyr. — Songe de Nabuchodonosor. — Sa mort. — Évilmérodach. — Son règne odieux et sa mort. — Daniel dans la fosse aux lions. — Nériglissar. — Sa mort dans une bataille. — Laborosoarchod. — Son règne de neuf mois. — Nabonit. — Siége de Babylone par Cyrus. — La main mystérieuse. — Prise de Babylone. — Mort de Nabonit. — Fin de l'empire de Babylone.

Ce second empire dura deux cent dix ans, depuis la mort de Sardanapale jusqu'à l'année où Cyrus, devenu maître de l'Orient, donna le célèbre édit qui termina la captivité des Juifs.

ROIS DE BABYLONE.

BÉLÉSIS OU NABONASSAR.

(An du monde 3257. — Avant Jésus-Christ 747.)

Bélésis ou Nabonassar donna son nom à une époque astronomique très-fameuse dans l'Orient. On prétend qu'il était prêtre et astrologue. Il régna douze ans : son fils Mérodach Baladan lui succéda. Le roi des Juifs, Ézéchias, reçut les ambassadeurs de ce prince pour le féliciter sur sa convalescence. Les autres rois de Babylone sont restés inconnus.

ROIS DE NINIVE.

THÉGLATHPHALAZAR.

Il donna des secours à Achas, roi de Juda, qui dépouilla le temple de Jérusalem pour lui payer des subsides. Le roi d'Assyrie ajouta à son empire la Syrie et la Palestine. Il battit Aza, roi des Syriens, s'empara de Damas, et cette conquête renversa le trône de Syrie. Phacée, roi d'Israël, perdit ses États; et celui de Jérusalem devint tributaire du roi de Ninive.

SALMANAZAR.

Sous le règne de ce prince, Osée, roi de Samarie, s'allia avec l'Éthiopien Sabacus, maître de l'Égypte, pour secouer le joug des Assyriens. Salmanazar leur fit la guerre; après un siége de trois ans il s'empara de Samarie, et chargea de chaînes le roi Osée, qui termina ses jours dans la captivité. Il emmena dans ses états tout le peuple samaritain, et détruisit ainsi le royaume des dix tribus d'Israël. Sous son règne vécut le saint homme Tobie; il gagna la faveur du roi et devint un de ses principaux officiers.

Salmanazar régna quatorze ans et laissa le trône à son fils Sennachérib.

SENNACHÉRIB.

Ce nouveau roi, voulant obliger Ézéchias à lui payer le tribut qu'il lui devait, entra dans la Judée, la pilla, trompa le roi des Juifs par ses négociations, épuisa son trésor, battit les Égyptiens qui venaient à son secours, et porta ses armes dans l'Égypte qu'il ravagea.

Après cette invasion, il revint de nouveau faire le siége de Jérusalem; mais l'armée de Juda lui livra une grande bataille, le mit en déroute et lui tua cent quatre-vingt mille hommes.

Sennachérib, dans le cours de ses victoires, s'était donné le titre de roi des rois : après cet échec terrible, il revint dans ses états, dépouillé de sa gloire et couvert de la honte que lui causait la perte presque totale d'une si puissante armée. Furieux de sa disgrace, il fit peser sur ses sujets la tyrannie la plus cruelle. Les Juifs se virent particulièrement exposés à sa colère ; il en faisait chaque jour massacrer un grand nombre, et laissait leurs corps dans les champs, sans permettre qu'on leur donnât la sépulture. Son caractère était si féroce qu'il se rendit odieux à sa propre famille. Ses deux fils aînés conspirèrent contre lui et le tuèrent dans un temple consacré au dieu Nesroch. Ces deux parricides coururent chercher un asile en Arménie ; ils laissèrent le trône de Ninive à leur frère Asarhaddon.

ASARHADDON.

Le dernier des successeurs de Baladan, roi de Babylone, étant mort sans héritier, tout ce pays fut pendant huit ans plein de troubles et d'anarchie. Asarhaddon profita de ces désordres pour s'emparer de Babylone qu'il réunit à son empire. La Syrie et la Palestine reconnaissaient son autorité ; il porta ses armes dans le pays d'Israël et fit captifs tous ceux que son père y avait laissés. Mais, comme il ne voulait pas que ce pays demeurât désert, il le peupla de colonies qu'il fit venir des rives de l'Euphrate. Ses troupes réprimèrent aussi la révolte des Juifs, et ramenèrent prisonnier le roi Manassé, qui resta quelque temps dans les fers à Babylone; dans la suite on lui permit de retourner à Jérusalem. Asarhaddon avait régné trente-neuf ans à Ninive et treize à Babylone. Son règne fut heureux et glorieux. Saosduchin, son fils, appelé dans l'écriture Nabuchodonosor, lui succéda.

NABUCHODONOSOR Ier.

Ce roi défit, en bataille rangée, le roi des Mèdes, dans la plaine de Ragan; il prit Ecbatane, la capitale de la Médie, et retourna victorieux à Ninive. Le fameux Holopherne, général des armées de Nabuchodonosor, rangea plusieurs pays sous sa domination, et se rendit, par son orgueil, par ses victoires et par le nombre de ses soldats, la terreur de l'Orient. Mais comme il assiégeait en Judée la ville de Béthulie, une femme juive, nommée Judith, abattit ce colosse; elle entra dans sa tente et le poignarda pour sauver sa religion et sa patrie.

La mort d'Holopherne ranima le courage des Juifs; ils battirent complétement les Assyriens, et les obligèrent de sortir de leur pays.

Saracus, autrement nommé Chynaladanus, hérita du trône de Nabuchodonosor.

SARACUS OU CHYNALADANUS.

Saracus se fit mépriser par ses vices et par sa lâcheté. Tous les ressorts de l'état se détendirent; les grands, n'étant plus retenus par aucun frein, répandirent le trouble et la confusion dans l'empire. L'un d'eux, nommé Nabopolassar, se rendit maître de Babylone, où il régna vingt et un ans.

Pour soutenir sa révolte, il s'allia avec Cyaxare, roi des Mèdes. Leurs armées réunies assiégèrent Ninive, la prirent et la détruisirent de fond en comble; Saracus y perdit la vie.

Depuis la ruine de Ninive, Babylone devint la seule capitale de l'empire d'Assyrie. Les Babyloniens et les Mèdes s'attirèrent par leurs victoires la jalousie des autres peuples. Néchao, roi d'Égypte, voulant réprimer leur ambition, porta ses armes dans leurs États, et remporta sur eux de grands avantages.

NABOPOLASSAR.

(An du monde 3378. — Avant Jésus-Christ 626.)

Le roi d'Assyrie voyait avec peine que la Syrie et la Palestine, profitant de la protection de Néchao, s'étaient soustraites à son obéissance. Son âge et ses infirmités ne lui permettant plus de commander ses troupes, il associa à l'empire son fils Nabuchodonosor, et il l'envoya en Judée, à la tête d'une forte armée, la troisième année du règne de Joachim, roi de Juda.

Nabuchodonosor battit les Égyptiens, conquit la Syrie et la Palestine, assiégea Jérusalem, s'en rendit maître, fit mettre Joachim aux fers, emmena captif plusieurs princes ainsi qu'un grand nombre de Juifs, et transporta en Assyrie tous les trésors du palais avec une partie des vases du temple de Salomon.

C'est à cette époque que commença la captivité des Juifs, qui dura soixante-dix ans.

NABUCHODONOSOR II.

(An du monde 3398. — Avant Jésus-Christ 606.)

Nabuchodonosor apprit en Judée la mort de son père; il revint à Babylone et prit possession de son vaste empire qui comprenait la Chaldée, la Syrie, l'Arabie, la Palestine. Ce fut pendant son règne que Daniel prophétisa et s'acquit en Assyrie une grande renommée en interprétant les songes du roi, que les astrologues chaldéens n'avaient pu expliquer.

Nabuchodonosor venait de rétablir Joachim sur le trône de Juda. Ce prince se révolta, et le roi envoya contre lui des troupes; mais elles le trouvèrent mort. Jéchonias, son fils, était sur le trône et persistait dans la révolte.

Les Assyriens formèrent le blocus de Jérusalem. Fatigué de la longueur de ce siége, Nabuchodonosor vint lui-même prendre le commandement de son armée. Il pressa les attaques, entra dans Jérusalem, enleva ce qui restait des trésors du temple et du palais, et les fit transporter à Babylone, où il emmena captif le roi Jéchonias, sa mère, ses femmes, les grands du royaume et ses principaux officiers. En partant, il plaça sur le trône Sédécias, l'oncle du dernier roi. Ce prince ne fut pas plus soumis et plus reconnaissant que ses prédécesseurs; il fit alliance avec Éphrée, roi d'Égypte, et rompit le serment de fidélité qu'il avait prêté au roi de Babylone.

Les Assyriens remportèrent la victoire sur les Juifs et les Égyptiens; après un siége d'un an, Nabuchodonosor prit d'assaut la ville de Jérusalem, y fit un carnage effroyable, ordonna qu'on tranchât la tête aux deux fils de Sédécias, en présence de leur père. Les habitants de la ville les plus distingués subirent le même supplice : on creva les yeux à Sédécias qui vécut et mourut prisonnier à Babylone. La ville et le temple furent pillés, brûlés, et toutes les fortifications démolies.

Le roi, enivré d'orgueil par le succès de cette guerre, se fit faire une statue d'or, haute de soixante coudées. Il ordonna à tous ses sujets de l'adorer, sous peine d'être livrés aux flammes. Ce fut dans cette circonstance que trois jeunes Hébreux, refusant de se prêter à ce culte idolâtre, se sauvèrent miraculeusement de la fournaise ardente où ils avaient été jetés. Frappé de ce prodige, Nabuchodonosor défendit de blasphémer le dieu des Juifs, et combla de faveurs les trois jeunes martyrs.

Quatre ans après la destruction de Jérusalem, Nabuchodonosor assiégea Tyr, une des plus riches et des plus commerçantes villes de l'Orient. Le roi des Tyriens, Stobal, se défendit avec vigueur; et, pendant ce long siége, les Assyriens souffrirent des fatigues incroyables. L'Écriture sainte dit que *toute tête en était devenue chauve, et toute épaule pelée.* Réduits à l'extrémité, les habitants de Tyr abandonnèrent leurs foyers et se retirèrent dans une île voisine qu'ils fortifièrent; ils y bâtirent une nouvelle Tyr, qui effaça l'ancienne par son éclat et par sa gloire.

Nabuchodonosor, vainqueur dans toutes les guerres qu'il avait entreprises, ne s'occupa plus qu'à agrandir et à embellir la ville de Babylone; mais, au moment où rien ne semblait devoir manquer à sa félicité, un songe effrayant vint troubler son repos. Les prêtres chaldéens ne purent l'expliquer. Daniel seul l'interpréta, et lui annonça que Dieu, irrité de son orgueil, voulait le punir; qu'il serait privé, pendant sept ans, de la raison et obligé de vivre avec les animaux des forêts. Les livres saints assurent qu'il fut transformé véritablement en bête.

Ces sept années de châtiments et d'exil accomplies, Nabuchodonosor remonta sur le trône, plus puissant que jamais. Il mourut après un règne de quarante-trois ans ; les Assyriens le regardèrent toujours comme le plus grand de leurs rois.

ÉVILMÉRODACH.

Le fils de Nabuchodonosor n'hérita pas des grands talents de son père. Il ne régna que deux ans et se rendit si odieux par ses débauches et par ses cruautés, que ses parents conspirèrent contre lui et le tuèrent. Ce fut lui qui fit jeter dans la fosse aux lions le prophète Daniel. L'histoire cite cependant un trait d'humanité de ce roi ; il fit sortir Jéchonias de la prison où on le détenait depuis trente-sept ans.

NÉRIGLISSAR.

Ce prince, beau-frère du dernier roi, s'était mis à la tête des conjurés qui l'avaient détrôné. Il s'empara du trône ; mais son règne ne dura que quatre ans. Il déclara la guerre aux Mèdes : ceux-ci appelèrent les Perses à leur secours. Cyaxare, qui commandait les deux armées, lui livra bataille et le tua. Son fils lui succéda.

LABOROSOARCHOD.

Ce roi vicieux se livra sans frein à tous les excès; sa violence et ses débauches révoltèrent ses sujets, qui lui ôtèrent le trône et la vie. Il ne régna que neuf mois.

NABONIT OU BALTHASAR.
(An du monde 3466. — Avant Jésus-Christ 538.)

Les Mèdes et les Perses, poursuivant le cours de leurs victoires, battirent les armées assyriennes et assiégèrent Babylone. Pendant ce siége, au milieu d'un festin, Balthasar, selon l'Écriture, vit sur la muraille une main qui traçait des caractères mystérieux. Daniel, appelé pour les expliquer, dit au roi que Dieu avait résolu de lui ôter la vie et de donner son royaume aux Mèdes et aux Perses. Cette même nuit, Cyrus ayant trouvé le moyen d'introduire, par un canal souterrain, ses troupes dans la ville, Babylone fut prise, et Balthasar périt.

Telle fut la fin de l'empire de Babylone, qui dura deux cent dix ans depuis la destruction de celui de Ninive.

FIN DE L'HISTOIRE D'ASSYRIE.

MÈDES.

Description de la Médie. — Forme de son gouvernement. — Prétention de Déjocès à la royauté. — Sa ruse pour parvenir au trône. — Son élection. — Son sage gouvernement. — PHRAORTE. — Ses conquêtes. — Sa défaite. — Sa mort. — CYAXARE. — Défaite de Nabuchodonosor. Victoire de Cyaxare qui assiége Ninive. — Sa défaite. — Massacre des chefs scytes par la trahison de Cyaxare. — Usage singulier lors d'un mariage. — Victoire et conquêtes de Cyaxare. — Sa mort. — ASTYAGE. — Son règne obscur. — CYAXARE II. — Dernier roi des Mèdes.

La Médie, qui fait actuellement partie de la Perse, était autrefois composée des pays qui se trouvaient entre ce royaume, la mer Caspienne, la Syrie, la Parthie et l'Arménie. C'est une contrée montagneuse et fertile. Quelques-unes de ses montagnes, qu'on appelait *Portes Caspiennes*, furent un sujet de discussion entre les géographes. Ptolomée les place entre la Médie et l'Arménie. La capitale de cette contrée se nommait Ecbatane : on n'en reconnaît plus la place ; on croit qu'elle n'était pas loin du lieu où l'on trouve à présent la ville de Tauris.

Plusieurs auteurs supposent que les Mèdes tirèrent leur origine de Madaï, troisième fils de Japhet. Ils avaient la réputation d'être très-belliqueux ;

mais ils prirent ensuite la mollesse et les mœurs des Perses.

Il est difficile de concilier ce qu'on dit de leurs lois sur le mariage, qui permettaient aux hommes d'avoir plusieurs femmes et aux femmes d'avoir plusieurs maris, avec la jalousie qu'on leur attribuait et qui les porta, dit-on, à inventer la mutilation des hommes pour en faire des eunuques. Ce qui est tout aussi contradictoire, c'est le despotisme de leurs rois, l'adoration qu'on avait pour eux, leur coutume de s'appeler rois des rois, alliés des étoiles, frères du soleil et de la lune, et d'un autre côté le frein imposé aux princes par l'autorité des lois, qui étaient si respectées que l'Écriture sainte les nomme irrévocables.

L'histoire ne nous a rien conservé des premiers temps de cette nation, qui fut conquise par les rois d'Assyrie et resta quelques siècles sous leur domination. Lorsque la révolte d'une partie de leurs peuples affaiblit l'empire des Assyriens, les Mèdes furent les premiers qui secouèrent leur joug. La haine du despotisme, qui les avait portés à s'affranchir, les empêcha de se donner un maître nouveau, et ils conservèrent quelques temps avec sagesse la liberté qu'ils devaient à leur valeur. Mais cette liberté finit par se changer en licence; et, les désordres de l'anarchie leur paraissant alors pires que la servitude, ils se déterminèrent à former un gouvernement monarchique, qui rendit bientôt l'état plus florissant qu'il n'avait jamais été.

Un Mède nommé Déjocès, fils de Phraorte, conçut le projet de cette révolte et l'exécuta. La nation des Mèdes était alors divisée en six tribus. Elle n'avait point de villes ; tous ses peuples habitaient dans des villages qui se battaient entre eux, et qui ne connaissaient plus de limites pour les propriétés, ni de frein pour les passions. On y vivait dans le trouble, sans lois et sans police.

Déjocès conçut l'idée de profiter de ces désordres pour parvenir à la royauté : c'était un homme brave, prudent et réglé dans ses mœurs. La confiance qu'inspiraient sa justice et ses vertus décida les habitants de son village à le prendre pour juge de leurs différends et à soumettre leur conduite à ses conseils. Il s'acquitta de cette fonction avec tant d'habileté et de sagesse, que bientôt ce petit pays et ses environs jouirent des avantages de l'ordre et des douceurs du repos.

Leur bonheur fut envié par les villages voisins qui s'adressèrent à Déjocès et le rendirent l'arbitre de leurs différends. Le nombre de ses partisans augmenta de jour en jour comme sa renommée ; mais, loin de se hâter d'exécuter son plan, il sut cacher avec prudence ses vues pour en assurer le succès.

Tout à coup il se plaignit d'être accablé par la

foule des personnes qui venaient le trouver, et par la multitude des affaires qu'on lui confiait : il ne voulut plus s'en charger et parut déterminé à vivre dans la retraite.

Dès qu'il eut abandonné la direction des affaires, la licence reprit son cours et l'anarchie s'accrut à tel point, que les Mèdes se virent obligés de se rassembler à l'effet de délibérer sur les moyens à prendre pour remédier à tant de désordres. Les émissaires de Déjocès, répandus dans l'assemblée, représentèrent au peuple que, si l'on continuait à vivre en république, le pays serait inhabitable, et que le seul moyen de détruire l'anarchie était d'élire un roi qui aurait l'autorité de faire des lois et de réprimer la violence. Après plusieurs débats cet avis fut unanimement approuvé ; et, tout le monde ayant reconnu que personne dans la Médie ne méritait mieux le trône que Déjocès, il fut élu roi l'an du monde 3294, sept cent dix ans avant Jésus-Christ.

Déjocès développa la plus grande activité ; il rétablit l'ordre et prouva à ses sujets qu'ils ne s'étaient pas trompés dans leur choix. Sa bonté naturelle ne l'empêcha pas de faire des réglements sévères pour entourer le trône de respect et inspirer une crainte salutaire. Il pourvut à sa sûreté en se formant une garde composée des hommes qui lui étaient le plus attachés.

Les Mèdes vivaient dispersés dans les villages, sans lois et sans police; il les réunit pour les civiliser et leur commanda de bâtir une ville : il la plaça sur le penchant d'une montagne qu'il entoura de sept enceintes. Celle du centre était occupée par le palais du roi; on y renferma ses trésors. On destina la sixième à ses officiers; les autres furent distribuées au peuple qu'il força de s'y établir. Persuadé que l'éloignement attire le respect, il se rendit presque inaccessible et invisible à ses sujets, qui ne pouvaient lui faire parvenir leurs demandes que par des placets et par l'entremise de ses ministres. Cette coutume, suivie dans tout l'Orient, paraît favorable à l'autorité et surtout à la médiocrité : elle inspire la crainte; mais elle prive de l'amour, et l'histoire prouve assez qu'elle ne rend pas les trônes plus solides ni les révoltes plus rares. Il en résulte même que, ne connaissant pas le souverain, une révolution qui s'opère dans le sanctuaire du palais est indifférente à la nation. Au reste, si Déjocès, qui établit un des premiers cette forme despotique, se faisait peu voir à ses sujets, il se fit connaître de tous par la justice de ses décisions et par la sagesse de ses lois. Il rendit son peuple heureux, se fit respecter de ses voisins, et son règne glorieux et pacifique dura cinquante-trois ans.

PHRAORTE.

(An du monde 3347. — Ayant Jésus-Christ 657.)

Phraorte succéda à son père Déjocès. Son ambition ne se contenta pas du royaume dont il avait hérité; il porta la guerre en Perse et soumit ce pays à son empire. Ses forces s'étant accrues par cette conquête, il attaqua successivement d'autres nations et devint maître de toute la Haute-Asie, qui comprenait les pays situés au nord du mont Taurus jusqu'au fleuve Halys.

Enflé par ses succès, il osa attaquer l'empire d'Assyrie. Nabuchodonosor demanda des secours à ses alliés qui les lui refusèrent. Borné à ses propres moyens, il rassembla ses troupes et livra bataille aux Mèdes dans la plaine de Ragan. Phraorte y fut vaincu; sa cavalerie prit la fuite, ses chariots furent renversés. Nabuchodonosor, profitant de sa victoire, entra dans la Médie, prit Ecbatane d'assaut et la livra au pillage.

Phraorte, qui s'était réfugié dans les montagnes, tomba dans les mains du roi d'Assyrie : ce prince cruel le fit mourir à coups de javelot. Il avait régné vingt-deux ans.

CYAXARE.

(An du monde 3369. — Avant Jésus-Christ 635.)

Ce prince, plus heureux que son père, échappa au fer de ses ennemis. Il apprit bientôt que Nabuchodonosor, après s'être vengé, par de grands ravages, des peuples qui avaient refusé de le secourir, venait d'essuyer un échec en Judée, et qu'Holopherne, son général, battu et tué près de Béthulie, y avait perdu presque toute son armée.

Le jeune roi des Mèdes profita de cette circonstance favorable pour se rétablir dans son royaume; il rassembla une forte armée et se rendit de nouveau maître de la Haute-Asie : mais il ne se borna pas à ce succès; la ruine de Ninive lui paraissait nécessaire pour venger la mort de son père.

Les Assyriens vinrent à sa rencontre avec les débris de l'armée d'Holopherne : ils furent vaincus et poursuivis jusqu'à Ninive, dont Cyaxare forma le siége. Il était près de s'en emparer lorsqu'il apprit que Madiès, roi des Scythes, sortant des Palus-Méotides, avait chassé d'Europe les Cimmériens et les avait poursuivis jusque dans la Médie. Sur cette nouvelle, il leva le siége de Ninive dans le dessein d'arrêter ce torrent qui menaçait d'inonder toute l'Asie. Mais la fortune lui fut contraire; les barbares vainquirent les Mèdes, et, ne trouvant plus d'obstacles à leur marche, ils parcoururent la Perse, la Syrie, la Judée, et portèrent leurs armes jusqu'en Égypte, que le roi Psammétique ne parvint à délivrer de leur dévastation qu'à force de présents. Ils retournèrent alors sur leurs pas et occupèrent vingt-huit ans les deux Arménies, la Cappadoce, le Pont, la Colchide et l'Ibérie. Quelques-uns d'entre eux restèrent en Palestine, et, après avoir pillé le temple de Vénus à Ascalon, s'établirent en-deçà du Jourdain, dans une ville qu'on nomma depuis Scythopolis.

Cyaxare avait été forcé de faire une paix honteuse avec les Scythes et de se rendre leur tributaire. Convaincu qu'il ne pouvait se défaire d'eux par la force, il résolut de s'en délivrer par trahison.

Suivant la coutume des Mèdes, à une certaine époque de l'année, chaque famille se réunissait pour un festin. Le roi invita au sien les principaux chefs des Scythes. Chacun de ses sujets en fit autant dans sa maison, et, à la fin du repas, on égorgea tous ces étrangers. Un très-petit nombre échappé au poignard fut réduit en servitude, et ceux qui par fortune ne s'étaient point trouvés au festin, s'enfuirent en Lydie près du roi Alyatte, qui les reçut avec humanité. L'implacable Cyaxare exigeait que ce prince lui livrât ces infortunés; sur son refus, il porta la guerre en Lydie. Après plusieurs combats où l'avantage fut alternatif, et dans la sixième année de cette guerre, les deux rois se livrèrent une grande bataille; mais tandis qu'on se battait, il survint une éclipse de soleil que Thalès de Milet avait prédite. Les Mèdes et les Lydiens, effrayés de cet événement qu'ils regardaient comme un signe de la colère des dieux, se retirèrent chacun de leur côté, et firent ensuite la paix, sous la médiation de Syannésis, roi de Cilicie, et de Nabuchodonosor, roi de Babylone.

Pour cimenter ce traité, Argénis, fille d'Alyatte, épousa Astyage, fils de Cyaxare. Les historiens anciens, en parlant de ce fait, nous font connaître une étrange cérémonie qui était d'usage alors entre ceux qui contractaient une alliance. Les deux parties se faisaient des incisions aux bras et buvaient mutuellement leur sang.

Après avoir quelque temps joui du repos, Cyaxare, ayant appris que Nabopolassar avait excité une révolte dans Babylone, se joignit à lui pour exécuter ses anciens projets contre les Assyriens. Ils assiégèrent et prirent Ninive, tuèrent Saracus qui en était roi, et ruinèrent de fond en comble cette grande ville. Les deux armées s'enrichirent de ses dépouilles; et Cyaxare, poursuivant ses victoires, s'empara de toutes les autres villes de l'Assyrie, excepté de Babylone et de la Chaldée, qui appartenait à Nabopolassar.

Après cette expédition, Cyaxare mourut : il avait

régné quarante ans. Son fils Astyage hérita de son trône.

ASTYAGE.

(An du monde 3409. — Avant Jésus-Christ 595.)

Quelques auteurs ont pensé qu'Astyage était le même qu'Assuérus, dont parle l'Écriture. Son règne, qui dura trente-cinq ans, ne fut signalé par aucun événement remarquable; l'histoire n'en a pas conservé de traces. Il eut deux enfants, Cyaxare et Mandane. Mandane épousa Cambyse, fils d'Achémènes, roi de Perse; de ce mariage naquit le fameux Cyrus.

CYAXARE II.

(An du monde 3445. — Avant Jésus-Christ 559.)

Cyaxare II fut le dernier roi des Mèdes. Son neveu Cyrus réunit la Médie à la Perse.

LYDIENS.

Description de la Lydie. — Le fleuve d'or. — Culte des Lydiens. — Leurs inventions. — CANDAULE, premier roi lydien. — Sa vanité cause sa mort. — GYGÈS. — Sédition apaisée par l'oracle de Delphes. — ARDYS. — Son règne obscur. — SADYATTE. — Son règne de douze ans. — ALYATTE. — Ses conquêtes — Paix avec les Milésiens. — CRÉSUS. — Ses richesses. — Ses conquêtes. — Son entretien avec Solon. — Sa guerre avec les Perses. — Sa défaite. — Le nom de Solon lui sauve la vie. — La Lydie réunie à la Perse.

Il est impossible de fixer l'étendue des différents petits royaumes de l'Asie-Mineure. Les peuples de ces contrées, tantôt agrandis par leurs victoires sur leurs voisins et tantôt resserrés dans des limites plus étroites par leurs défaites, envahis successivement par les Assyriens, les Scythes, les Mèdes, les Grecs, éprouvèrent enfin le sort de toutes les nations civilisées, et devinrent des provinces de l'empire romain.

Le royaume de Lydie se trouvait entre la Mysie, la Carie et l'Ionie. Sa capitale était la ville de Sardes, située au pied du mont Tmolus, sur les rives du Pactole, fleuve fameux dans la fable et dans l'histoire, et qui roulait de l'or dans ses sables. La possession de cette ville semblait si importante aux Perses que, lorsque les Grecs s'en furent emparés, Xercès ordonna que chaque jour, à son repas, on vînt lui dire : « Les Grecs ont pris » Sardes. »

Les Lydiens croyaient descendre des Égyptiens : leur religion était celle des Grecs. Ce fut en Lydie qu'on vit briller plusieurs héros des temps fabuleux : Hercule filait chez Omphale, reine des Lydiens.

Les Lydiens étaient laborieux; on y punissait l'oisiveté comme en Égypte. Ils avaient adopté des Assyriens l'infâme coutume qui faisait de la prostitution un acte religieux. On leur attribuait l'invention de la monnaie, des jeux de dés, des auberges, de plusieurs instruments. Adonnés au commerce, ils acquirent de grandes richesses; les rois de Perse en recevaient d'énormes tributs; et un seul négociant, nommé Pythius, défraya l'armée de Xercès et fit présent à ce prince d'un platane et d'une vigne d'or massif.

Le premier de leurs rois se nommait, dit-on, Manès. Ils le choisirent parmi les esclaves, espérant que le souvenir de sa servitude l'empêcherait de les opprimer. Quinze rois lui succédèrent; on ne connaît leurs règnes que par des fables trop grossières pour être rapportées.

CANDAULE.

Candaule est le premier roi lydien dont les historiens de l'antiquité aient parlé avec détail. Épris de sa femme, il ne cessait de vanter sa beauté. Son imprudente vanité le porta à vouloir que Gygès, un de ses premiers officiers, jugeât par ses propres yeux des charmes de cette princesse. Lorsqu'il quitta l'endroit secret où le roi l'avait placé, près du bain de la reine, celle-ci l'aperçut et n'en parla pas; mais, animée par le désir de se venger, ou peut-être par une passion coupable, elle fit venir Gygès, et lui donna le choix d'expier son crime par sa mort ou par celle du roi. Celui-ci prit le dernier parti; il tua Candaule et devint le maître de son lit et de son trône, que perdit ainsi la famille des Héraclides. Cette histoire, que nous a transmise Hérodote, est rapportée autrement par Platon : il dit que Gygès portait un anneau qui le rendait invisible quand il voulait, et qu'au moyen de cette bague il avait enlevé à Candaule le trône et la vie.

GYGÈS.

Son règne fut d'abord troublé par une sédition qu'excitait l'horreur de son crime; mais les deux partis, au lieu de se battre, convinrent de s'en rapporter à l'oracle de Delphes. Gygès envoya au temple de magnifiques présents qui valaient près d'un million, et le dieu se déclara pour lui.

Gygès régna trente-huit ans et mourut l'an 3286, 718 avant Jésus-Christ.

ARDYS.

Ce prince succéda à son père. Sous son règne, les Cimmériens, poursuivis par les Scythes, vinrent en Asie : ces barbares y firent de grands ravages et y prirent la ville de Sardes. Il mourut après avoir régné quarante-neuf ans.

SADYATTE.

Sadyatte fit la guerre aux Milésiens. Il mourut avant d'avoir terminé cette guerre et ne régna que douze ans.

ALYATTE.

Le règne d'Alyatte, fils de Sadyatte, fut glorieux et dura cinquante-sept ans. Il prit les villes de Smyrne, de Clazomène, et chassa les barbares de ses états. Son armée continuait d'attaquer la ville de Milet, dont le siége, commencé par son père, durait depuis six ans : ayant envoyé au roi des Milésiens un ambassadeur pour négocier une trève, on trouva la place publique pleine de provisions, et les habitants occupés à faire de magnifiques festins. Alyatte, qui en fut instruit, trompé par cette ruse, et désespérant de se rendre maître d'une place si bien approvisionnée, leva le siége et fit la paix.

Ce roi combattit long-temps contre Cyaxare; cette guerre se termina par un mariage entre leurs enfants.

CRÉSUS.
(An du monde 3442. — Avant Jésus-Christ 562.)

Le nom de ce roi rappelle le faste et l'opulence. Les riches présents qu'il envoya à Delphes, et qu'on y voyait encore du temps d'Hérodote, firent croire que ses richesses étaient immenses. Strabon prétend qu'elles provenaient du produit des mines qu'on exploitait près de Pergame. Le sable d'or du Pactole en fournissait, dit-on, aussi une partie. Cependant, lorsque Strabon vivait, on ne trouvait plus d'or dans cette rivière.

Crésus joignit l'éclat des conquêtes à celui des richesses. Il réunit à ses états la Phrygie, la Mysie, la Paphlagonie, la Bithynie, la Pamphilie, et tout le pays des Cariens, des Ioniens, des Doriens et des Éoliens.

Il protégeait les sciences et les lettres, et sa cour fut ornée par la présence de plusieurs des sept sages de la Grèce. Il se plut particulièrement à déployer sa magnificence devant Solon, le plus célèbre de ces philosophes, et à lui montrer ses trésors. Ce législateur républicain n'en fut point ébloui, et lui prouva qu'il n'admirait dans un homme que ses qualités personnelles. Crésus lui demanda un jour s'il avait rencontré dans ses voyages un homme parfaitement heureux. « J'en » ai connu un, » répondit le philosophe ; « c'était » un citoyen d'Athènes, nommé Tellus, honnête » homme, qui a passé toute sa vie dans une douce » aisance, et qui a toujours vu sa patrie florissante. » Cet heureux mortel a laissé des enfants générale- » ment estimés ; il a vu les enfants de ses enfants, » et il est mort glorieusement en combattant pour » son pays. »

Crésus, surpris de lui entendre citer comme un modèle de bonheur une fortune si médiocre, lui demanda s'il n'avait pas trouvé des gens encore plus heureux que Tellus. « Oui, » lui répondit Solon ; « c'étaient deux frères, Cléobis et Biton, d'Ar- » gos, célèbres par leur amitié fraternelle et par » leur amour filial. Un jour de fête solennelle, » voyant que les bœufs qui devaient conduire leur » mère au temple de Junon n'arrivaient pas, ils » s'attelèrent eux-mêmes au joug et traînèrent son » char l'espace de plusieurs lieues. Cette prêtresse, » pénétrée de joie et de reconnaissance, supplia » les dieux d'accorder à ses enfants ce que les » hommes pouvaient désirer de mieux. Elle fut

» exaucée. Après le sacrifice, ses deux fils, plongés
» dans un doux sommeil, terminèrent paisiblement
» leur vie. On leur érigea des statues dans le temple
» de Delphes. »

« Vous ne me comptez pas, » dit le roi avec humeur, « au nombre des heureux ? » « Seigneur, » reprit le sage, « nous professons, dans notre pays,
» une philosophie simple, sans faste, franche et
» hardie, sans ostentation, et peu commune à la
» cour des rois. Nous connaissons l'inconstance de
» la fortune; nous attachons peu de prix à une fé-
» licité plus apparente que réelle, et qui n'est sou-
» vent que trop passagère. La vie d'un homme est
» à peu près de trente mille jours. Aucun d'eux ne
» ressemble à l'autre; tous sont exposés à mille ac-
» cidents qu'on ne peut prévoir; et, comme nous
» ne décernons une couronne qu'après le combat,
» nous ne jugeons du bonheur d'un homme qu'à la
» fin de sa vie. »

Le fameux Ésope se trouvait dans le même temps à Sardes; et, reprochant à Solon son austère franchise, il lui disait : « N'approchez point des rois,
» ou ne leur présentez que ce qui peut leur être
» agréable. » « Dites plutôt, répondit Solon, qu'il
» faut ne point approcher des rois, ou ne leur dire
» que ce qui doit leur être utile. »

Crésus ne tarda pas à reconnaître que Solon lui avait dit la vérité : deux de ses enfants furent un sujet d'affliction pour son cœur; l'un périt, malgré toutes les précautions prises pour éviter l'accomplissement de l'oracle qui avait annoncé sa mort; l'autre devint muet.

La gloire de Cyrus commençait alors à s'étendre dans l'Orient. Crésus résolut de s'opposer au progrès de ses armes; il envoya de riches présents à Delphes pour savoir quelle serait l'issue de cette guerre et la durée de son empire. Les réponses de l'oracle furent obscures et ambiguës : la première disait que, s'il portait les armes contre les Perses, un grand empire serait renversé; et la seconde, que le royaume de Lydie durerait jusqu'au moment où un mulet occuperait le trône de Médie.

Le roi ne négligea aucun des moyens qui pouvaient rendre son succès probable : il fit alliance avec les deux peuples les plus puissants de la Grèce; les Lacédémoniens, fameux par leur vaillance, et les Athéniens, que commandait le célèbre Pisistrate.

Il aurait fait plus sagement encore s'il avait suivi le conseil d'un de ses ministres, qui lui dit : « Crai-
» gnez, seigneur, d'attaquer les Perses : ils sont nés
» dans un pays rude et montagneux, endurcis aux
» travaux et à la fatigue, vêtus et nourris grossiè-
» rement, privés des voluptés qui nous ont amol-
» lis ; vous avez tout à perdre avec eux, et ils ont
» tout à gagner avec vous. Loin de les combattre,

» félicitez-vous de n'être pas attaqué par eux. »

Crésus persista dans son entreprise. Vaincu, détrôné, il vit son pays ravagé, ses trésors pillés, son empire détruit, et il aurait péri sur l'échafaud si, dans le moment où il allait mourir, le nom de Solon qu'il prononça n'avait fixé l'attention et excité la pitié de Cyrus. Ce prince voulut savoir la cause de cette exclamation; et, apprenant de la bouche de l'infortuné monarque ce que le sage Grec lui avait dit, au milieu de ses prospérités, sur l'inconstance de la fortune, il craignit probablement pour lui-même ses vicissitudes, et accorda la vie à son illustre et malheureux captif. La Lydie fut ainsi réunie à l'empire des Perses.

PHÉNICIENS.

Gloire de cette nation. — La navigation attribuée aux Phéniciens. — Construction du temple de Salomon par Hiram. — Découverte de la pourpre. — Sidon, premier roi. — Siége et ruine de la ville de Sidon. — Sa reconstruction. — Règne de Pygmalion. — Mort de Sichée. — Fuite de Didon. — Nouvelle ville de Tyr. — Gouvernement des Tyriens. — Straton proclamé roi. — Siége et destruction de Tyr par Alexandre.

Après avoir vu toutes les scènes sanglantes que nous présentent les guerres cruelles et presque continuelles des rois de Judée, d'Égypte, d'Assyrie et de Médie, au milieu de ce bouleversement des empires qui se choquaient, s'envahissaient et se renversaient tour à tour, il est doux de reposer sa vue sur le tableau d'une nation pacifique, industrieuse, qui plaçait sa gloire dans l'étude des sciences et des arts utiles, et qui, par son immense commerce, adoucissant les mœurs, éclairant les esprits, servait de lien aux différentes contrées que parcouraient ses vaisseaux agiles et ses actifs négociants.

La mer semblait devoir séparer éternellement les nations; les Phéniciens imaginèrent les premiers d'employer ce terrible élément pour les rapprocher : l'art de la navigation était pratiqué de temps immémorial chez eux, et répandait le bonheur et l'aisance sur la côte stérile qu'ils habitaient, et qui vit briller avec éclat les magnifiques villes de Tyr et de Sidon.

Les Phéniciens conduisaient les flottes de Salomon sur les côtes d'Afrique, à Ophir, à Tarsis, et, après un voyage de trois ans, leurs navires revenaient chargés d'or, d'argent, d'ivoires, de gomme et de pierres précieuses.

Les cèdres du Liban descendaient de cette montagne pour servir à la construction de leurs vaisseaux; ils tiraient de l'Égypte leurs voiles et leurs cordages. L'observation des astres leur avait appris à parcourir, sans s'égarer, les mers les plus éloignées. Chypre, Rhodes, la Grèce, la Sicile, la Sardaigne se peuplèrent de leurs colonies.

Ils tirèrent de grandes richesses des contrées méridionales de l'Espagne, passèrent le détroit et pénétrèrent dans l'Océan.

Cadix devint l'entrepôt de ce grand commerce, qui était si riche qu'on vit quelquefois leurs vaisseaux attacher à leurs ancres, au lieu de plomb, l'argent dont ils étaient surchargés.

Un Tyrien, nommé Hiram, construisit le fameux

temple de Salomon. Les riches ornements, les métaux précieux qu'on y voyait briller venaient de Tyr et de Sidon.

Six cent dix ans avant Jésus-Christ, pour satisfaire la curiosité hardie de Néchao, roi d'Égypte, des Phéniciens partirent de la mer Rouge, firent le tour de l'Afrique, rentrèrent dans la Méditerranée par les colonnes d'Hercule, et arrivèrent, au bout de trois années, à l'embouchure du Nil. Leurs navigateurs racontaient des merveilles fabuleuses de ces voyages, pour cacher à tous les peuples les vrais secrets de leur navigation, dont ils voulaient conserver exclusivement les profits.

Les manufactures des Phéniciens étaient célèbres; les rois, les princes et les grands de la terre recevaient d'eux cette pourpre précieuse qui fut un don du hasard pour les Tyriens. On raconte qu'un chien de berger, pressé par la faim, brisa entre ses dents un coquillage dont le sang teignit sa gueule d'une couleur éclatante qui frappa les yeux, et qu'on parvint ensuite à appliquer avec succès aux étoffes destinées à la parure des monarques.

Ce peuple navigateur avait fait de grands progrès en astronomie, en géométrie, en mécanique, en géographie. On lui attribue l'invention des lettres; et il surpassa toujours en génie les Égyptiens, dont les superstitions arrêtèrent les lumières.

La Phénicie était une partie du pays de Chanaan.

Sidon, sa première capitale, eut long-temps l'empire de la mer; prise et dépouillée par les Philistins et par les rois de Judée, d'Égypte et d'Assyrie, elle fut remplacée par la fameuse Tyr. La colonie phénicienne de Carthage, fondée huit cent quatre-vingt-dix ans avant Jésus-Christ, effaça par la suite l'éclat et la puissance des Tyriens.

On croit que leur premier roi s'appelait Sidon, fils de Chanaan. Après lui se trouve un long intervalle jusqu'au règne de Tétramnestus, qui fournit trois cents galères à Xercès pour faire la guerre aux Grecs.

Temnès, son successeur, se révolta contre les Perses. Darius Ochus assiégea Sidon. Les habitants de cette ville, ne pouvant obtenir de conditions favorables, et se voyant livrés à leurs ennemis, que des traîtres introduisaient dans leurs murs, ne consultèrent plus que leur désespoir, s'enfermèrent dans leurs maisons avec leurs femmes et leurs enfants, y mirent le feu, et s'ensevelirent sous les ruines de leur patrie.

Ainsi Darius ne conquit que des cendres d'où il tira cependant encore de grandes richesses en effets précieux et en métaux fondus. Le roi de Sidon seul avait échappé aux flammes : sa lâcheté lui fut inutile; car Darius le fit mourir.

Quelques familles sidoniennes, réfugiées sur leurs vaisseaux, se retirèrent à Tyr qu'elles fortifièrent. Cette ville superbe avait perdu ses richesses ; mais elle conserva au moins quelque temps son indépendance.

On rebâtit Sidon, et ses habitants nourrirent dans leur cœur contre les Perses une haine qui éclata lorsque le grand Alexandre parut. Les Sidoniens, malgré les ordres de leur prince, ouvrirent leurs portes avec empressement. Alexandre, voulant les rendre heureux, leur donna pour roi Abdolonyme, le plus vertueux de leurs citoyens. Les députés qui lui portèrent la couronne le trouvèrent dans son jardin, occupé de travaux champêtres. Il résista longtemps, craignant de quitter la paix de sa retraite pour monter sur le trône. Enfin il céda aux vœux de ses compatriotes; sa main, qui avait fécondé la terre avec sa bêche, porta dignement le sceptre, et sa sagesse fit le bonheur de ses sujets.

Le premier roi des Tyriens fut Abibal, prédécesseur de cet Hiram, si connu par ses relations avec Salomon.

On ne sait rien de positif sur les sept rois qui lui succédèrent. Pygmalion, leur héritier, ne fut que trop célèbre par son avarice et sa cruauté; il tua son beau-frère Sichée, dans l'intention de s'emparer de ses trésors. Mais Didon, veuve de ce prince infortuné, trompa l'avidité de son frère : elle emporta ses richesses sur des vaisseaux ; et, après avoir parcouru plusieurs mers, elle aborda sur la côte d'Afrique, près d'Utique, et y fonda la célèbre colonie de Carthage.

Les Tyriens, dont les richesses étaient enviées par les rois voisins, furent souvent exposés à leurs attaques : ils soutinrent de longs siéges en différents temps ; l'un dura cinq ans, et l'autre treize. Enfin, sous le règne d'un de leurs princes, nommé Baal, Nabuchodonosor surmonta leur opiniâtre résistance. Ne pouvant plus défendre leurs murs, ils se sauvèrent sur leurs vaisseaux et abandonnèrent au vainqueur leurs maisons désertes : il les détruisit.

L'ancienne Tyr était sur le rivage ; les Tyriens en rebâtirent une nouvelle dans une île peu éloignée, et la fortifièrent de manière à la rendre presque imprenable.

Leur nouveau gouvernement fut républicain ; leurs chefs étaient des juges nommés *suffètes*. Ils retournèrent ensuite à la royauté. L'histoire de leurs princes n'a point laissé de traces. Pendant un interrègne, les esclaves, que le commerce avait rassemblés en grand nombre à Tyr, tuèrent leurs maîtres, s'emparèrent de leurs trésors et épousèrent leurs veuves et leurs filles.

Comme ils voulaient se donner un roi, ils convinrent de nommer celui d'entr'eux qui, le lendemain, verrait le premier le soleil et paraîtrait ainsi le plus favorisé par les dieux. Un esclave, qui avait secrètement sauvé la vie à son maître, Straton, lui apprit cette décision. Ce maître reconnaissant lui dit : « Au moment où tous les autres regarde-» ront demain l'orient pour épier l'apparition du » soleil, prenez un moyen tout opposé ; tournez » vos regards à l'occident sur l'endroit le plus élevé » de la plus haute tour de la ville, et vous la verrez » dorée par ses premiers rayons. » Ce conseil fut suivi et réussit. Les esclaves, étonnés de la sagacité de leur compagnon, exigèrent qu'il déclarât la personne qui lui avait donné cet expédient. Il avoua tout, et les esclaves, attribuant aux dieux la délivrance miraculeuse de Straton, le proclamèrent roi.

Son fils lui succéda, et le sceptre passa dans les mains de ses descendants, dont le dernier se nommait Azelmie. Sous son règne, Alexandre parut devant Tyr. Il voulait, disait-il, punir les crimes commis par ces esclaves deux cents ans auparavant, et venger les citoyens libres qu'ils avaient égorgés. Le siége fut long et la résistance opiniâtre. Alexandre fit construire une digue pour faire joindre l'île à la terre ferme : ce travail fut souvent interrompu par les assiégés, qui accablaient de pierres les assaillans et jetaient des traits enflammés et de l'huile bouillante sur leurs constructions. Au bout de sept mois les Macédoniens prirent d'assaut la ville de Tyr, et passèrent deux mille hommes au fil de l'épée. Alexandre fit mettre en croix autour des murailles deux mille Tyriens de la race des esclaves, mais il épargna les descendants de Straton.

La ville fut détruite et rasée; sur ses débris Alexandre bâtit une nouvelle cité qui resta, ainsi que la Phénicie, sous la domination de ses successeurs.

ARMÉNIENS.

Leur origine. — Leurs rois. — Conquêtes et défaite de Tigrane. — Sa mort. — Victoire de son fils Artuazde. — Sa mort par la trahison d'Antoine. — Règne d'Ariobarzane. — Trahison de Rhadamiste. — Sa fuite. — Sa barbarie envers Zénobie, sa femme. — Règne de Tiridate.

Les Arméniens, qui prétendent aussi être les plus anciens peuples du monde, vivaient inconnus dans le temps où l'Égypte et l'Assyrie étaient déjà des empires civilisés et puissans. L'opinion commune est que les Arméniens descendent de Japhet.

Les deux Arménies sont hérissées de montagnes où l'on trouve les sources du Tigre et de l'Euphrate. Leurs habitants croient que l'arche de Noé s'est arrêtée sur le mont Ararat.

La grande Arménie était séparée de la petite Arménie par le mont Caucase.

Avant le règne d'Alexandre, on ne sait que des fables sur les princes qui gouvernaient ce pays. Depuis cette époque, les rois d'Arménie jouèrent un plus grand rôle. Antiochus avait possédé quelque temps ces contrées; mais les gouverneurs nommés par lui, Artasias et Zodriade, prirent le diadème, se rendirent indépendants et s'appuyèrent de l'alliance des Romains. Tigrane-le-Grand accrut beaucoup ses états : secondé par Mithridate, roi de Pont, son beau-père, il domina en Syrie et conquit la Mésopotamie et la Phénicie. Les Romains avaient enlevé la Cappadoce à Mithridate. Tigrane la reprit sur eux et la lui rendit : mais la fortune l'abandonna bientôt; il fut vaincu par Lucullus et ensuite par Pompée, qui lui restitua son trône. Touché de cette générosité, il resta fidèle aux Romains, et poussa même la déférence pour eux, ou plutôt la crainte de leurs armes, au point de refuser asile dans ses états à son beau-père Mithridate. La fin de son règne fut paisible. Il mourut à l'âge de quatre-vingt-cinq ans.

Artuazde, son fils, n'imita pas sa prudence. Il trompa Marc-Antoine, l'engagea dans une guerre contre les Mèdes et contre les Parthes, et, s'étant concerté secrètement avec ses ennemis, il conduisit l'armée romaine dans un défilé, où elle fut taillée en pièces.

Antoine qui échappa avec peine au vainqueur, dissimula son courroux et demanda à Artuazde, sa fille, pour la donner au fils de Cléopâtre. Le roi d'Arménie, dupe de ce stratagème, se rendit près de lui : on le fit prisonnier, et on le conduisit, chargé de chaînes d'or, ainsi que sa femme et ses enfans, dans la ville d'Alexandrie, aux pieds de Cléopâtre qui lui fit couper la tête.

Alexandre, fils de cette reine et d'Antoine, s'empara du trône d'Arménie, dont il fut bientôt chassé par Auguste. Il eut pour successeur d'abord un autre Artuazde qui déplaisait au peuple, et ensuite Ariobarzane que la nation désirait et obtint de Rome.

L'Arménie, peu de temps après, fut subjuguée par les Parthes; mais Tibère la délivra, et lui donna pour roi Mithridate Ibère, frère de Pharasmane, roi d'Ibérie. Ce prince éprouva successivement les faveurs et les revers de la fortune : couronné par Tibère, il se vit détrôné par Caligula qui le chargea de chaînes, et délivré par Claude qui lui donna des troupes pour reconquérir sa couronne sur les Parthes. Pharasmane le seconda dans cette entreprise; mais il le trahit après et excita une révolte dans ses états. Le cruel Rhadamiste, fils de Pharasmane, assiégea son oncle dans une forteresse, le trompa en lui jurant qu'il pouvait se rendre sans avoir à craindre ni le fer ni le poison; lorsqu'il se livra à lui, il le condamna à mort et le fit étouffer.

Vologèse, roi des Parthes, vengea cette mort et punit ce crime : il attaqua Rhadamiste et le chassa de ses états. Peu de temps après Rhadamiste y revint furieux contre ses sujets, qui l'avaient faiblement défendu. Il les gouverna avec tant de cruauté qu'ils se soulevèrent. Le roi eut à peine le temps de monter à cheval et de fuir. Zénobie, sa femme, le suivait. Sa grossesse l'empêchait de supporter la fatigue; mais, craignant de tomber dans les mains de ceux qui la poursuivaient, elle pria son mari de terminer ses jours. Le barbare lui enfonça son épée dans le sein et la jeta dans l'Araxe. Les vêtemens de Zénobie la soutinrent sur l'onde; des bergers l'aperçurent, la retirèrent et pansèrent sa plaie : elle revint à la vie. Tiridate, fils du roi des Parthes, la reçut dans sa cour avec de grands honneurs. L'histoire ne nous a rien appris de plus sur la vie de Rhadamiste.

La malheureuse Arménie fut long-temps le théâtre des guerres que se livraient les Parthes et les Romains. Néron donna aux Arméniens, pour roi, Alexandre, petit-fils d'Hérode, roi de Judée. Mais Tiridate soutenait ses droits; il combattit avec succès les Romains, commandés par Corbulon, et gagna leur estime. Néron abandonna Alexandre et couronna lui-même Tiridate. L'Arménie se vit heureuse sous son règne.

Ses successeurs se conduisirent plutôt en lieutenants des empereurs qu'en rois. Enfin Trajan réunit la Mésopotamie aux Arménies; il en fit une province romaine. Lorsque l'empire fut près de sa chute, le trône d'Arménie parut se relever. L'histoire cite quelques rois arméniens, vassaux des successeurs de Constantin. L'Arménie fut ensuite soumise aux Turcs, qui en ont partagé la possession avec les Persans.

PHRYGIENS.

Position de la Phrygie. — Règne d'Inachus-le-Larmoyant. — Règne des Gordiens. — Le nœud gordien.

La Phrygie est un pays fertile, au centre de l'Asie-Mineure, entre le Pont, la Troade, la mer Égée et la Carie. Les Égyptiens avouaient que les Phrygiens étaient plus anciens qu'eux; ils prétendaient descendre d'un des fils de Gomer. Ils passent pour avoir inventé la divination par le vol des oiseaux. Le mode phrygien fut célèbre. La musique et la danse de ce peuple étaient molles et efféminées comme ses mœurs, sa religion à la fois ridicule et cruelle; les prêtres se mutilaient pour rappeler le malheur de leur dieu Atys, dont on croyait que Cybèle pleurait sans cesse l'infortune et la mort.

La nation phrygienne est peut-être la seule qui ait conservé le souvenir d'un de ses princes régnant avant le déluge : il s'appelait Inachus. Instruit par un oracle de la destruction prochaine du monde, il passait ses jours, dit-on, à déplorer cette grande catastrophe, et l'on conserva en Phrygie l'habitude de dire, lorsqu'on se moquait des lamentations d'un homme : « Il pleure comme Inachus. »

La plupart de leurs rois se nommaient Midas ou Gordien. Le premier Gordien était laboureur : un aigle, qui vint se percher sur le joug de ses bœufs, lui annonça son élévation. Après un interrègne, les Phrygiens convinrent de donner le trône à l'homme qu'on verrait arriver le premier, sur un chariot, dans le temple de Jupiter. Un autre Gordien réalisa la prédiction; et, lorsqu'il fut couronné, il consacra son chariot dans le temple.

Le nœud qui servit à attacher le timon de ce char était si artistement fait, qu'il semblait impossible de le dénouer. Le roi promit l'empire de l'univers à celui qui le délierait : ce fut le fameux nœud gordien qu'Alexandre coupa pour obtenir par la force ce qui avait été promis à l'adresse.

C'est plutôt dans la fable que dans l'histoire qu'on doit placer la plupart des actions qu'on attribue aux divers rois de Phrygie. On ne nous a conservé rien de certain que leurs noms.

TROYENS.

Position de la Troade. — Teucer, premier roi des Troyens. — La ville de Troie bâtie par Tros. — Causes de la guerre de Troie. — Destruction de cette ville après dix ans de combats.

Le génie d'Homère rend immortel le nom de ce peuple qui habitait un pays charmant, situé sur la côte de l'Asie-Mineure, entre la Propontide, la mer Égée, la Mysie et l'Hellespont.

L'histoire de la Troade est tellement mêlée à la fable, et les héros troyens sont tellement confondus avec les dieux et les demi-dieux, qu'il n'est pas possible de les séparer. Le mont Ida n'est fameux que par le jugement du berger Pâris, qui donna à Vénus le prix de la beauté. Ce sont les amours de Héro et de Léandre qui nous font connaître le détroit de Sestos et d'Abydos; et jamais on n'aurait parlé des petites rivières du Scamandre et du Simoïs, si Homère n'avait chanté les combats des Grecs, la colère d'Achille et la mort d'Hector.

La Troade était une partie de la Phrygie; mais

les Troyens furent toujours plus belliqueux que les peuples qui les environnaient. Le premier de leurs rois s'appelait Teucer; on le disait fils du Scamandre. Nous ne connaissons aucune de ses actions. Son gendre Dardanus lui succéda : célèbre par ses vertus et sa piété, il apporta de Samothrace la statue de Minerve, qu'on appela *palladium*, parce que le sort de la ville où on la déposa dépendait, suivant un oracle, de sa conservation. Éricthon, son fils, rendit comme lui son peuple heureux; il laissa la couronne à Tros. Ce prince envoya Ganymède, son fils, porter des présents à Jupiter, roi d'un pays voisin. Ganymède fut arrêté en chemin par un autre roi nommé Tantale. Jupiter le réclama et combattit Tantale, qui fut tué et condamné dans les enfers à voir toujours près de lui ce qu'il désirait, sans en pouvoir jamais jouir. Tros bâtit la ville de Troie. Anchise, amant de Vénus et père du fameux Énée, descendait de Tros. Ilus, fils de ce roi, fut, suivant la fable, le père de ce Memnon dont on voyait la statue en Égypte. Un autre de ses fils, Tithon, était l'amant de l'Aurore, qui le rendit immortel. Laomédon, troisième fils d'Ilus, construisit la citadelle de Troie. Sous son règne, les Argonautes débarquèrent dans la Troade. On raconte que Laomédon, ayant provoqué imprudemment Hercule, fut tué par ce demi-dieu. Priam, si célèbre par ses malheurs, monta sur le trône de Laomédon, et en vit la chute. Ce roi avait une sœur, nommée Hésione, mariée à Télamon. Ce prince l'accablait de mépris : en vain Priam demanda justice aux Grecs de cette conduite. Ses plaintes restèrent sans réponse, et sa sœur sans vengeance. Pâris, fils de Priam, enleva la belle Hélène, femme de Ménélas, roi de Sparte. Toute la Grèce s'arma pour punir cette offense. Priam, irrité des outrages faits à sa sœur, refusa de satisfaire Ménélas : la guerre éclata, et, après dix ans de combats, Troie fut détruite. On voit encore quelques ruines troyennes; les premières assez éloignées du rivage : c'est tout ce qui rappelle l'ancienne Troie. Les autres, plus près de la mer, ne présentent que les débris d'une Troie nouvelle que les Romains avaient rebâtie.

Les deux peuples les plus fameux dans l'histoire, les Romains et les Français, ont tous deux cherché leur berceau dans les fables troyennes. Tous les Romains croyaient descendre d'Énée et de ses compagnons; et quelques auteurs ont prétendu que les Francs tiraient leur origine de Francus, prince troyen.

MYSIENS.

Leur habileté dans les arts. — Premières tapisseries. — Invention du parchemin.

Les Mysiens étaient voisins et alliés des Troyens. L'histoire ne nous donne rien de certain sur l'ordre et la succession de leurs rois. Ce peuple, connu par ses débauches, par le culte impur de Priape, se fit quelque réputation par son habileté dans les arts. Cyzyque, ville magnifique, s'appelait la Rome de l'Asie; on y voyait un temple construit en marbre, dont les belles colonnes ornèrent depuis Constantinople. On fabriqua les premières tapisseries à Pergame. On voyait aussi dans cette ville une bibliothèque presque comparable à celle d'Alexandrie. Eumène, roi de Pergame, inventa le parchemin, et fit transcrire sur ces peaux préparées deux mille volumes. Ce fut en Mysie, sur les bords du Granique, qu'Alexandre-le-Grand gagna sa première victoire sur les Perses.

LYCIENS.

Forme de leur gouvernement. — La Chimère.

Le nom de tous les peuples de l'Asie est plus connu que leur histoire. Tour à tour envahis par les Égyptiens, les Assyriens, les Lydiens, les Mèdes, les Perses, les Grecs et les Romains, leurs limites ont sans cesse varié, et leurs rois n'ont jamais joui que d'une existence et d'une puissance éphémères. Les Lyciens avaient des mœurs plus rudes et un courage plus ferme que les Phrygiens. Ils s'étaient rendus fameux sur mer par leurs pirateries. Après avoir été gouvernés par des rois, ils furent assez long-temps en république, sous l'autorité d'un sénat composé de députés de toutes les villes du pays. C'est sur une de leurs montagnes que les anciens auteurs avaient fait naître et exister la Chimère, monstre qui fut vaincu par Bellérophon, roi de Lycie.

CILICIENS.

La Cilicie habitée par deux nations. — Leurs pirateries. — La ville d'Alexandrette.

La Cilicie, située entre la Syrie, la Cappadoce et la Méditerranée, renfermait, pour ainsi dire, deux nations opposées. L'une, qui habitait les plaines, était un débris de tous les peuples de l'Asie-Mineure qui avaient fui la fureur des conquérans perses et assyriens; la proximité des montagnes les attira dans ces lieux, où la nature présentait des asiles sûrs et des défenses faciles. L'autre partie de la nation, qui habitait les rivages de la mer, était un mélange de malfaiteurs, de bannis et d'aventuriers de tous les pays : ils passaient pour être menteurs, cruels, avides. Leur langage, mêlé de syriaque, de grec et de persan, formait un idiome aussi grossier que leurs habitudes.

Leurs côtes, parsemées de petits havres, protégées par des promontoires escarpés, leur donnaient une grande facilité pour cacher et défendre leurs bâtiments. Ils faisaient des descentes en Grèce et même en Italie, d'où ils emmenaient des esclaves qu'ils vendaient en Égypte, en Chypre et en Asie. Les Romains prirent souvent les armes contre eux; mais ces pirates se réfugiaient dans leurs cavernes, et reparaissaient sur la mer dès que les flottes romaines s'étaient éloignées. Alexandre bâtit dans leur pays la ville d'Alexandrette, qui fut longtemps un entrepôt fameux pour le commerce de l'Orient. Pompée, irrité des brigandages des Ciliciens, attaqua ces corsaires avec cinq cents vaisseaux, débarqua, à la tête d'une armée nombreuse, sur la côte, et parvint à détruire les repaires de ces brigands.

SCYTHES.

Leur position topographique. — Leur caractère. — Leurs mœurs. — Leur conduite envers les étrangers. — Scythès, premier roi. — Révolte des esclaves. — La reine Thomiris. — Défaite de Darius. — Défaite des Scythes par Philippe.

Les Scythes, un des peuples les plus fameux et les moins connus de l'antiquité, habitaient les plaines immenses qui se trouvent au nord de la mer Caspienne et du Pont-Euxin, dans les pays incultes qu'arrosaient le Volga, le Don ou le Tanaïs, et le Dniéper ou le Borysthène. Cette nation nomade, pastorale et guerrière, ignorant les arts, détestant la servitude et la mollesse, dédaignait les mœurs des autres pays, et n'entretenait presque aucune communication avec eux. Leur fierté repoussait toute dépendance; leur vaillance les mettait à l'abri de toute invasion; leur climat glacé, leur vie sauvage n'attiraient aucun voyageur. La guerre seule les rapprochait quelquefois des autres peuples, qu'ils effrayaient par la rapidité de leurs invasions et par les ravages affreux qu'ils avaient commis dans toute l'Asie et jusqu'aux frontières d'Égypte. Beaucoup de peuples modernes tirent leur origine des Scythes, que plusieurs savants regardent comme une partie de l'ancienne nation des Celtes qui a peuplé toute l'Europe. Les Gomérites, les Galates, les Gaulois, les Titans, les Teutons, les Celtibériens, les Goths, les Visigoths, les Francs n'étaient que des ramifications différentes d'une même souche celtique, et chez lesquelles on trouve une conformité de mœurs qui prouve la communauté de leur origine. Les Scythes déifiaient les héros et les rois. Les prêtres, sous les noms de *curètes*, de *druïdes* et de *bardes*, jouissaient au milieu d'eux d'une grande autorité : le souvenir de leurs lois militaires et de leurs exploits était conservé par des hymnes.

Les rois commandaient leurs armées ; les prêtres dirigeaient leur conduite. Une partie de ces peuples était sédentaire, et l'autre errante. Les uns habitaient des bourgades ; les autres vivaient sous des tentes et sur des chariots qui transportaient leurs familles dans des lieux propres au pâturage.

Les Tartares, qui les ont remplacés, conservent encore les mêmes mœurs et les mêmes usages. Laborieux, braves et tempérants, ils méprisaient les richesses ; mais ils étaient passionnés pour la gloire. Leurs filles mêmes faisaient la guerre, et c'est peut-être à leur bravoure qu'on doit attribuer la naissance de toutes les fables que les anciens débitaient sur les Amazones.

Ils étaient tellement attachés à leurs coutumes, que la loi punissait de mort quiconque y proposerait le plus léger changement; ils massacraient même souvent les étrangers qui abordaient sur leurs côtes, craignant que leur fréquentation ne corrompît les mœurs et n'inspirât le mépris des lois.

Sous d'autres noms ils adoraient la plupart des dieux de la Grèce, et beaucoup d'auteurs ont douté si ce culte était venu d'Égypte chez les Grecs et chez les Scythes, ou si la Grèce ne l'avait pas reçu des Pélasges, ses premiers habitants et ancienne colonie celtique.

Le dieu de la guerre était pour eux la première des divinités : ils lui sacrifiaient des victimes humaines; ils faisaient des vases avec les crânes de leurs ennemis, et avec leurs peaux des baudriers, des housses et des brides. Leur grande population les porta aux conquêtes. Repoussés par les glaces du nord, ils cherchaient au midi et à l'occident des terrains plus fertiles et des climats plus doux.

Comme on ne connaît aucun historien scythe, nous ne savons que par les Grecs les noms de quelques-uns de leurs rois et les actions qu'on leur attribue. On prétendait qu'ils devaient leur origine à Gomer, fils de Japhet et petit-fils de Noé.

Scythès, fils d'Hercule, fut, dit-on, leur premier roi. Sigillus, son successeur, envoya son fils au secours des Amazones attaquées par Thésée. Sous le règne de Madiès, les Scythes entrèrent en Asie, soumirent la Syrie et pillèrent les frontières d'Égypte. Cette expédition dura vingt-huit ans. A leur retour, ils trouvèrent que leurs esclaves s'étaient emparés de leurs femmes, de leurs maisons et de leurs troupeaux. Ces fiers guerriers, dédaignant d'employer leurs armes contre de pareils ennemis, s'avancèrent sur eux avec des fouets. Ce mépris frappa de terreur ces esclaves rebelles; ils prirent la fuite. Les femmes, coupables, mais plus courageuses, se donnèrent la mort.

L'histoire ne parle de Thomiris que pour raconter sa guerre contre Cyrus. On prétend que cette reine barbare, après avoir tué ce conquérant, fit plonger sa tête dans un tonneau de sang.

Lorsque Darius attaqua les Scythes, leur roi Janeyrus lui envoya un oiseau, une grenouille, une souris et cinq flèches. Darius ne comprit rien à ce présent mystérieux; il voulait considérer ce tribut comme une preuve de soumission. « Vous vous
» trompez, seigneur, lui dit Gobrias, un de ses mi-
» nistres; les Scythes veulent vous faire entendre
» que, si les Perses entrent en Scythie, ils ne doi-
» vent pas espérer d'échapper à leurs coups; à
» moins qu'ils ne sachent voler en l'air comme des

» oiseaux, nager dans l'eau comme des grenouilles,
» ou entrer dans la terre comme des souris; leurs
» flèches signifient que cinq rois scythes se join-
» dront à Janeyrus pour vous repousser. » Darius
ne le crut pas et fut vaincu.

Philippe, roi de Macédoine, plus heureux, pénétra dans les États d'Athéas, roi des Scythes, remporta sur lui une grande victoire, emmena vingt mille femmes et enfants prisonniers, s'empara d'un nombre prodigieux de bestiaux et de vingt mille cavales. Dans cet immense butin on ne trouva ni bijoux, ni or, ni argent. Depuis cette époque l'histoire ne parle plus des Scythes comme d'un peuple séparé.

ROYAUME DE PONT.

Position de ce royaume. — Règne de plusieurs princes. — Règne de Mithridate VI. — Mithridate-le-Grand. — Son parricide. — Infidélité et mort de Laodice sa femme. — Exploits de Mithridate. — Ses cruautés. — Massacre de cent cinquante mille Romains. — Défaite de Mithridate. — Révolte de ses soldats excitée par son fils Pharnace. — Mort de Mithridate. — Lâcheté de Pharnace. — Sa défaite. — Sa mort.

(An du monde 3490. — Avant Jésus-Christ 514.)

Le royaume de Pont, situé sur les bords de la mer Noire, entre le fleuve Halys et la Colchide, était un démembrement de l'empire des Perses. Darius, fils d'Hystaspe, l'avait cédé à un Persan nommé Artabaze. Le trône fut occupé par neuf princes, nommés presque tous Mithridate ou Pharnace. Leurs règnes sans éclat, leurs guerres sans résultats ont laissé peu de traces. Le dernier de ces princes, Mithridate VI, allié des Romains, ne voulut pas les abandonner lorsque toute l'Asie se déclara contre eux. Il en reçut en récompense la Phrygie; mais le sénat enleva ensuite cette province à Mithridate son fils, qui devint si célèbre par sa haine contre Rome, par ses exploits, par ses cruautés et par ses malheurs.

MITHRIDATE-LE-GRAND.

(An du monde 3881. -- Avant Jésus-Christ 123.)

Mithridate, dès sa jeunesse, développa la force de ses passions et la dureté de son caractère. Il fit mourir sa mère pour se débarrasser de sa tutelle. Les exercices de son adolescence le préparaient aux travaux de sa vie : il domptait des chevaux sauvages, couchait sur la dure, bravait les glaces et les frimas, et s'accoutumait aux poisons, dont la férocité des princes d'Asie n'avait rendu l'usage que trop fréquent. Il avait épousé Laodice, sa sœur. Pendant un long voyage qu'il fit en Asie, le bruit de sa mort se répandit; Laodice s'abandonna à un amour coupable. Surprise par le retour de son mari, elle lui présenta un breuvage empoisonné qui manqua son effet, et le roi la fit périr avec tous ses complices. Mithridate ne tarda pas à exécuter les projets de son ambition; il envahit la Paphlagonie, la Bithynie, fit assassiner son beau-frère Ariarathe, roi de Cappadoce, et s'empara de ses états. Les Romains, jaloux de son agrandissement, l'attaquèrent; mais il les battit, les chassa de la Phrygie, de la Carie, de la Lycie, et par ses exploits excita l'enthousiasme de tous les peuples d'Asie, qui l'appelaient leur père, leur libérateur et leur dieu. Il fit charger de chaînes le proconsul Oppius, et traîna après lui un autre général romain, qu'il fit monter sur un âne pour l'exposer aux insultes de la populace. Après avoir fait battre de verges et torturer cet infortuné, on lui coula de l'or fondu dans la bouche, pour se venger, par cette exécrable cruauté, de l'avarice des Romains qui dévoraient tous les trésors de l'Asie.

Mithridate, prévoyant le ressentiment implacable de Rome, ne mit plus de bornes à ses offenses et à ses fureurs; il ordonna à toutes les villes de sa dépendance en Asie de massacrer tous les Romains qui s'y trouveraient. Cet ordre barbare fut exécuté ponctuellement, et dans ce jour fatal cent cinquante mille Romains perdirent la vie. Quelques historiens réduisent ce nombre à quatre-vingt mille.

Sylla et Fimbria s'avancèrent bientôt à la tête des armées romaines, et vengèrent ce massacre par d'horribles représailles. Jamais on ne vit de guerre plus cruelle, excitée par des passions plus terribles, et conduite par des hommes plus violents.

Mithridate, d'abord battu, eut à son tour des succès que favorisait la division qui existait entre les généraux ennemis. Fimbria, jaloux de Sylla, fut enfin obligé de céder au génie de son rival, et se donna la mort. L'heureux Sylla reprit ses avantages;

le roi de Pont perdit sa flotte et une armée de cent dix mille hommes, que commandait Taxile. Mithridate fut obligé de demander la paix à Sylla, de sacrifier ses conquêtes, et de se voir de nouveau entouré de ces Romains qu'il détestait. Une telle paix ne pouvait être qu'une trève. Mithridate reprit bientôt les armes, et s'empara de la Colchide. Lucullus, envoyé contre lui, commença la guerre par une victoire. Les provinces d'Asie furent de nouveau dévastées; les villes de Cyzyque, d'Amysie, d'Héraclée, périrent dans les flammes. Le fameux Marius offrit ses secours au roi de Pont, qui vit ainsi des aigles romaines marcher avec ses enseignes.

Après plusieurs succès balancés, toute l'armée de Mithridate, saisie d'une terreur panique, se mit en déroute, et l'obligea de fuir. Lucullus le poursuivit vivement : pour arrêter sa marche, le roi sema sur les chemins ses meubles et ses trésors. Un mulet chargé d'or et d'argent arrêta les Romains et donna le temps à Mithridate de se dérober à la poursuite de ses ennemis. Ses femmes, ses sœurs et ses concubines étaient enfermées dans la ville de Pharnacie; il chargea un eunuque de les faire mourir. La célèbre Monime, qu'il avait forcée à l'épouser, voulut s'étrangler avec son bandeau royal, afin, disait-elle, qu'il fût au moins une fois utile à son bonheur.

Mithridate, vaincu, s'était retiré en Arménie, chez Tigrane, son gendre; il en sortit bientôt pour tenter encore la fortune des armes. Pompée commandait les Romains : il défit le roi de Pont dans deux batailles, le chassa de ses états, et s'empara de ses trésors et de ses papiers. Stratonice, une des femmes de Mithridate, voulant sauver la vie de son fils Xipharès, livra aux Romains la ville de Symphorie et les richesses qu'elle renfermait.

On n'entendait plus parler de Mithridate; on ignorait son sort. Pendant l'espace de deux années, on ne put savoir s'il avait succombé à ses malheurs, ou s'il voyait encore le jour. Ce prince, caché dans le Scythie, sur les rives du Don, loin d'être abattu par ses revers, ne songeait qu'à se venger, et méditait, au fond des marais d'Azof, l'invasion de l'Italie et la destruction de Rome. Il cherchait à soulever l'univers entier contre les Romains. Les Scythes lui donnèrent des troupes; les Parthes embrassèrent sa cause; il fit une alliance avec les Gaulois. Son projet était de traverser la Scythie, la Pannonie, d'entrer dans les Gaules, de franchir les Alpes, et de renouveler en Italie la terreur qu'y répandit autrefois Annibal.

Ce plan, quoique gigantesque, pouvait réussir, précisément parce qu'il était aussi imprévu que hardi; mais la perfidie fit échouer cette grande entreprise. Au moment où Mithridate, qu'on croyait mort, reparut dans ses états à la tête d'une armée menaçante, des traîtres livrèrent aux Romains ses forteresses et plusieurs personnes de sa famille. Pharnace, le plus aimé de ses fils, révolta son armée contre lui, en effrayant les soldats sur les dangers et les fatigues d'une si longue expédition. Mithridate ignorait cette lâche trahison. Il apprend tout à coup dans son palais que son camp est soulevé; il sort pour apaiser la sédition. On lance de toutes parts mille traits sur lui : son cheval est tué; il se sauve avec peine dans la ville dont il ordonne de fermer les portes. Monté sur le rempart, il appelle Pharnace et fait encore une tentative pour réveiller dans le cœur de ce perfide les sentiments de la nature et du devoir. Le traître est insensible à ses prières et à ses reproches. Alors Mithridate, après l'avoir accablé de malédictions, ordonne à ses sujets de se soumettre aux arrêts du sort. « Pour » moi, dit-il, incapable de vivre dans la honte, je » saurai bien me soustraire à la trahison. » Il entre aussitôt dans son palais, prend une coupe de poison, la vide, et l'ayant remplie de nouveau, la donne à ses deux filles, dont l'une devait épouser le roi de Chypre et l'autre le roi d'Égypte. Elles tombèrent bientôt dans le sommeil de la mort, ainsi que ses femmes qui subirent le même sort.

Mithridate seul, trop aguerri contre le poison, n'en éprouva aucun effet. Il eut enfin recours à son épée, et termina ainsi une vie trop célèbre et un règne de soixante-six ans.

Dès que Pompée eut appris par Pharnace la mort de ce redoutable ennemi, il rendit le plus grand hommage à sa mémoire par la joie immodérée à laquelle il s'abandonna, ainsi que toute l'armée romaine. Cicéron, alors consul, ordonna douze jours de fête pour célébrer cet événement.

Les tribuns du peuple firent rendre un décret qui autorisait Pompée à porter aux jeux du cirque une couronne de laurier, une robe triomphale, et une robe de pourpre aux spectacles ordinaires.

La république n'était pas loin de sa chute, puisque les Romains oubliaient assez leurs vertus pour s'enorgueillir du succès d'une trahison, comme leurs aïeux l'auraient fait d'une victoire.

Le lâche Pharnace fit embaumer, habiller et armer le corps de son père, et le livra ensuite aux Romains. Pompée, saisi d'horreur à ce spectacle, détourna la vue; et, revenant à des sentiments dignes de lui : « La haine des Romains contre Mi-
» thridate, » dit-il, « doit cesser avec la vie de ce
» grand roi. »

Il ordonna qu'on lui fît des obsèques magnifiques, et qu'on le plaçât dans le tombeau de ses ancêtres. Mithridate possédait d'immenses trésors : on vit briller au triomphe de Pompée deux mille coupes d'agate, un grand nombre de selles et de brides enrichies de diamants, des vases et des tables d'or massif, des statues de Minerve, d'Apollon et de Mars, faites du même métal; une statue du roi, de huit coudées, entièrement d'or massif, le trône, le sceptre des rois de Pont, et un lit magnifique qui avait appartenu à Darius, fils d'Hystaspe. On y remarquait un trictrac fait de pierres précieuses et beaucoup de vases magnifiques. Toutes ces richesses avaient passé tour à tour, par l'inconstance de la fortune, d'Égypte eu Perse, en Grèce et en Syrie, et venaient s'entasser dans les murs de Rome pour devenir un jour la proie des Barbares.

Pharnace, aussi lâche que perfide, ne voulut prendre le titre de roi qu'après en avoir reçu la permission des Romains. Sa bassesse ne lui attira que du mépris, et il ne reçut de ses protecteurs, sous le nom de royaume du Bosphore, qu'une faible portion des états de son père.

Lorsque la république romaine se vit déchirée par une guerre civile, Pharnace crut le moment favorable pour reprendre l'Arménie et la Cappadoce. César apprit cette nouvelle en Égypte; il vint attaquer Pharnace, qui, ne pouvant prévoir une semblable rapidité, n'opposa presque aucune résistance, et se retira dans une citadelle où il fut forcé de capituler. S'étant réfugié chez les Scythes, il y rassembla quelques troupes, et marcha contre Arandre, que les Romains avaient placé sur son trône ; mais il fut vaincu et tué dans un combat. Depuis sa mort, le royaume de Pont, démembré, changea sans cesse de nom, de limites et de princes. Sous le règne de Caligula, l'histoire parle de Polémon, roi du Bosphore, qui embrassa la religion juive pour épouser Bérénice, fille d'Agrippa. Vespasien réduisit le Pont en province romaine. Après les croisades, les princes de la maison de Comnène y établirent l'empire de Trébisonde, qui fut depuis renversé par Mahomet II.

PARTHES.

Leur origine et leur position. — Règnes successifs de divers princes. — Arsace. — Tiridate ou Arsace II. — Priapatius. — Phraate. — Mithridate. — Phraate son fils. — Mithridate II. — Règne d'un autre Phraate. — Règne de son fils Orode. — Guerre avec le consul Crassus. — Pillage du temple de Jérusalem par Crassus. — Marche de l'armée de Crassus. — Marche de celle d'Orode. — Leur bataille. — Mort du fils de Crassus. — Défaite de Crassus. — Sa mort. — Défaite des Parthes. — Mort de Pacore, fils d'Orode. — Règne d'un autre Phraate. — Ses crimes. — Sa chute du trône. — Sa mort. — Règne d'Orode II. — Règne d'Artabane. — Sa mort. — Ses successeurs. — Règne d'Artabane IV. — Sa bataille avec les Romains. — Sa défaite par les Perses. — Sa mort.

L'empire des Parthes, faible dans son origine, devint un des plus grands et des plus célèbres de l'Orient; mais le plus beau titre de gloire des Parthes est d'avoir été l'écueil des armes romaines.

Ils occupèrent d'abord le pays situé entre l'Indus, le Tigre, la mer Rouge et le mont Caucase. Plusieurs auteurs les font venir de Scythie, d'où ils avaient été chassés, et prétendent le prouver par leur nom même de Parthes, qui veut dire *exilés*. Cet empire dura deux cent cinquante-quatre ans avant Jésus-Christ et deux cent vingt ans après.

Ce fut sous le règne d'Antiochus que les Parthes se rendirent indépendants. Plusieurs provinces de l'Orient s'étaient soulevées dans l'absence du roi de Syrie, qui faisait la guerre en Égypte. Agathoclès, gouverneur du pays des Parthes, avait commis quelques violences contre un jeune homme nommé Tiridate. Arsace, son frère, dont le courage fit oublier l'obscure naissance, réunit quelques-uns de ses amis, attaqua le gouverneur et le tua[1].

Le succès d'un coup hardi donne toujours beaucoup de partisans. Des mécontents se rassemblèrent sous la conduite d'Arsace, qui profita de la négligence d'Antiochus, et parvint à chasser les Macédoniens de la province. Dans le même temps Théodote, encouragé par cet exemple, fit révolter la Bactriane[2].

Arsace jouit paisiblement du trône. Après sa mort Tiridate son frère, qu'on nomme aussi Arsace II, combattit avec succès Séleucus, fils d'Antiochus, et le fit prisonnier.

Antiochus-le-Grand[3] se montra d'abord plus redoutable pour les Parthes. Il leur reprit la Médie dont ils s'étaient emparés, entra dans leur pays, et obligea Arsace de se retirer en Hyrcanie[4]. Arsace

---

[1] An du monde 3754. — Avant Jésus-Christ 250.
[2] An du monde 3768. — Avant Jésus-Christ 236.
[3] An du monde 3792. — Avant Jésus-Christ 212.
[4] An du monde 3798. — Avant Jésus-Christ 206.

en sortit bientôt avec une armée de cent mille hommes, et soutint la guerre avec tant de vigueur qu'Antiochus préféra son alliance à son inimitié, conclut un traité avec lui, et le reconnut roi de Parthie et d'Hyrcanie.

Arsace eut pour successeur Priapatius son fils, dont le règne dura quinze ans, et fut paisible, ainsi que celui de Phraate qui occupa le trône après lui. Celui-ci, touché des grandes qualités de Mithridate son frère, le préféra en mourant à ses enfants, et lui laissa la couronne[1].

Mithridate justifia son choix; il étendit le nom, la puissance et la gloire des Parthes. Ses armes conquirent la Perse, la Médie, la Bactriane, la Mésopotamie; il porta ses conquêtes dans l'Inde plus loin qu'Alexandre.

Mithridate fut à la fois habile général et sage législateur : il se faisait craindre par ses ennemis et chérir par ses sujets; la douceur de son caractère égalait son courage. Attaqué par Démétrius Nicanor, il le fit prisonnier; et, loin d'imiter les exemples des rois barbares de son temps, il traita son captif en roi, lui donna l'Hyrcanie pour résidence, et lui fit épouser sa fille Rodogune. Ce sage prince adoptait pour le gouvernement de son empire ce qu'il trouvait de mieux dans la législation des peu-

---

[1] An du monde 3840. — Avant Jésus-Christ 164.

ples que la fortune avait soumis à ses armes[1].

Phraate son fils lui succéda. Anthiochus Sidètes, roi de Syrie, voulant délivrer son frère Démétrius, rassembla une forte armée, attaqua les Parthes, gagna sur eux trois batailles, et fut enfin vaincu et tué dans une quatrième. Phraate voulait profiter de sa victoire et entrer en Syrie; mais une diversion des Scythes l'en empêcha. Obligé de porter ses armes contre eux, il perdit la vie dans une bataille. Il laissa le trône à son oncle Artabane, qui régna peu de temps[2].

Mithridate II, son héritier, mérita par ses actions le nom de Grand. Il vainquit le roi d'Arménie et le força de lui donner son fils Tigrane en otage. Il rendit depuis le trône d'Arménie à ce jeune prince, et se joignit au fameux Mithridate, roi de Pont, pour faire la guerre aux Romains.

Antiochus Eusèbe se réfugia chez lui[3], et dut à sa protection la reprise d'une partie de la Syrie.

Mithridate conclut la paix avec les Romains, et devint leur allié; mais, loin de s'abaisser devant eux, il n'imita que trop leur orgueil; car ayant envoyé Orobaze pour traiter avec Sylla, il le fit mourir à son retour, parce qu'il avait cédé la place d'honneur au général romain[4].

[1] An du monde 3873. — Avant Jésus-Christ 131.
[2] An du monde 3875. — Avant Jésus-Christ 129.
[3] An du monde 3912. — Avant Jésus-Christ 92.
[4] An du monde 3914. — Avant Jésus-Christ 90.

La dernière expédition de Mithridate fut glorieuse : il secourut Philippe assiégé dans la ville de Bercé par son frère Démétrius Euchère. Démétrius fut vaincu et pris ; Mithridate l'emmena dans ses états, et le traita honorablement. Il mourut après avoir régné quarante ans [1].

Mithridate-le-Grand n'avait pas laissé d'enfants. La vacance du trône excita des troubles dans l'empire des Parthes. Tigrane en profita pour reprendre les provinces qu'il avait perdues ; il y ajouta même une partie de la Syrie et de la Phénicie.

Les Parthes élurent dans ce temps pour roi Mnaskirès, et après Sinatroccès, dont on ne connaît que les noms.

Phraate, fils de Sinatroccès, remarquable par son orgueil, prit le nom de dieu. Salluste nous a conservé une lettre qu'il écrivait à Tigrane, avec lequel il s'entendait secrètement, quoiqu'il eût envoyé des ambassadeurs à Lucullus pour traiter avec les Romains.

Lorsque Pompée vint en Asie, il engagea Phraate dans son parti : mais le roi, qui voulait soutenir Tigrane le fils, se brouilla bientôt avec les Romains. Ses enfants, impatients de régner, le tuèrent.

Mithridate, l'aîné de ses enfants, lui succéda ;

---

[1] An du monde 3915. — Avant Jésus-Christ 89.

son frère Orode souleva ses sujets contre lui, et le chassa du royaume. Il fit de vains efforts pour se défendre; assiégé dans Babylone par Orode, il fut obligé de se rendre à son frère, qui le fit égorger, et devint, après ce crime, seul possesseur du trône. Son règne fut troublé par les Romains, qui l'attaquèrent à l'improviste. Le consul Crassus, chargé de maintenir la paix en Asie, commença sans motif cette guerre, dans laquelle il se flattait présomptueusement de surpasser la gloire de Lucullus et de Pompée.

On ne lui avait point ordonné formellement de combattre les Parthes; sa seule vanité le porta à cette entreprise, dont le succès trompa son attente. Les tribuns s'opposèrent en vain à son départ; il méprisa leurs prières, leurs menaces et leurs imprécations. Arrivé dans le port, il ne voulut point attendre un vent favorable pour mettre à la voile, et perdit, par cette imprudence, beaucoup de vaisseaux. Il trouva en Galatie le vieux roi Déjatorus, qui bâtissait une nouvelle ville. Crassus, oubliant qu'il avait lui-même soixante ans, dit au roi des Galates, en le raillant, qu'il attendait les dernières heures du jour pour commencer à bâtir. « Et vous-» même, seigneur, répondit le roi, vous ne com-» mencez pas trop matin à combattre. »

Crassus, aussi avare qu'ambitieux, voulut piller Jérusalem. Il existait dans le trésor une poutre d'or du poids de trois cents mines; elle était cachée dans une poutre de bois. Le prêtre Éléazar fit présent de cette poutre à Crassus pour sauver le reste du trésor; mais le Romain, après l'avoir reçue, n'en emporta pas moins une partie des richesses du temple, pour la valeur de trente millions. Chargé de ces dépouilles, il s'avança sur l'Euphrate, et entra dans le pays des Parthes, où il pénétra sans obstacles. Sylla et Pompée avaient fait un traité d'alliance avec eux; et, comme ils en avaient observé strictement les conditions, ils ne pouvaient s'attendre à une agression si injuste. Crassus parcourut ainsi une grande partie de la Mésopotamie, où il pilla plusieurs villes. Il aurait pu profiter d'une victoire si facile, accélérer sa marche et s'emparer de Séleucie et de Ctésiphon; mais, content de son butin, il laissa de faibles garnisons dans les places conquises, repassa l'Euphrate, et revint en Syrie, où il employa son temps à lever de fortes contributions et à dépouiller les temples de leurs richesses.

Orode lui envoya des ambassadeurs pour lui déclarer que, s'il avait entrepris cette guerre de son chef, il voulait bien lui pardonner, et se borner à chasser de ses états les garnisons romaines; et que si, au mépris des traités, il avait pris les armes par les ordres de la république, cette guerre serait une guerre à mort, et ne se terminerait que par la ruine des Romains ou par celle des Parthes. Le fier Romain répondit qu'il s'expliquerait dans la capitale des Parthes. Alors un des ambassadeurs, nommé Vahisès, lui dit en souriant : « Crassus, tu verras plutôt croître du poil dans le creux de ma main que tu ne verras Séleucie. » Toute conférence fut rompue, et de part et d'autre on se prépara à la guerre.

Orode rassembla deux armées; il marcha avec une en Arménie; Suréna conduisit l'autre en Mésopotamie, et reprit plusieurs villes dont Crassus s'était emparé. Les officiers, échappés de ces villes, effrayèrent les Romains en leur parlant de la force de l'armée des Parthes, de leur adresse à lancer au loin les traits les plus pesants, et de l'agilité de leur nombreuse cavalerie, qui était telle qu'on ne pouvait échapper à sa poursuite, ni l'atteindre quand elle fuyait.

Les chefs des légions, considérant la difficulté de vaincre de pareils ennemis, représentèrent en vain à Crassus qu'on ne devait point les traiter aussi légèrement que les autres peuples efféminés de l'Orient, et qu'il fallait mûrement délibérer avant de s'engager dans une semblable entreprise. Crassus n'écouta que son ambition et marcha. Artabaze, roi d'Arménie, qui lui avait amené des troupes, lui conseillait d'éviter les plaines de la Mésopotamie, et de porter plutôt la guerre sur les frontières montueuses d'Arménie, où la cavalerie des Parthes aurait peu d'avantage.

Crassus dédaigna son avis : il était tombé dans cet aveuglement qui précède et annonce toujours les grands désastres. Lorsqu'il passa l'Euphrate, une horrible tempête éclata et parut à l'armée un sinistre présage. Cette armée, la plus forte que les Romains eussent jamais rassemblée, montait à plus de quarante mille hommes. Cassius (qui depuis tua César) conseillait au général de côtoyer l'Euphrate, afin d'éviter d'être entouré; mais Crassus, trompé par un Arabe, nommé Ariamme, émissaire adroit de Suréna, crut que le meilleur parti à prendre était d'épouvanter les Parthes par une marche droite et rapide. Le perfide Arabe le conduisit d'abord par des chemins faciles, et parvint à l'engager dans une plaine immense, sablonneuse, aride, où l'on ne pouvait espérer ni repos ni rafraîchissements.

Au moment où l'armée s'épuisait de fatigue au milieu de sables brûlants, Crassus reçut des lettres d'Artabaze, attaqué en Arménie par Orode, et qui le priait de venir à son secours. Irrité de cette demande, il la prit pour un artifice, et lui répondit qu'après avoir vaincu les Parthes, il irait le punir de sa trahison. L'adroit Arabe persuadait toujours à Crassus que les Parthes effrayés ne songeaient qu'à fuir; mais, lorsqu'il l'eut mené aussi loin qu'il le souhaitait, il s'échappa et alla rendre compte à Suréna du succès de sa mission.

Bientôt les Romains, accablés de lassitude et de besoin, découvrirent l'armée innombrable des Parthes qui s'avançait avec fierté pour les attaquer. Crassus voulut d'abord étendre sa ligne pour ôter à l'ennemi l'espoir de l'envelopper; mais, s'apercevant que l'immense cavalerie des Parthes le débordait, il resserra son infanterie en bataillons carrés que flanqua sa cavalerie. Les officiers voulaient qu'on se reposât avant de combattre; mais Crassus, n'écoutant que son ardeur et celle de son fils, ordonna la charge. Alors la plaine retentit des cris affreux des Parthes qui, découvrant leurs armes cachées sous des peaux de tigre, éblouirent les Romains par l'éclat de leurs casques et de leurs cuirasses.

Bientôt l'armée romaine fut enveloppée de tous côtés; la cavalerie, harcelée de traits, fatiguée de plusieurs charges inutiles que les Parthes évitaient par une fuite rapide, se retira pour se mettre sous la protection de l'infanterie. Les légions romaines, pressées de tous côtés, voyaient avec rage l'inutilité de leur vaillance. Si les soldats restaient dans leurs rangs, ils tombaient sous les traits pesants des Parthes; s'ils voulaient joindre l'ennemi, ils faisaient de vains efforts pour l'atteindre, et le Parthe, en fuyant, leur lançait des flèches acérées. On espéra quelque temps que ces traits s'épuiseraient, et qu'enfin on combattrait avec la pique et le glaive; mais un grand nombre de chars et de chameaux apportaient sans cesse aux Parthes une nouvelle provision de dards. Le jeune Crassus, à la tête d'une troupe d'élite, se précipita de nouveau sur les ennemis, et, trompé par leur fuite, crut un moment à la victoire : mais il fut entouré, privé de tout espoir de retraite, accablé par le nombre et tué. Les vainqueurs portèrent sa tête sous les yeux de son père : cet horrible spectacle jeta la consternation dans l'armée romaine. Crassus, loin d'être abattu, ranima le courage des Romains, en leur représentant que Lucullus et Scipion n'avaient point vaincu Tigrane et Antiochus sans éprouver de grandes pertes, et qu'on n'achetait la victoire que par le sang. On combattit encore toute la journée avec le courage du désespoir; la perte des Romains fut énorme. Le lendemain on voulut prendre les ordres de Crassus; mais il restait dans un morne silence. Octavius et Cassius, le voyant sourd à leurs consolations et à leurs remontrances, ordonnèrent la retraite; l'embarras que causait le transport des blessés retarda leur marche. Les Parthes ne voulurent pas les poursuivre de nuit; ils entrèrent seulement dans le camp, et égorgèrent quatre mille hommes qui y étaient restés. Leur cavalerie prit beaucoup de fuyards. Crassus était cependant arrivé dans la ville de Carres.

Suréna, qui voulait le prendre, lui fit faire des propositions de paix, promettant qu'il lui laisserait la liberté de se retirer, s'il lui cédait la Mésopotamie. Par cette ruse, Suréna gagna du temps, et son armée campa près de la ville. Alors, changeant de ton, il demanda qu'on lui livrât Cassius et Crassus. Les Romains, indignés, refusèrent de consentir à cette bassesse, et conseillèrent à leurs généraux de prendre la fuite. Andromaque, habitant de la ville, se chargea d'être le guide de Crassus et de Cassius. Le traître les engagea dans les marais qui les forçaient à revenir sans cesse sur leurs pas. Octavius, conduit par de meilleurs guides, s'était sauvé sur une montagne avec cinq mille hommes.

Cassius, découvrant la trahison, revint à Carres, franchit une montagne, et parvint à se réfugier en Syrie, suivi de cinq cents chevaux. Crassus, resté dans le marais avec quatre cohortes et ses licteurs, gagna péniblement une petite hauteur peu distante de la montagne où s'était retiré Octavius. Les Parthes vinrent l'attaquer. Octavius et ses troupes, voyant le danger de leur général, se reprochèrent leur lâcheté, et descendirent pour le défendre. Les Parthes, fatigués du combat, commençaient à se ralentir. Suréna employa alors l'artifice; il relâcha quelques prisonniers qui publièrent qu'on voulait la paix. Suréna, tendant la main à Crassus, l'invita à venir traiter avec lui : mais le Romain, connaissant la fourberie du Parthe, n'y voulait pas consen tir; alors ses soldats éclatèrent en injures, lui reprochèrent de les exposer à mourir pour lui, dans la crainte de s'aboucher avec l'ennemi.

Crassus opposa vainement les plus vives prières à ces reproches; il fut contraint de céder, et partit en conjurant ses officiers de dire à Rome qu'il avait péri, trompé par l'ennemi, mais non trahi par ses concitoyens. Octavius et Pétronius l'accompagnèrent. Dès que Suréna le vit avancer, il s'étonna de le voir à pied et commanda qu'on lui amenât un cheval. « Chacun, dit Crassus, suit les usages de son » pays : ce n'est point un hommage que je vous rends; » les consuls romains marchent à pied à la tête de » leur infanterie. » « Eh bien! répliqua Suréna, vous » pouvez regarder le traité comme fait entre Orode » et la république; mais il faut en venir signer les » articles sur les bords de l'Euphrate; car, vous » autres Romains, vous oubliez souvent vos pro» messes. »

Les écuyers du roi prirent Crassus, et le placèrent malgré lui à cheval. Dès qu'il y fut monté, on frappa le coursier pour accélérer sa marche. Octavius, Pétronius et plusieurs officiers voulurent l'arrêter; ce mouvement excita un tumulte et on en vint aux coups. Octavius, ayant percé un de ces Barbares, fut renversé mort par eux; un Parthe plongea son glaive dans le sein de Crassus. Les Parthes s'avancèrent contre les Romains, et leur proposèrent de se rendre : les uns y consentirent, les autres prirent la fuite; ils furent presque tous atteints et passés au fil de l'épée par les Parthes et par les Arabes. Depuis la bataille de Cannes, les Romains n'avaient pas éprouvé une semblable défaite. Vingt mille hommes y périrent, dix mille furent faits prisonniers; le reste se sauva en Arménie, en Cilicie et en Syrie. Cassius en forma une armée qui défendit ces provinces contre le vainqueur [1].

La défaite des Romains avait été prévue par le roi d'Arménie; il fit la paix avec Orode, et maria une de ses filles à Pacore, fils du roi des Parthes. Comme ils étaient au festin des noces, on leur apporta pour trophée la tête et la main de Crassus. On prétend qu'Orode fit verser de l'or fondu dans la bouche de l'infortuné Romain pour insulter à son avarice.

Suréna ne jouit pas long-temps de sa gloire : il est dangereux de tenir une épée qui brille plus que le sceptre. Orode en devint jaloux et le fit mourir. L'ingratitude de ce monarque est inexcusable; mais Suréna, trop fier de ses exploits, montrait une ambition, étalait un faste, qui pouvait donner de l'ombrage au trône : il voyageait avec mille chameaux pour porter son bagage; deux cents

[1] An du monde 3952. — Avant Jésus-Christ 52.

chariots conduisaient ses femmes, et il se faisait accompagner de dix mille esclaves armés et de mille cavaliers qui composaient sa garde.

Les Parthes, après leur victoire, comptaient trouver la Syrie sans défense; ils y pénétrèrent : Cassius les battit et les força de repasser l'Euphrate.

L'année suivante Pacore, fils d'Orode, rassembla une nombreuse armée, entra en Syrie et fit le siége d'Antioche, où Cassius s'était enfermé. Cicéron, général des Romains en Cilicie, marcha à son secours et mit en fuite un corps de cavalerie parthe. Pacore, effrayé par ce succès, se retira. Cassius le poursuivit, le défit entièrement; et tua Arsace qui commandait l'armée sous les ordres du prince.

Cicéron, profitant de ses succès, subjugua toute la Cilicie et délivra ce pays des montagnards armés qui jusque-là n'avaient reconnu aucune domination.

Peu de temps après, la guerre civile déchira la république romaine et empêcha Cicéron de jouir des honneurs du triomphe. Les Parthes se déclarèrent alternativement pour César et pour Pompée : profitant des troubles qui divisaient les Romains, ils firent plusieurs irruptions en Syrie et en Palestine. César, vainqueur de son rival et nommé dictateur, voulait ajouter à sa gloire l'honneur de vaincre le seul peuple dont la vaillance avait triomphé de la puissance romaine et mis une borne insurmontable à ses conquêtes. Il allait partir pour combattre les Parthes, lorsqu'il fut tué au milieu du sénat par Cassius et par Brutus. Octave, Antoine et Lépide formèrent un triumvirat pour venger sa mort : ils défirent, tuèrent ses meurtriers, et se partagèrent l'empire du monde. Antoine, chargé de commander en Orient, donna l'ordre à Ventidius, son lieutenant, d'attaquer les Parthes. Cet habile général remporta sur eux deux victoires et les chassa au-delà de l'Euphrate. Apprenant ensuite qu'ils rassemblaient toutes leurs forces contre lui, il employa pour les vaincre un stratagème adroit. Un prince arabe était venu près de lui comme allié, mais dans l'intention de le trahir en faveur des Parthes. Ventidius feignit d'avoir en lui toute confiance ; il parut craindre que les Parthes, au lieu de passer la rivière à Zeugma près des montagnes, ne s'avisassent d'effectuer leur passage beaucoup plus bas dans un lieu où ils ne trouveraient que des plaines très-avantageuses à la cavalerie. Les Parthes, instruits de cet entretien par leur émissaire, ne manquèrent pas de prendre cette direction qui exigeait de grands détours, et qui leur fit perdre quarante jours, pendant lesquels Ventidius eut le temps de faire venir de Judée des légions qui renforcèrent son armée. Le général romain campait sur une hauteur, dans une forte position. Les Parthes vinrent l'y attaquer. Le combat fut long; les Romains remportèrent la victoire. Pacore périt dans le combat; sa mort mit l'armée en déroute. Les fuyards voulaient regagner le pont de l'Euphrate, les Romains les prévinrent et les taillèrent tous en pièces. Cette célèbre bataille eut lieu précisément le même jour où, quatorze ans auparavant, Crassus avait été vaincu[1]. Le roi Orode fut tellement consterné de ce désastre et de la mort de son fils Pacore, qu'il en perdit presque la raison, et resta plusieurs jours sans prendre aucune nourriture; le nom seul de Pacore sortait de sa bouche.

Ce prince infortuné avait trente fils de différentes femmes, qui tous prétendaient au trône. Après avoir été long-temps obsédé par leurs intrigues et par celles de leurs mères, il choisit pour son successeur Phraate, l'aîné de ses enfants, qui malheureusement était le plus vicieux et le plus cruel d'eux tous.

Lorsqu'il fut assuré du trône, il commença par tuer ceux de ses frères nés d'une fille d'Antiochus, roi de Syrie, parce qu'il craignait que ce monarque n'appuyât leurs prétentions. Orode lui ayant montré son horreur de ce crime, ce fils dénaturé le poignarda; il immola ensuite ses autres frères, et

---

[1] An du monde 3967. — Avant Jésus-Christ 37.

n'épargna pas même son propre fils, dans la crainte que le peuple ne se soulevât pour le faire régner à sa place.

Phraate était un monstre; mais il avait des talents militaires qui aveuglèrent peut-être son père et décidèrent son choix. Antoine, jaloux de la gloire de son lieutenant, et voulant au moins la partager, envoya Ventidius triompher à Rome, et lui-même marcha contre les Parthes, dans l'espoir qu'épouvantés par leur dernière défaite ils lui opposeraient peu de résistance. Trompé par de perfides conseils, il s'engagea imprudemment dans le pays des Parthes. Phraate l'enveloppa, le battit, et peu s'en fallut qu'il n'éprouvât le même sort que Crassus. Il se vit forcé à une retraite longue et difficile, qui prouva son courage, mais qui lui coûta la plus grande partie de son armée.

Phraate aurait pu tirer de grands avantages de sa victoire; une conspiration des principaux personnages de sa cour l'en empêcha. Ils le chassèrent du trône, et élurent pour roi l'un d'entre eux nommé Tiridate.

Phraate, ayant rassemblé quelques troupes, renversa son rival; et, pour affermir sa puissance, il acheta la protection d'Auguste en lui restituant les aigles romaines conquises sur Crassus. Ce qui peut faire juger de la puissance des Parthes et de la crainte qu'ils inspiraient, c'est que cette restitution des aigles romaines fut célébrée à Rome comme aurait pu l'être la plus grande victoire.

Tiridate trouva un asile à la cour d'Auguste. Phraate y envoya quatre de ses enfants par le conseil de sa femme Thermuse, qui les éloignait pour assurer le trône à son fils. Dès qu'elle eut réussi dans ce projet, elle empoisonna son époux. Les Parthes découvrirent ce crime, la tuèrent et chassèrent son fils.

Ils mirent à sa place Orode II, de la race des Arsacides; mais bientôt, las de sa tyrannie, ils le massacrèrent dans un festin, et demandèrent à Auguste un des enfants de Phraate. L'empereur leur envoya Vonone. Ce prince avait pris l'habillement, les mœurs et le langage des Romains; il déplut à ses sujets, qui déclarèrent qu'ils ne voulaient pas obéir à un esclave de Rome. Les mécontents offrirent le trône à Artabane, roi de Médie, de la race d'Arsace.

Vonone avait un parti : on en vint aux mains; Artabane fut vainqueur. Vonone implora vainement le secours des Romains; il erra quelque temps en Arménie et en Syrie, et finit par être assassiné en Cilicie.

Artabane ne jouit point paisiblement du trône; on lui opposa un autre enfant de Phraate qui vint de Rome pour le combattre. Le nouveau prétendant mourut; mais Pharasmane, roi d'Arménie, son protecteur, battit Artabane et le chassa de Parthie et de Médie.

Les Romains replacèrent sur le trône Tiridate, ancien rival de Phraate. Cependant Artabane trouva le moyen de reprendre le sceptre : il fut encore dépossédé, et se rétablit enfin solidement sur le trône.

Ses longs malheurs avaient changé son caractère. Il se fit aimer par sa modération, par son équité. La fin de son règne fut tranquille, et sa mort excita de sincères regrets. Deux de ses enfants, Gotarse et Bardane, se disputaient le trône : menacés tous deux par une conspiration, ils se réconcilièrent, et Gotarse céda la couronne à son frère.

Le commencement du règne de Bardane fut glorieux. Il remporta plusieurs victoires ; mais son orgueil excita la haine des grands de sa cour, qui le tuèrent. Gotarse, son frère, lui succéda. Claude, empereur des Romains, lui opposa Méherdate, prince Arsacide, qui fut vaincu et pris. Gotarse, par mépris pour les Romains, lui fit couper les oreilles.

Vologèse, son successeur, aussi habile guerrier que Bardane, battit les Romains et donna l'Arménie et la Syrie à deux de ses frères, Tiridate et Pacore. Néron, empereur de Rome, avait chargé Corbulon de combattre les Parthes. Tiridate perdit d'abord l'Arménie ; mais Vologèse et Corbulon, qui s'estimaient assez tous deux pour craindre mutuellement d'en venir à une affaire décisive, conclurent la paix, et Vologèse eut l'avantage réel de conserver à son frère Tiridate le royaume d'Arménie, en accordant à Néron le vain honneur de le couronner à Rome.

L'union entre les deux empires dura jusqu'au règne de Cosroès, troisième successeur de Vologèse. L'Arménie devint encore le sujet de la guerre. Trajan nomma Parthanaspate à la place de Cosroès. L'empereur traversa le pays des Parthes comme un torrent dont rien ne peut arrêter le ravage. Cosroès temporisa, se retirant toujours devant les Romains, qui firent de grandes pertes dans cette expédition sans en retirer d'avantages réels. Dès que Trajan fut sorti du pays des Parthes, Cosroès remonta sur le trône et renversa le fantôme de roi que Trajan y avait placé. Vologèse II, son fils, hérita de son sceptre. Les armes romaines l'obligèrent à faire le sacrifice de quelques provinces. Vologèse III, qui lui succéda, voulut réparer ses pertes; l'empereur Sévère le battit et enleva ses trésors, ses femmes et ses enfants.

Tous les successeurs de Trajan faisaient consister leur gloire à triompher des Parthes; mais les armées romaines n'étaient pas assez fortes pour conserver des conquêtes si étendues, et les Parthes, trop belliqueux pour s'accoutumer au joug, le secouaient dès que les Romains se retiraient.

Caracalla forma le projet de triompher sans péril de cette indomptable nation. Artabane IV avait succédé à Vologèse, son frère. Caracalla lui fit demander sa fille en mariage. Les ambassadeurs romains annoncèrent que l'empereur partait pour venir célébrer ses noces à la cour du roi des Parthes. Artabane vint au devant de lui avec les grands de sa cour et une nombreuse suite sans armes. Caracalla, à la tête de sa garde, tomba sur eux à l'improviste, en tua un grand nombre et se retira chargé d'un honteux butin. Il se fit décerner par le sénat, pour cette lâche action, le surnom de Parthique.

Artabane, échappé à ce danger par une espèce de miracle, jura une haine irréconciliable à l'empereur ; la nation entière partagea son ressentiment. Les Romains et les Parthes rassemblèrent toutes leurs forces et se livrèrent une grande bataille : l'action avait duré deux jours, la fortune restait encore indécise. Quarante mille morts couvraient le champ de bataille : la nuit seule avait suspendu les efforts des combattants, qui se reposaient appuyés sur leurs armes. Une envoyé romain vint prier Artabane de faire cesser un si long carnage. Il répondit : « Nous ne faisons que commencer ; je suis déter» miné à périr avec le dernier Parthe ou à tuer le » dernier Romain. »

L'aurore du troisième jour paraissait; le roi faisait sonner la charge, lorsqu'un général romain lui fit dire que Caracalla venait d'être assassiné, et que le châtiment du traître devait mettre fin à toute dissension entre les deux peuples. Le roi des Parthes, satisfait, consentit à traiter et conclut une paix avantageuse.

Jamais les Parthes n'avaient acquis plus de gloire; mais cette bataille meurtrière fit à leur empire une blessure profonde et incurable; les plus braves guerriers de la nation avaient péri. Les Perses, conquis par les Macédoniens, vivaient depuis cinq cents ans sous la domination des Parthes; ils profitèrent de leur affaiblissement pour reprendre leur indépendance. Après plusieurs batailles sanglantes, les Perses remportèrent une victoire décisive. Artabane fut tué; son armée se dispersa, et les Parthes, sans chefs, s'incorporèrent au peuple victorieux.

Ainsi finit l'existence de cette nation, qui avait ébranlé le colosse romain. Les Parthes passaient avec raison pour les meilleurs cavaliers et les plus habiles archers de la terre. Dès leur plus tendre enfance ils s'exerçaient à manier les armes; depuis l'âge de vingt ans jusqu'à cinquante on les assujettissait au service militaire. Les grands, toujours à cheval et armés, même en temps de paix, ne connaissaient d'autre science que celle de la guerre.

Les Parthes négligeaient l'agriculture et n'avaient ni navigation ni commerce. Une félicité éternelle attendait dans les cieux le guerrier qui périssait dans un combat. La polygamie était d'usage chez les Parthes; on permettait le mariage entre frères et sœurs. Ils suivaient la religion des anciens Perses et adoraient le soleil sous le nom de Mithra. Leur parole était sacrée : ils regardaient comme un infâme celui qui la violait. Rien n'égalait l'orgueil des rois qui commandaient à ces peuples belliqueux. Arsace, s'adressant à un empereur romain, écrivait ainsi : *Arsace, roi des rois, à Flavius Vespasien.* L'empereur répondit modestement : *Flavius Vespasien à Arsace, roi des rois.*

CAPPADOCE.

Sa description. — Pharnace, premier roi. — Ses successeurs. — Règne d'Archélaüs. — Son emprisonnement. — Sa mort. — La Cappadoce devenue province romaine.

Cette contrée, actuellement couverte de ruines, contenait autrefois beaucoup de villes et une population assez nombreuse. Césarée, sa capitale, subsiste encore, et le commerce y répand quelque activité. Ce pays est situé entre le Pont, l'Arménie, la Galatie et l'Euphrate. La religion des Cappadociens était celle des Grecs. On y trouvait un temple magnifique dédié à Bellone : le grand-prêtre de ce temple, choisi dans la famille royale, prêtait serment dans le temple de Diane. Le culte des Perses se mêla dans ce pays avec celui des Grecs, et ce mélange finit par amener une indifférence telle pour les différents dogmes, qu'au temps de la conquête des Romains les Cappadociens passaient pour des hommes sans religion et sans mœurs. Les chevaux de cette contrée ont toujours été dans l'Orient l'objet d'un commerce considérable. On y trouvait autrefois beaucoup d'alun, d'argent, de cuivre, de fer, d'albâtre, de cristal et de jaspe.

Le premier roi de Cappadoce se nommait Pharnace[1]. Il avait sauvé la vie à Cyrus qu'un lion voulait dévorer. Ce monarque lui donna la Cappadoce pour récompense. L'empire des Perses était si puissant, que les rois de Cappadoce ne furent longtemps que des gouverneurs décorés d'une couronne.

Après la mort d'Alexandre un roi de Cappadoce, Ariarathe II, voulut se rendre indépendant. Perdiccas le vainquit dans une bataille; et le fit mettre en croix avec tous les princes de son sang. Un enfant seul, échappé à ce massacre, monta sur le trône. Ce roi, qu'on nommait Ariarme II, devint puissant, non par les armes, mais par ses vertus qui le rendirent l'idole de ses sujets et l'arbitre de ses voisins. Les rois ses successeurs se mirent sous la protection des Romains : c'était seulement changer de joug et prendre des maîtres plus éloignés.

Ariarathe VI reçut du sénat une chaîne d'ivoire. L'orgueil romain était parvenu à faire de ce signe de servitude une marque d'honneur que les rois se glorifiaient de porter. Ariarathe fut tué en combattant pour les Romains[2]. Il laissa six enfants sous la

---

[1] An du monde 3644. — Avant Jésus-Christ 360.
[2] An du monde 3875. — Avant Jésus-Christ 129.

tutelle de Laodice leur mère. Cette femme cruelle, pour conserver l'autorité, faisait successivement périr ses fils lorsqu'ils approchaient de la majorité. On découvrit enfin ses crimes, et elle fut assassinée. Ariarathe VII, échappé à son poignard, périt bientôt après par la perfidie de Mithridate, son beau-frère, qui le fit empoisonner.

Ariarathe VIII [1], qui voulait éviter le sort funeste de son frère, leva une grande armée pour combattre son assassin; mais, au moment où il allait livrer bataille, Mithridate, l'ayant engagé à conférer avec lui, le poignarda. Depuis ce moment, la Cappadoce, théâtre continuel de révolutions sanglantes, fut attaquée, tantôt par Mithridate, tantôt par Tigrane, et vit successivement sur son trône un fils de Mithridate, un frère du dernier roi, et Nicomède, roi de Bithynie, qui s'était rendu le maître du pays. Ce prince gouvernait sous le nom d'un faux Ariarathe qu'il avait opposé au fils de Mithridate. Ce roi perfide espérait faire passer aussi son propre fils pour un enfant du malheureux Ariarathe qu'il avait tué. Tous ces prétendants imploraient la protection de Rome pour légitimer leurs droits.

Le sénat, indigné de tant de fourberies, ordonna que la Cappadoce fût libre et républicaine; mais les

---

[1] An du monde 3913. — Avant Jésus-Christ 91.

Cappadociens, préférant le gouvernement monarchique, choisirent pour roi Ariobarzane[1], qui fut bientôt chassé du trône par le fils de Mithridate et rétabli par Sylla. Tigrane le renversa de nouveau et le força de se réfugier à Rome. Enfin le grand Pompée lui rendit son royaume, qu'il augmenta de plusieurs provinces. Il acheva paisiblement son règne. Son fils Ariobarzane II eut un sort moins heureux; une conspiration de ses sujets termina promptement sa vie[2]. Ariobarzane III occupait le trône de son père lorsque Cicéron vint en Cilicie. Le consul avait ordre de protéger ce roi comme un ami fidèle du peuple romain : il remplit avec succès sa mission, et sauva ce prince d'une conjuration tramée par le grand-prêtre de Bellone pour donner le trône à Ariarathe, frère d'Ariobarzane. Ce pontife avait un parti très-puissant dans Comane, ville principale de la Cappadoce. La crainte du courroux des Romains décida les conjurés à renoncer à leurs projets. Lorsque Pompée marcha pour combattre à Pharsale, Ariobarzane lui amena des secours. César, vainqueur, se vengea en levant de fortes contributions sur la Cappadoce, qui fut en même temps pillée par Pharnace[3]. César, ayant vaincu Pharnace, se réconcilia avec Ariobarzane et lui

---

[1] An du monde 3915. — Avant Jésus-Christ 89.
[2] An du monde 3953. — Avant Jésus-Christ 51.
[3] An du monde 3962. — Avant Jésus-Christ 42.

donna une partie de la Cilicie et de l'Arménie. Le roi, reconnaissant, refusa, après la mort de César, de prendre parti pour ses meurtriers. Cassius, irrité, l'attaqua, le prit et le fit mourir.

Ariarathe X, son frère, lui succéda. Archélaüs était alors grand-prêtre de Bellone, à Comane; il descendait du fameux Archélaüs qui avait commandé les armées de Mithridate contre Sylla, et avait ensuite trahi son roi pour embrasser le parti des Romains. Depuis, son père ayant épousé Bérénice, reine d'Égypte[1], il tint le pontificat de la main de Pompée. Le grand-prêtre épousa Glaphyra, remarquable par sa beauté. Il en eut deux fils, Sisinna et Archélaüs; Sisinna disputa le trône à Ariarathe. Marc-Antoine, choisi pour juge de ce différend et séduit par la beauté de Glaphyra, prononça en faveur de Sisinna.

Cependant Ariarathe triompha de son rival et remonta sur le trône[2]. Mais, cinq ans après, Antoine l'en chassa, pour mettre à sa place Archélaüs, second fils de Glaphyra. Archélaüs, affermi sur le trône, étendit ses états par la protection d'Antoine[3], et lui prouva sa reconnaissance en lui amenant une armée au combat d'Actium. Assez adroit pour se concilier la faveur d'Auguste après la dé-

---

[1] An du monde 3963. — Avant Jésus-Christ 41.
[2] An du monde 3968. — Avant Jésus-Christ 36.
[3] An du monde 3973. — Avant Jésus-Christ 31.

faite d'Antoine, il gagna si bien l'amitié de Tibère, que ce prince plaida lui-même sa cause à Rome contre les Cappadociens qui l'avaient accusé devant le sénat [1]. Le règne d'Archélaüs fut long-temps heureux; mais si la reconnaissance avait fait sa fortune, l'ingratitude la détruisit. Tibère, jaloux du crédit qu'Auguste accordait à ses neveux, fils d'Agrippa, s'était retiré à Rhodes [2]. On le croyait généralement en disgrace. Archélaüs, oubliant les bienfaits de Tibère, crut son amitié dangereuse et ne lui rendit aucun honneur [3]; il accueillit même avec empressement son rival Caïus, envoyé par Auguste en Arménie.

Tibère conserva dans son cœur un profond ressentiment de cette conduite. Dès qu'il fut parvenu à l'empire, il accusa Archélaüs d'avoir excité des troubles dans les provinces voisines de ses états. Trompé par Livie, ce prince vint à Rome pour se justifier; on le mit en prison [4]. Le sénat ne prononça point d'arrêt contre lui; mais, abreuvé de mépris, il n'y put résister et mourut de chagrin.

Son règne avait duré cinquante ans. Après sa mort, la Cappadoce fut réduite en province romaine.

---

[1] An du monde 3984. — Avant Jésus-Christ 20.
[2] An du monde 3988. — Avant Jésus-Christ 16.
[3] An du monde 4002. — Avant Jésus-Christ 2.
[4] An du monde 4020. — An de Jésus-Christ 16.

BITHYNIE.

Sa position. — Forme de son gouvernement. — Règne de Cléarque. — Sa tyrannie. — Sa mort. — Ses successeurs. — La ville d'Héraclée détruite par Cotta. — La Bithynie gouvernée par plusieurs rois successifs. — Règne de Prusias II. — Sa trahison envers Annibal. — Son avilissement à Rome. — Sa mort et celle de son fils parricide.

Le Bithynie était une contrée d'Asie, célèbre par la fertilité de son sol et l'opulence de ses villes. Elle s'étendait le long de la côte du Bosphore opposée à celle où l'on bâtit Byzance. On y voyait autrefois briller la ville d'Héraclée, fameuse par l'étendue de son commerce et la force de ses flottes.

Les rois et les républiques de Grèce recherchaient son alliance. Le gouvernement d'Héraclée fut d'abord républicain et aristocratique. Le peuple, mécontent de l'orgueil des nobles, les chassa et se donna pour chef un transfuge de cet ordre, nommé Cléarque, qui gouverna en tyran : il força les femmes et les filles des exilés à épouser des esclaves. Les proscrits appelèrent à leur secours les étrangers. La guerre fut longue et cruelle, les deux partis étant également déterminés, l'un à recouvrer ses droits, l'autre à défendre son usurpation.

Cléarque faisait périr dans des supplices affreux tous les nobles qu'on pouvait prendre. Mais la crainte, compagne éternelle de la cruauté, empêcha ce tyran d'épargner ses propres partisans; il contraignait lui-même ceux dont il se défiait à boire la ciguë. Sa tyrannie dura douze ans. Enfin deux hommes désespérés le tuèrent sur son tribunal.

Satyrès, son frère et son successeur, ne se montra pas moins cruel que lui. Il fut remplacé par ses neveux, Timothée et Denis, qui réparèrent par une administration juste et paisible tous les maux de l'état.

Héraclée jouit trente ans de ce repos; mais les deux fils de Denis annoncèrent par leurs vices et par leurs violences une nouvelle époque de malheur.

En montant sur le trône ils avaient tué leur mère. Lysimaque, leur beau-père, se mit à la tête d'une conspiration contre eux, et les fit mourir. Il voulut ensuite s'emparer de l'autorité; le peuple le mit en prison et recouvra son indépendance.

Mithridate prit cette république sous sa protection : par reconnaissance, les habitants d'Héraclée embrassèrent avec ardeur son parti, et massacrèrent d'après ses ordres tous les Romains qui se trouvaient sur leur territoire. Cotta vengea Rome de cette perfidie et détruisit la ville d'Héraclée.

Quelques auteurs prétendent que la Bithynie avait été long-temps gouvernée par des rois tributaires des Mèdes et des Perses. Ils rapportent qu'un de ces princes, nommé Bal, défit Calentus, un des généraux d'Alexandre, qu'il régna cinquante ans et laissa le trône à son fils Zypothès. Pausanias et quelques autres disent que Zypothès ou Zyphetès, dont on ignorait l'origine, fonda le royaume de Bithynie pendant les troubles qu'excitaient dans l'Orient les conquêtes d'Alexandre.

On connaît avec plus de certitude les noms de ses successeurs.

Nicomède Ier monta sur le trône après la mort de son père. Zypothès, son frère, lui disputa la couronne. Il appela à son secours les Gaulois, qui, après avoir ravagé la Germanie et la Grèce, voulaient porter leurs armes dans l'Orient. Nicomède leur ouvrit les portes de l'Asie. Appuyé par eux, il affermit son autorité; mais il fut obligé, pour payer leurs services, de leur céder une partie de ses états où ils s'établirent, et qu'on nomma Galatie ou Gallo-Grèce.

Zéla, successeur de Nicomède, décidé à se délivrer des Galates, invita leurs chefs à un festin pendant lequel il voulait les faire massacrer : informés de cette trahison, ils le prévinrent et le tuèrent. Son fils Prusias le vengea; ayant rassemblé des troupes, il battit les Galates et ravagea tout leur pays [1].

Prusias II, son fils, fut honteusement célèbre par sa bassesse et par sa lâcheté. Annibal s'était réfugié dans ses états, et l'avait aidé à vaincre le roi de Pergame. Au mépris des lois de l'humanité, des devoirs de la reconnaissance et de l'hospitalité, il consentit à livrer aux Romains ce grand homme, qui se donna la mort pour échapper à la honte.

Après la défaite de Persée, plusieurs monarques, craignant la puissance romaine, envoyèrent des ambassadeurs à Rome pour féliciter la république sur cette victoire. Prusias les surpassa en faiblesse et en servilité. Il se rendit lui-même à Rome, et, se montrant sur la place publique, la tête rasée et couverte du bonnet d'affranchi, il dit au préteur qu'il ne se considérait que comme un esclave à qui Rome avait rendu la liberté. En entrant dans le sénat, il se prosterna et appela les sénateurs ses dieux sauveurs. Les Romains eux-mêmes semblaient avoir honte de cet excès d'avilissement.

[1] An du monde 3820. — Avant Jésus-Christ 184.

Nicomède II, son fils, le tua pour monter sur le trône; mais il fut puni de ce crime par un de ses enfants, nommé Socrate, qui l'assassina.

Nicomède III, attaqué par Mithridate et secouru par les Romains, en reconnaissance de ce service, leur légua le royaume de Bithynie, qui devint province romaine.

ROYAUME DE PERGAME.

Sa position. — Philétère, premier roi. — Ses successeurs Eumène et Attale. — Bibliothèque de Pergame sous Eumène II. — Vie sauvage d'Attale III. — Son testament et sa mort. — Règne d'Aristonic. — Courage de Blosius, son ministre. Lâcheté et mort d'Aristonic.

Ce royaume n'était qu'une petite province de la Mysie, sur la côte de la mer Égée, en face de Lesbos.

Le premier roi de Pergame fut un eunuque nommé Philétère [1]. Lysimaque lui avait confié cette province et les trésors renfermés dans la citadelle de Pergame. Cédant ensuite à la haine d'Arsinoé, sa femme, il voulait faire périr son ancien favori : celui-ci se servit de ses richesses pour défendre sa vie; il gagna des partisans, se révolta, survécut à Lysimaque et conserva son autorité pendant vingt ans. Eumène Ier hérita de sa principauté [2] et l'aug-

---

[1] An du monde 3721. — Avant Jésus-Christ 283.
[2] An du monde 3741. — Avant Jésus-Christ 263.

menta de quelques villes qu'il prit sur les rois de Syrie. Son règne dura vingt-deux ans.

Un de ses parents, Attale Ier, lui succéda et prit le titre de roi. Ce prince régna quarante-trois ans. Il battit les Galates, fit alliance avec les Romains et les secourut dans une guerre qu'ils avaient entreprise contre Philippe [1]. Il laissa le sceptre à son fils Eumène II. Ce monarque fonda la fameuse bibliothèque de Pergame.

Allié fidèle des Romains, il leur découvrit les projets d'Antiochus-le-Grand. Ses troupes contribuèrent à la victoire qu'ils remportèrent à Magnésie sur le roi de Syrie. Le sénat récompensa son zèle par le don de plusieurs provinces enlevées à Antiochus. Tous les ennemis de Rome étaient les siens. Prusias, roi de Bythynie, lui déclara la guerre, et, par les conseils d'Annibal, parvint à détruire sa flotte. Eumène s'étant rendu à Rome pour informer le sénat d'une entreprise que Persée projetait contre la république, le roi de Macédoine le fit attaquer à son retour par des pirates qui le laissèrent percé de coups et privé de sentiment. Sur le bruit de sa mort, Attale, son frère, s'empara de son trône et épousa Stratonice sa femme.

Eumène, guéri de ses blessures, revint dans ses états, reprit sa couronne et ne punit ni la reine ni

---

[1] An du monde 3807. — Avant Jésus-Christ 197.

son frère. A la fin de son règne, ayant reçu quelque insulte du consul Marcius, il rappela les troupes qu'il avait envoyées au secours des Romains. Persée profita de cette brouillerie ; il aigrit le courroux du roi de Pergame, en lui représentant que Rome était l'ennemie irréconciliable des rois, qu'elle les trompait tous pour les détruire successivement. Eumène n'osa pas secourir le roi de Macédoine ; il ne lui promit que d'être neutre. Les Romains, après leur victoire, ne lui pardonnèrent pas son inaction. Toutes ses démarches pour se justifier furent inutiles ; on le traita avec dureté, et il mourut sans avoir pu se réconcilier avec Rome [1].

Attale II, son frère, lui succéda, et épousa pour la seconde fois la reine Stratonice. Son règne dura vingt et un ans. Il fit long-temps la guerre contre le roi de Bithynie, qui s'empara d'abord de Pergame, et finit par en être chassé [2].

Attale III, nommé Philomètor, détesté pour ses cruautés et pour ses extravagances, croyait voir partout des conspirations. Il vivait solitaire dans son palais, laissant croître ses cheveux et sa barbe, et labourant lui-même son jardin dans lequel il cultivait des plantes vénéneuses, dont il mêlait les sucs à des baumes qu'il distribuait aux grands de sa cour pour s'en défaire. Il mourut au bout de cinq ans et

---

[1] An du monde 3845. — Avant Jésus-Christ 159.
[2] An du monde 3866. — Avant Jésus-Christ 138.

légua par testament aux Romains ses trésors et son royaume [1].

Aristonic, bâtard d'Eumène, voulut défendre ses droits au trône. La fortune seconda d'abord ses armes; il battit les Romains, mais la victoire le rendit trop confiant; et, comme il s'endormait dans une fausse sécurité, Perpenna le surprit et tailla ses troupes en pièces. Aristonic se sauva dans une ville dont les habitants le livrèrent aux Romains. Il avait pour ministre un philosophe nommé Blosius, autrefois habitant de Rome, et célèbre par son amitié pour Gracchus. Livré par des traîtres, avec Aristonic, aux fers de Perpenna, il exhorta son prince à s'affranchir de la servitude par une mort courageuse, et lui en donna l'exemple. Aristonic, trop faible pour l'imiter, fut traîné en triomphe à Rome, jeté en prison et étranglé par l'ordre du sénat.

[1] An du monde 3871. — Avant Jésus-Christ 133.

COLCHIDE.

Sa position. — Expédition des Argonautes. — Rois de cette contrée. — Sa réduction en province romaine.

La Colchide, qu'on appelle aujourd'hui Mingrélie, se trouvait sur la côte orientale de la mer Noire, entre l'Ibérie, le Pont et l'Arménie. La rivière du Phase l'arrose et a donné son nom à une espèce d'oiseau nommé *faisan,* qui depuis a été transporté en Europe. Ses eaux charriaient une grande quantité de paillettes d'or qu'on arrêtait dans la laine des toisons que les habitants étendaient au fond du fleuve. Attirés par l'appât de ces trésors, objet d'un grand commerce, les Argonautes firent une expédition célèbre pour s'en emparer. Jason, leur chef, que favorisait la fille du roi, la séduisit et l'enleva. Ce fameux voyage, chanté par les poètes, rendit la Colchide célèbre. Elle nous est plus connue par la fable que par l'histoire. Il paraît que ce royaume fut peuplé du temps de Sésostris par une colonie égyptienne qui s'y mêla à quelques Arméniens. L'opulence de la ville de Dioscoris attirait des marchands de tous les pays du monde. Pline dit qu'on y parlait tant de langues différentes, que les négociants romains étaient obligés de s'y servir de cent trente interprètes. Un des fils de Mithridate fut roi de Colchide. Pompée traîna à la suite de son char de triomphe un de ces princes, dont le nom n'est pas connu. On parle encore, dans l'histoire de Trajan, d'un autre roi de la Colchide. Cette contrée fut depuis réduite en province romaine.

IBÉRIE.

Sa position. — Caractère indépendant des Ibères. — Leur mort courageuse. — Leur roi nommé Artacès.

Le pays qu'on appelait autrefois royaume d'Ibérie se nomme aujourd'hui Gurgistan; c'est une partie de la Géorgie qui est sous la domination des Perses. L'Ibérie était entre la Colchide, le Pont, le Caucase, l'Albanie et la Médie. Quelques auteurs ont prétendu que l'Espagne avait tiré de cette contrée son ancien nom d'Ibérie; mais il est impossible de concevoir comment un petit peuple montagnard, sans commerce maritime, aurait pu porter si loin une colonie.

Les Ibères, renommés par leur courage, avaient soutenu long-temps leur indépendance contre les Scythes, les Mèdes, les Assyriens et les Perses : ils passèrent pour invincibles. Lorsque Pompée entreprit de les dompter, il ne parvint à les vaincre qu'après de longs efforts qui lui coûtèrent de grandes pertes[1]. Battus et mis en déroute, ils ne voulurent pas se rendre : ils se retirèrent dans une épaisse forêt ; et, du haut des arbres, ils perçaient les Romains de leurs flèches. On fut obligé de mettre le feu à la forêt, et presque toute l'armée des Ibères périt dans l'embrasement. Le roi qui commandait alors ce peuple belliqueux s'appelait Artacès. Les empereurs romains regardèrent l'Ibérie comme un rempart contre l'invasion des Barbares ; ils la protégèrent et lui laissèrent ses rois, dont l'histoire cite quelques noms, sans faire connaître leurs actions.

[1] An du monde 3939. — Avant Jésus-Christ 65.

ALBANIE.

Caractère du peuple qui l'habitait. — Bataille entre Pompée et Cosis. — Mort de ce général.

L'Albanie, voisine de l'Ibérie, et que les Persans modernes nomment Schirvan, était habitée autrefois par un peuple simple, laborieux, plus renommé par sa vertu que par sa puissance. Il n'attaquait pas l'indépendance des autres nations, mais il défendait courageusement la sienne. Pompée porta ses armes en Albanie. Cosis, frère du roi Orœsès, commandait les Albaniens. Les deux armées se livrèrent bataille. Au milieu de la mêlée, Cosis se précipita sur Pompée pour le percer; mais le Romain lui enfonça son fer dans la poitrine, et remporta une victoire complète. Il paraît que les empereurs romains traitèrent l'Albanie comme l'Ibérie, et la laissèrent gouvernée par ses rois jusqu'au règne de Justinien.

BACTRIANE.

Zoroastre né dans la Bactriane. — Rois de cette contrée. — Envahissement des Parthes.

La Bactriane, aujourd'hui le Corassan, eut, dit-on, la gloire d'avoir donné naissance à Zoroastre. Cette province de l'empire de Perse, voisine de la Scythie, était remarquable par le courage de ses habitants et par la bonté de sa cavalerie. Bessus, satrape des Bactriens, trahit Darius, espérant, par sa mort, gagner la faveur d'Alexandre, qui l'accabla de mépris et le fit mourir. Lorsque ce grand monarque périt, et que ses généraux se partagèrent son empire, Théodote, gouverneur de la Bactriane, prit le titre de roi; mais il fut bientôt détrôné par son frère Euthydème, dont on ne connaît le règne que par ce crime. Ménandre lui succéda. Il accrut ses états par des conquêtes, et n'eut pas le sort des conquérants, car il fut adoré de ses sujets; après sa mort, toutes les villes de son royaume se disputèrent le partage de ses cendres, et lui élevèrent chacune un mausolée pour rappeler ses vertus et la gloire de son règne. Un de ses successeurs ayant été assassiné par son fils, le peuple se révolta contre le parricide. Les Parthes profitèrent de ces troubles, tuèrent le meurtrier, s'emparèrent de la Bactriane et la réunirent à leur empire.

Il existait autrefois dans l'Orient un grand nombre de royaumes et de nations. On ne peut suivre leur histoire. Le temps nous a conservé les noms de ces pays et de quelques-uns de leurs chefs, sans nous transmettre la suite des événements dont ils ont été le théâtre : c'est seulement en parcourant l'histoire des peuples qui les ont conquis que nous pouvons nous faire quelque idée des faits qui les concernent.

Les Syriens ne nous sont connus que par le récit des guerres que les Juifs ont soutenues contre eux, et par les conquêtes des rois d'Assyrie qui s'en emparèrent. Mais, après la mort d'Alexandre, il se forma un nouveau royaume de Syrie. Nous en parlerons dans la suite avec détail, puisqu'il devint une des principales puissances de l'Asie, sous la domination des successeurs du conquérant macédonien.

Les Moabites, les Ammonites, les Madianites, les Iduméens, les Amalécites, les Chananéens et les Philistins mêmes qui ont donné leur nom à la Palestine, ne nous sont connus que par les Juifs, qui conquirent la plus grande partie de ces pays, et furent continuellement en guerre avec ceux de ces peuples qui n'avaient pas reconnu leur autorité.

Il serait impossible de traiter séparément l'histoire de ces petits royaumes qui ne nous présentent que des faits épars, des règnes sans suite, des événements sans liaison, des limites peu certaines. L'histoire des Hébreux, des Égyptiens, des Assyriens et des Perses nous fait connaître tout ce qu'il est désirable de savoir sur ces peuples qui tiraient, dit-on, leur origine de Cham, et dont la plupart descendaient des enfants d'Agar et de ceux d'Ésaü.

PERSES.

Position de leur Empire. — Leurs mœurs. — Leur gouvernement. — Leurs lois. — Leurs armes. — Leur culte. — Le *Zend*, livre de Zoroastre. — Productions de la Perse. — Premiers temps de ce pays. — Cajumaroth, premier roi. — Ses successeurs jusqu'à Cyrus. — Cyrus. Ses belles qualités morales et physiques. — Son éducation. — Ses premières armes. — Traits de sa magnanimité. — Sa guerre avec Crésus. — Crésus est prisonnier. — Le nom de Solon lui sauve la vie. — Siége et prise de Babylone par Cyrus. — La main mystérieuse. — Gouvernement de Cyrus. — Fin de son règne glorieux. — Son histoire selon Hérodote. — Cambyse. — Sa guerre en Égypte. — Son stratagème pour prendre Péluse. — Sa victoire sur Psammenits. — Massacre de hérauts. Désastre dans l'armée de Cambyse. — Retour de ce roi. — Mort du bœuf Apis. — Bassesse du favori Prexape. — Fable sur une émeraude. — Retour de Cambyse en Perse. — Sa mort. — Smerdis. — Fausseté de son nom. — Son gouvernement. — Son imposture découverte. — Sa mort. — Massacre des mages. — Darius Ier. — Délibération sur la forme du gouvernement des Perses. — Élection de Darius par la ruse de son écuyer. — Cause des guerres entre la Perse et la Grèce. — Siége de Babylone. — Prise de cette ville par le dévouement de Zopire. — Marche de Darius contre les Scythes. — Détresse de son armée. — Sa retraite. — Autres entreprises de Darius. — Ses hérauts en Grèce. — Défaite des Perses. — Mort de Darius. — Xercès. — Son avénement. — Naissance d'Hérodote. — Projet de guerre contre la Grèce. — Réalisation de ce projet. — Extravagances de Xercès. — Force de son armée. — Combat aux Thermopyles. — Combat naval à Salamine. — Défaite de la flotte perse. — Retour de Xercès avec son armée en Asie. — Mort de Mardonius à la bataille de Platée. — Destruction de son armée. —

Atrocités de la reine Amestris. — Mort de Xercès. — Artaxerce-Longue-Main. — Son entrevue avec Thémistocle. — Ses victoires. — Peste dans l'Attique. — Mort d'Artaxerce. — Xercès II. — Règne de quarante-cinq jours. — Sogdien. — Sa tyrannie. — Sa mort par le supplice des cendres. — Darius-Nothus. — Révoltes contre lui. — Couronnement de son fils. — Artaxerce Mnémon. — Son sacre. — Révolte de son frère Cyrus. — Ses préparatifs de guerre. — Bataille entre les deux frères. — Défaite et mort de Cyrus. — Fameuse retraite des dix mille. — Vengeance de la mère du roi. — Son exil. — Autres entreprises d'Artaxerce. — Fin de son règne. — Mort de ses cinquante fils. — Mort du roi. — Ochus. — Son astuce. — Ses cruautés. — Sa guerre en Égypte. — Sa mort. — Atrocité de son favori Bagoas. — Darius Codoman. — Mort de Bagoas. — Règne heureux de Darius. — Époque d'Alexandre-le-Grand. — Sa descente en Asie. — Bataille du Granique. — Défaite des Perses. — Nœud gordien. — Darius à la tête de ses troupes. — Maladie d'Alexandre. — Marche de l'armée de Darius. — Bataille d'Issus. — Défaite et fuite de Darius. — Siége et prise de Tyr par Alexandre. — Son respect pour Jérusalem. — Détresse de son armée près de Memphis. — Construction de la ville d'Alexandrie. — Soumission de Darius rejetée par Alexandre. — Bataille d'Arbelles. — Défaite et fuite de Darius. — Entrée triomphante d'Alexandre dans Babylone. — Prise de Persépolis. — Incendie du palais de Xercès. — Mort de Darius. — Alexandre. — Suite de ses conquêtes. — Contraste dans son caractère. — Mort de Parménion et de Philotas son fils. — Discours des ambassadeurs scythes. — Mort de Clitus tué par Alexandre. — Remords d'Alexandre pour ce meurtre. — Sa guerre dans l'Inde. — Sa victoire sur les Indiens. — Porus est prisonnier — Consternation parmi les Macédoniens. — Leur retraite. — Trait de courage d'Alexandre. — Vengeance de Bagoas envers Orsine. — Festin de neuf mille personnes. — Mort d'Éphestion. — Dépense de trente-six millions pour ses funérailles. — Mort d'Alexandre.

Les Perses, que l'Écriture appelle les Élamites, occupaient en Asie une contrée qui ne comptait que cent vingt mille habitants partagés en douze tribus. Ils furent subjugués par les Assyriens, et restèrent cinq cent vingt-cinq ans sous leur domination. Après avoir recouvré leur indépendance, Nabuchodonosor les soumit de nouveau; et depuis, la fortune ayant favorisé les armes des Mèdes, les Perses devinrent tributaires de la Médie, jusqu'au moment où Cyrus conquit l'Asie, hérita des trônes de Persépolis et d'Ecbatane, régna dans Babylone et fonda l'empire des Perses qui domina l'Orient, subjugua l'Égypte et ravagea la Grèce.

Cet empire s'étendait depuis l'Indus jusqu'à la mer Ionienne, et de la mer Caspienne à l'Océan.

Avant Cyrus, les auteurs de l'antiquité ne nous apprennent rien de positif sur les anciens Perses, dont la puissance devait avoir été cependant assez étendue, puisque au temps d'Abraham on voit que le roi de Sodome et quatre autres rois du pays de Chanaan étaient tributaires des Élamites qui devaient leur origine à Élam, petit-fils de Sem.

La célèbre législation des Perses dut son éclat à Cyrus. La religion des mages ne reçut sa puissance et sa célébrité que de Zoroastre, qui naquit du temps de Cyrus et publia ses lois sous le règne de Darius, fils d'Hystaspe. Cependant on doit croire que Cyrus et Zoroastre n'avaient fait que réformer et perfectionner les lois civiles et religieuses des anciens Perses. Hérodote n'entre dans aucun détail relativement aux rois de Perse qui avaient précédé le fondateur de l'empire; mais tout ce qu'il rapporte de l'éducation de Cyrus et des usages auxquels il fut obligé de se conformer avant de parvenir au commandement des armées et au gouvernement du pays, prouve que la plupart des sages lois de l'empire existaient dans l'ancien royaume des Perses, et que le culte des mages y fut professé de tout temps, ainsi que dans la Médie qu'on regardait comme son berceau. Quelques auteurs ont prétendu qu'il avait existé plusieurs Zoroastre. Nous ne chercherons point à pénétrer dans ces ténèbres, puisque nous ne trouvons aucune lumière sûre pour nous y conduire. Ainsi, ce que nous dirons des lois, des mœurs et de la religion des Perses, se rapporte également et aux temps anciens où ces institutions prirent naissance, et à l'époque où Cyrus et Zoroastre les perfectionnèrent. Cette législation, simple dans son enfance, forte dans sa maturité, se soutint pendant les premiers règnes des successeurs de Cyrus, et se corrompit ensuite promptement par l'excès du luxe et de la puissance, qui amène toujours la perte des mœurs et la chute des empires.

Les mœurs des Perses étaient pures et leurs lois très-sévères. L'éducation formait la partie principale de la législation. L'état se chargeait des jeunes gens : on les élevait en commun; nourriture, études, châtiments, la loi réglait tout. Ils vivaient de pain, de cresson et d'eau. Dans les écoles on s'occupait plus de leur cœur que de leur esprit; et, comme on voulait former des hommes et non des savants, ils apprenaient plus la morale que les lettres. La justice était regardée comme la première vertu, l'ingratitude comme le plus grand des vices. On exerçait leur corps à toutes les fatigues, et leur ame à toutes les vertus. Ils sortaient de la classe des enfants à dix-sept ans.

La jeunesse apprenait à tirer de l'arc, à lancer le javelot. Les jeunes gens consacraient leurs journées à ces exercices ou à la chasse, et veillaient une partie des nuits dans les corps-de-garde. A vingt-cinq ans ils entraient dans la classe des hommes : là, ils apprenaient à remplir les devoirs d'officiers et de commandants. A cinquante on les exemptait du service militaire, et ils pouvaient prétendre aux places de judicature et d'administration. Chacun, suivant son mérite, et sans distinction de naissance, parvenait aux emplois, mais devait passer successivement par tous les grades.

Leur gouvernement était monarchique : le roi désignait parmi ses enfants celui qui devait lui succéder. Les princes étaient élevés dans leur enfance par des eunuques; on leur donnait ensuite pour gouverneurs des officiers expérimentés. On confiait leur instruction à quatre maîtres : l'un leur enseignait la magie ou le culte des dieux, et les principes du gouvernement; le second leur apprenait les règles de la vérité et de la justice; le troisième était chargé de les garantir de l'atteinte des voluptés; le quatrième les exerçait à braver les périls et à s'affranchir de toute espèce de crainte.

L'autorité du roi devait être limitée par un conseil de sept magistrats puissants et respectés, que l'état nommait, et sans lequel le monarque ne pouvait rien décider. On gardait dans des archives les registres et les annales : on inscrivait sur les premiers tous les arrêts rendus, toutes les graces accordées; les annales, dépôt des lois, contenaient le récit des événements les plus remarquables.

On voit dans l'Écriture qu'Assuérus se faisait lire ses registres et ses annales, qui lui rappelèrent le service que Mardochée lui avait rendu. On exigeait des juges une austère intégrité.

Le droit de juger les hommes ne s'accordait qu'à la vieillesse : les rois surveillaient la conduite des tribunaux, et punissaient sévèrement les magistrats qui s'écartaient de leurs devoirs. Ils rendaient quelquefois la justice eux-mêmes; Cambyse condamna à mort un juge convaincu d'iniquité : on l'écorcha; et le fils, qui remplaçait son malheureux père, fut obligé de s'asseoir sur la peau du juge prévaricateur.

Les lois n'appliquaient la peine de mort qu'à la

récidive. On admettait, dans le jugement, les services rendus à l'état et les bonnes actions, en compensation des crimes commis. La délation était punie quand elle se trouvait calomnieuse. On avait divisé l'empire en cent vingt-sept gouvernements confiés à des satrapes, qui administraient sous les ordres de trois ministres. Un officier de la couronne était chargé de réveiller tous les matins le monarque et de lui dire : « Levez-vous, et songez » à bien remplir les fonctions et les devoirs qu'Oro- » maze vous a imposés en vous plaçant sur le trône. »

Comme le prince ne pouvait surveiller lui-même toutes les parties d'un si vaste gouvernement, il envoyait dans les provinces des commissaires qu'on nommait les yeux et les oreilles du roi. L'agriculture recevait des encouragements; on avait fait de sages réglements pour diriger ses travaux : il existait une loi qui promettait des récompenses à l'activité, et qui punissait la paresse. Cyrus, pour honorer l'agriculture, laboura lui-même des champs, et planta beaucoup d'arbres de sa main.

Voulant ouvrir une prompte communication entre toutes les branches de l'administration, il établit des postes et des courriers qui portaient avec rapidité les dépêches aux extrémités de l'empire; on verra que le dernier Darius avait eu dans sa jeunesse la surintendance des postes. Les rois levaient des impôts en argent et en nature : la satrapie d'Arménie fournissait vingt mille chevaux. Hérodote estimait les revenus de l'état à cent quarante millions, dont le tiers provenait du seul gouvernement de Babylone. On avait affecté des cantons aux dépenses de l'habillement de la reine; l'un s'appelait *canton de la ceinture*, l'autre *canton du voile de la reine*.

Quand Thémistocle se réfugia en Perse, le roi lui assigna quatre villes pour sa subsistance : l'une fournissait son vin; l'autre son pain; la troisième ses viandes; la quatrième ses habits et ses meubles.

La garde du roi se composait de dix mille hommes d'élite qu'on appelait les *immortels*. Les Perses avaient pour armes le sabre, le poignard, le javelot, l'arc et les flèches. Ils couvraient leur tête d'un bonnet qu'on nommait *tiare*. Hérodote, en rapportant l'expédition de Cambyse, dit qu'on examina les morts sur un champ de bataille, et qu'on trouva les crânes des Perses beaucoup moins durs que ceux des Égyptiens. On attribua cette différence à l'habitude qu'avaient les Perses de couvrir leur tête, tandis que celle des Égyptiens était ordinairement nue. Les Perses portaient pour armes défensives des cuirasses, des brassards et des boucliers d'airain. Leurs chevaux étaient bardés de fer. On voyait dans leur armée une grande quantité de chariots armés de faux et attelés de quatre chevaux. Soumis à une sévère discipline, on exigeait d'eux un travail continuel. Lorsqu'ils campaient, fût-ce pour un jour, ils fortifiaient leur camp par des fossés et des palissades. Cyrus, comme on le verra dans la suite, perfectionna beaucoup leur tactique. Ils avaient fait de grands progrès dans les arts, dans les sciences, et surtout dans l'astronomie, qu'ils avaient apprise des Chaldéens. Ils croyaient à l'astrologie, et jugeaient de la destinée des hommes par l'aspect des planètes au moment de leur naissance. On croit vulgairement, d'après les fables de quelques auteurs grecs, que les Perses adoraient le soleil, les astres, le feu et les éléments; mais leur culte était beaucoup plus épuré. Les Élamites, dignes enfants de Sem, avaient conservé et transmis la croyance d'un Dieu unique : ils honoraient le soleil comme son trône, le feu comme son image, les astres comme ses ministres, les éléments comme ses agents animés. Dieu avait créé la lumière et les ténèbres, sous les noms d'Oromaze, principe du bien, et d'Arimane, principe du mal. Ils appelaient le soleil Mythras. Il est vrai que, dans la décadence de l'empire, sous la domination des Grecs et des Parthes, la religion des mages s'altéra; on en vit même quelques-uns sacrifier aux divinités des fleuves, des bois, et adorer Vénus sous le nom de Mythra. Mais, lorsque Artaxare, dit aussi Ardshir, affranchissant aussi sa patrie, releva l'empire des Perses, deux cent vingt-six ans après Jésus-Christ, le culte des mages se dégagea des liens du sabéisme et de l'idolâtrie, que les Grecs et les Parthes avaient fait régner cinq cents ans dans leur pays, et reprit tout à coup son ancienne puissance et son premier éclat. Sapor rassembla un concile de mages qui rétablit la doctrine. Le zèle pour les lois de Zoroastre redoubla de ferveur: on vit des fanatiques s'exposer à l'épreuve du feu pour prouver la vérité de leur religion: cet ancien culte, qui résista depuis aux armes des mahométans et à la rigueur de leurs lois, n'a jamais pu être entièrement détruit; il compte encore aujourd'hui dans l'Orient un assez grand nombre de sectateurs qu'on nomme *guèbres*, et qui sont l'objet du mépris et de la calomnie des disciples de Mahomet.

Le plus connu, et le seul peut-être qui ait existé des quatre Zoroastre dont parlent les auteurs de l'antiquité, naquit dans la Médie, à peu près à la même époque que Cyrus: son père s'appelait Parschap, et sa mère Doghdu. Il vécut dans le temps où la science d'Esdras et la sainteté de Daniel étaient en honneur dans l'Orient. Envoyé très-jeune en Judée, les prophètes qu'il servait soignèrent son éducation; il étudia la sagesse dans les livres de Moïse et de Salomon. Revenu en Médie, dans la province d'Aderbijan, sa patrie, il commença à prophétiser, et, pour se livrer sans distraction à l'étude, se retira dans une caverne, où il resta long-temps. Il en orna les murs d'hiéroglyphes et de caractères symboliques. Candémir, partageant les préventions des musulmans contre les mages, prétend que Zoroastre invoquait dans cette caverne le démon, qui lui apparaissait au milieu des flammes et lui imprimait sur le corps des marques lumineuses. Ce qui paraît certain, c'est que ce fut dans cette solitude qu'il composa et qu'il écrivit sur des peaux l'ouvrage qui contenait sa doctrine et qu'on appelait *Zend* ou *Zenda-Vesta*. A l'âge de trente ans il vint en Bactriane, s'arrêta à Balch, et y jouit d'un si grand crédit que quelques auteurs l'ont cru roi de cette contrée. Il fit un assez long voyage dans les Indes, et revint communiquer aux mages tout ce qu'il avait appris de la religion des brames.

Il présenta son livre à Darius, fils d'Hystaspe, qui adopta son culte, et l'établit à Balch, comme archimage, lui laissant exercer dans l'empire une autorité spirituelle égale à l'autorité temporelle des rois.

Sa religion, comme toutes les autres, devint persécutrice dès qu'elle fut dominante; elle proscrivit le sabéisme, c'est-à-dire le culte des faux dieux et des idoles.

Zoroastre voulait établir ses lois en Scythie et y faire une révolution religieuse : Darius seconda ses projets; mais Argaspe, roi des Scythes, zélé sabéen, entra en Bactriane, battit les Perses, s'empara de

Balch, égorgea quatre-vingts mages, et tua Zoroastre sur les débris de son temple.

Les auteurs arabes racontent différemment ce fait.

Le roi de Touran, disent-ils, apprenant que tous les hommes de guerre étaient sortis de Balch pour se rendre à l'armée du roi Guztaspe, attaqua, avec quatre mille hommes, cette ville sans défense, et fit mourir quatre-vingts mages, dont le sang éteignit le feu sacré. D'autres disent seulement que Zoroastre mourut de mort violente.

Le Zend-Vesta, composé par cet homme célèbre, renferme les principes d'une haute sagesse et de la plus pure morale. On y reconnaît l'existence d'un seul Dieu créateur de l'univers : il annonce un jugement dernier, qui distribuera aux bons et aux méchants des récompenses et des châtiments. Dieu pèsera dans ses balances les actions des hommes : si le bien l'emporte, ils iront dans le ciel, et ils tomberont dans l'enfer, si le poids du mal est plus considérable. La foi délivre l'homme de la puissance de Satan ou Arimane.

Voici les principaux préceptes du Zend :

« Honore tes parents. Marie-toi jeune pour que » ton fils te suive et ne laisse pas interrompre la » chaîne des êtres. Fais le bien, évite le mal. Dans » le doute abstiens-toi. Que les hommes vertueux » soient les seuls objets de tes libéralités; mais » donne le nécessaire à tout le monde, même aux

» chiens. Songe qu'il faut être pur pour prêcher.
» Évite tout mensonge, toute injustice, toute dé-
» bauche. Ne commets point d'adultère ni de vol.
» Ta main, ta langue, ton cœur doivent être purs.
» Montre à Dieu ta résignation dans le malheur, et
» ta reconnaissance dans la prospérité. Fais du bien
» jour et nuit, car la vie est courte. »

Les mages conservaient le feu sacré que Zoroastre avait apporté à Kis en Médie, et qu'il disait avoir reçu du ciel. Pour entretenir ce feu on se servait d'un bois sans tache. Les mages n'en approchaient qu'avec un linge sur la bouche, dans la crainte de le souiller par leur haleine. La pureté du code moral et religieux de Zoroastre était ternie par sa tolérance pour l'inceste; la religion des mages approuvait le mariage des frères et des sœurs; on prétend même qu'ils avaient porté leur coupable erreur jusqu'à préférer, pour les hautes dignités sacerdotales, l'homme né de l'inceste du fils de la mère mais rien ne prouve la vérité de cette accusation. Ce qui paraît probable, c'est que Zoroastre, en promulguant sa loi, ne se crut pas assez fort pour détruire la coutume établie de tout temps en Perse, en Médie, comme en Égypte, qui avait consacré le mariage entre frères et sœurs, et qu'il craignait, s'il l'entreprenait, de voir tous ses prosélytes abandonner son culte pour embrasser une religion plus conforme à leurs habitudes.

La capitale de la Perse, dans les anciens temps,

était la ville de Persépolis, située dans une vaste plaine arrosée par l'Araxe. Tous les voyageurs ont vanté la beauté de ce pays, fertile en riz, en froment, en fruits, en vins excellents. On y trouve des mines d'or, d'argent et de fer. Le golfe Persique fournit les plus belles perles de l'Orient. La terre est jonchée de tulipes, d'anémones, de jasmins, de tubéreuses, qui croissent sans culture. On y mange les dattes les plus sucrées, les pêches les plus savoureuses; on y recueille le meilleur opium. Les chevaux persans ne le cèdent en vitesse qu'aux chevaux arabes.

Les Grecs, indifférents sur les événements qui s'étaient passés en Asie avant les conquêtes de Cyrus, nous ont laissés dans l'ignorance sur les règnes et même sur l'existence de ses prédécesseurs. Mais, avant de faire connaître le peu de lumières qu'ils nous ont transmises sur la famille de ce grand monarque, nous croyons devoir rapporter ce que les Perses ont écrit sur les premiers temps de l'histoire de leur pays.

Suivant les fastes héroïques des Arabes, Cajumaroth, dont le nom signifie, en Persan, *juge équitable*, fut le premier roi des Perses. Il disait qu'un roi doit toujours sacrifier son bonheur au bonheur de son peuple; et comme il se conforma constamment à cette maxime, pendant un règne long et glorieux, sa mémoire fut toujours révérée en Orient.

Son fils vécut dans la retraite et s'adonna aux sciences.

Cajumaroth avait abdiqué pour laisser le trône à son petit-fils; mais, ce jeune prince ayant été tué dans une bataille, Cajumaroth reprit la couronne, civilisa les Perses, leur apprit à bâtir, à filer; et on le regarde comme le fondateur de la religion des mages.

Un de ses petits-fils, nommé Husang, qui lui succéda, inventa la charrue, creusa des canaux, apprit à ses sujets l'art d'exploiter des mines, et celui de fondre et de forger des métaux.

Les Perses citent parmi ses successeurs Thamasrab (ou celui qui humilie le diable). Il conquit plusieurs provinces et se fit chérir par ses vertus. Gjemschid (c'est-à-dire soleil) est regardé par les écrivains arabes comme le plus célèbre des anciens rois de Perse. Savant et législateur, on l'appelait le Salomon persan. Il réforma le calendrier, partagea son peuple en trois classes, celle des guerriers, celle des laboureurs et celle des artisans. Il établit des greniers d'abondance qui préservèrent ses sujets du fléau de la famine. Avant lui le vin n'était qu'un remède; sous son règne il devint une boisson générale. Au renouvellement de l'année, ce prince célébrait des fêtes qui duraient sept jours. Il accordait pendant ces solennités un grand nombre de graces à tous ceux qui s'en étaient rendus dignes.

Semblable en tout à Salomon, il se laissa vaincre par la volupté, et se fit mépriser dans sa vieillesse. Ses sujets se révoltèrent sous la conduite de Déhoc. Le roi voulut en vain défendre son trône. Il fut vaincu et pris dans une bataille. Déhoc le fit scier en deux. Le nom de l'usurpateur présageait un règne tyrannique, car il signifiait la réunion des deux vices. Ce prince cruel gouverna la Perse avec un sceptre de fer. On prétendait qu'il était magicien, et qu'il avait fait un pacte avec Arimane (le génie du mal), qui lui appliqua ses lèvres sur l'épaule, et fit naître un ulcère dont on ne pouvait apaiser la douleur qu'en le lavant avec du sang et en le couvrant de cervelle humaine.

Les peuples, las de sa férocité, se soulevèrent. Un forgeron, dont le fils avait été sacrifié au tyran, se mit à la tête des révoltés, prit pour étendard son tablier de cuir qu'il portait dans toute la Perse, en criant : *Guerre au barbare, et vengeance!* Ce généreux artisan battit l'usurpateur, le tua, et plaça sur le trône Phrydun, l'un des fils de Gjemschid, qu'il avait dérobé au poignard de Déhoc. Le règne de ce prince fut glorieux et signalé par d'importantes conquêtes. Phrydun, entraîné par sa passion pour une fille du meurtrier de son père, l'avait épousée; il en eut un fils nommé Turc, qui se révolta et lui fit la guerre. Ce fils ingrat et rebelle, vaincu, banni et forcé de s'établir dans une province voisine, y fonda un royaume qui prit son nom. Les Arabes ont cru trouver dans cette histoire l'origine de la haine des Perses contre les Turcs.

Phrydun laissa son trône au second de ses fils, nommé Manujarh, dont le caractère pacifique rendit ses peuples heureux. Nudar, son successeur, fut presque toujours en guerre avec les Turcs. Un des visirs de ce roi, nommé Séhan, habitait le Sygistan, sur la frontière des Turcs. Le fils de Séhan, qu'on appelait Zalzer, à cause de la couleur dorée de ses cheveux, rencontra à la chasse une fille turque, nommée Roudaba. Il en devint amoureux et l'épousa secrètement, malgré les périls auxquels devaient l'exposer le ressentiment de son père et celui du roi. De ce mariage naquit Rustan, le héros des temps fabuleux de la Perse.

Zalzer fut obligé de cacher long-temps dans les forêts son existence et celle de son fils; mais, apprenant que le roi Nudar était vivement pressé par les Turcs, il sortit de sa retraite, et fit des prodiges de valeur pour défendre son prince et sa patrie. Malgré ses efforts, le roi perdit la bataille et la vie. Zalzer le vengea par des victoires, et couronna Zab, l'héritier du trône. Ce monarque, dont les Perses vantaient la sagesse et l'économie, eut l'ingratitude de vouloir perdre son défenseur. Zalzer irrité le combattit, le détrôna et fit régner à sa place Kejkobad. Ainsi finit, par la mort de Zab, la première race des rois persans, à peu près dans le même temps où Josué gouvernait les Hébreux. Le règne de Kejkobad fut avantageux pour la Perse; ce prince protégea l'agriculture, encouragea le commerce, et rendit les communications plus faciles en perçant le pays de grandes routes. Zalzer le secondait dans son administration. Le fameux Rustan, qui commandait ses troupes, remporta plusieurs victoires contre les Turcs, et répandit au loin la gloire de ses armes.

Le roi éprouva le sort de Thésée. Sa femme, aussi coupable que Phèdre, devint amoureuse de Siavek, son beau-fils, qui repoussa ses vœux criminels : elle l'accusa. Le roi furieux avait juré la mort de son fils; mais il découvrit la fourberie de la reine, et voulut la faire périr. Siavek fléchit son père et sauva la vie à cette femme impudique et cruelle.

Kejchosran, héritier de Kejkobad, combattit toute sa vie contre les Turcs. Ce fut, dit-on, sous son règne que vécut le célèbre Lockman, l'Ésope des Orientaux, et dont les fables font encore les délices des Turcs et des Perses modernes. On demandait un jour à ce sage comment il était parvenu à se rendre heureux. Il répondit : « En disant » toujours la vérité, en tenant constamment ma » parole, et en ne me mêlant jamais de ce qui ne » me regardait pas. » Lhoraspe régna peu de temps après. Son fils Guztaspe se révolta contre lui. Le jeune prince, vaincu et banni, vécut long-temps ignoré dans une profonde retraite.

Suivant un usage antique, lorsque le roi de Perse voulait marier une de ses filles, il la conduisait dans une galerie où se trouvaient réunis tous les princes et tous les grands qui prétendaient à sa main, et celui d'entre eux auquel elle offrait une pomme d'or devenait son époux. Lhoraspe voulait marier sa fille. Le jeune prince Guztaspe quitta sa solitude, vint secrètement dans la ville, et, au moment de la cérémonie, se mêla parmi les prétendants. La princesse l'aperçut et lui donna la pomme. Le roi fit d'abord éclater son courroux : les larmes de ses enfants l'apaisèrent. Il était vieux, dégoûté du trône : il le quitta et y plaça son fils.

Il paraît que le roi Guztaspe est le premier Darius des auteurs grecs. Les Persans prétendent que Zoroastre parut sous le règne de ce prince et perfectionna le culte des mages. Les Arabes lui attribuent beaucoup de miracles. Il transporta, dit-on, le roi Guztaspe dans le paradis, et lui en fit admirer toutes les merveilles. Le règne de Guztaspe fut belliqueux et glorieux. Cependant, à la fin de ses jours, le roi de Touran le battit, s'empara de Balch, égorgea quatre-vingts mages, et fit, à ce qu'on croit, périr Zoroastre.

Bahaman monta sur le trône. Il employa toute sa vie à guérir les blessures que les guerres étrangères et les troubles civils avaient faites à son royaume. Tolérant pour toutes les religions, il protégeait également les sabéens et les mages, quoiqu'il penchât personnellement pour le culte de Zoroastre. Il gagna la confiance du peuple, en le consultant sur l'administration. Cette déférence apparente affermit son autorité. Son fils aîné dédaigna de régner et se retira dans une solitude. Dégoûté lui-même du trône, il le céda à sa femme Omaï qui était enceinte. Bahaman acquit la réputation du plus populaire des rois. On cite de lui cette maxime, *que la porte du prince ne doit jamais être fermée.*

Lorsque Omaï accoucha, les devins consultés prédirent que son enfant serait le fléau de sa patrie. Sa mort fut décidée; mais la reine, ne pouvant se résoudre au sacrifice de son fils, ordonna qu'on exposât sur la rivière le berceau qui le renfermait. On avait eu soin d'y placer des bijoux précieux. Un teinturier qui lavait sa laine aperçoit le berceau et le porte à sa femme. L'enfant, élevé par eux, grandit, embrassa le métier des armes, acquit une grande renommée par ses exploits, et se fit reconnaître par sa mère qui lui céda le trône, sur lequel il monta sous le nom de Darah Ier.

Omaï ne fit pas de conquêtes comme Sémiramis,

mais elle fit construire, comme elle, des palais magnifiques et des monuments superbes. Guztaspe avait commencé à bâtir Persépolis; Omaï l'agrandit et l'embellit. La prédiction des devins faisait redouter le règne de Darah; l'événement prouva la fausseté de leur science, car le règne de ce prince fut heureux et pacifique.

Darah II était le fils de Darius Codoman, dont les écrivains grecs ont écrit la vie; mais les Perses, loin de représenter ce roi comme bon et juste, disent qu'il fut cruel et persécuteur, et que le mécontentement des peuples appela en Asie Alexandre-le-Grand, dont ils racontent les exploits en les dénaturant et en les mêlant de fables. Au reste, selon leur récit, comme dans l'histoire grecque, Darah périt victime de la trahison d'un de ses sujets. Quoique les historiens persans prétendent avoir tiré leurs narrations des anciennes annales de la Perse, ils ne peuvent inspirer la moindre confiance. Cette histoire ne paraît qu'un tissu de fables fondées sur une fausse tradition populaire.

Nous avons déjà vu que les Grecs ne nous offrent rien de plus certain sur les temps anciens de cette monarchie. Eschyle, dans la tragédie des *Perses*, cite les noms de deux rois qui avaient régné avant Cyrus. Hérodote, en parlant de Cambyse, père de ce monarque, ne lui accorde pas le titre de roi, mais le compte au nombre des hommes les plus riches et les plus puissants de cette contrée. Selon cet historien, lorsque Cyrus, s'étant échappé d'Ecbatane, fut arrivé en Perse, Harpage, qui l'avait sauvé de la mort dans son enfance, lui écrivit pour l'engager à soulever les Perses. Cyrus, profitant de ses conseils et de ses secours, rassembla les tribus de ce royaume et leur persuada de s'armer pour secouer le joug du roi des Mèdes, qu'il combattit et défit complétement.

Xercès se faisait honneur de descendre d'Achéménès, père de Cambyse et aïeul de Cyrus.

D'autres historiens assurent que plusieurs rois gouvernèrent les Perses, dans les temps mêmes où ils étaient soumis aux Assyriens et aux Mèdes : ils citent les noms de Persès, le premier de ces rois; d'Achéménès, qu'on disait avoir été nourri par un aigle; de Darius, son fils, père de Cyrus Ier; de Cambyse, qui lui succéda et donna naissance au grand Cyrus.

Nous ne chercherons pas plus long-temps à percer ces obscurités, et nous allons commencer l'histoire de l'empire des Perses par le règne de Cyrus, en suivant le récit de Xénophon, dont les lumières et la philosophie nous font regarder l'opinion comme préférable à celle d'Hérodote.

CYRUS.

(An du monde 3463. — Avant Jésus-Christ 541.)

Astyage, roi des Mèdes, avait deux enfants, Mandane et Cyaxare. Mandane épousa Cambyse, roi de Perse, père de Cyrus. Ce jeune prince, qui devait jouer un si grand rôle dans l'Orient, et soumettre à la Perse la Médie, la Syrie, la Palestine et l'Égypte, naquit un an après Cyaxare, son oncle, frère de sa mère Mandane. Le ciel avait répandu tous ses dons sur Cyrus. Son esprit était vaste et étendu, sa taille majestueuse, sa beauté remarquable, son caractère noble et doux : son ardeur pour l'étude le rendait insensible à la fatigue; aucun obstacle ne pouvait refroidir sa passion pour la gloire. Il reçut l'éducation qu'on donnait aux autres enfants des Perses, éducation dure qui les accoutumait à la sobriété et les exerçait aux plus rudes travaux. Lorsqu'il eut atteint l'âge de douze ans, sa mère Mandane le conduisit en Médie chez son grand-père Astyage. Ses yeux furent frappés, dans cette cour, par le spectacle, nouveau pour lui, du luxe et de la mollesse. On voyait briller sur les habits d'Astyage l'or et la pourpre; sa tête était ornée de faux cheveux; il portait des colliers, des diamants, des bracelets enrichis de pierres précieuses; ses yeux étaient peints, son visage fardé comme celui des femmes. La plus grande dissolution régnait dans ce pays, et tous les grands du royaume imitaient le faste et les vices de leur maître.

Le jeune Cyrus, modeste et réservé, vit les coutumes des Mèdes et leur magnificence, sans les admirer ni les critiquer. Au milieu d'un festin somptueux, Astyage parut surpris de le trouver, à son âge, si indifférent pour le grand nombre et la délicatesse des mets qui couvraient sa table; il lui répondit : « Les Perses ne prennent pas tant de » peine et de moyens pour apaiser leur faim ; il ne » leur faut que de l'eau, un peu de pain et de » cresson. » Il donna les plats d'or et les mets qu'on lui présentait à trois officiers de la cour. Le premier lui apprenait à monter à cheval; l'autre avait rendu d'importants services à son grand-père; le troisième servait Mandane avec affection.

Sacas, grand échanson et favori du roi, n'eut aucune part à ses dons, parce qu'étant chargé de régler les audiences du monarque, il refusait souvent de laisser entrer Cyrus. Astyage lui reprocha son injustice pour un homme qui remplissait si bien sa charge : le jeune prince dit en riant qu'il le servirait mieux que Sacas, et il prit au même moment ses fonctions; mais il refusa de goûter le vin qu'il présentait au roi, disant qu'il croyait que c'était du poison; qu'il avait remarqué que la tête tournait à tous ceux qui en avaient bu; qu'ils ne pouvaient se tenir sur leurs jambes; qu'on les entendait parler, chanter et crier sans raison, et que cette liqueur faisait perdre au roi sa dignité et à ses sujets le respect qu'ils lui devaient. « Cette » boisson, répondit Astyage, ne produit-elle pas le » même effet sur votre père ? » « Jamais, répliqua le » prince; quand il a bu, il cesse d'avoir soif, et » voilà tout. » Xénophon nous a transmis ces détails, où l'on reconnaît la philosophie d'un disciple de Socrate.

Peu de temps après, Mandane retourna en Perse; Cyrus resta en Médie pour se perfectionner dans l'exercice de l'équitation; car alors, dans la petite province montagneuse de Perse, on trouvait peu de chevaux, et la cavalerie d'Astyage était renommée dans l'Orient. Cyrus ne se servit de son crédit sur son grand-père que pour protéger le malheur et secourir la pauvreté. Il se fit généralement adorer des Mèdes par sa douceur et son humanité. Il avait seize ans lorsque le fils de Nabuchodonosor, roi de Babylone, tenta une irruption en Médie. Cyrus suivit Astyage à la guerre. Ses premières actions furent brillantes, et il contribua par son courage à la victoire signalée que les Mèdes remportèrent sur leurs ennemis.

L'année d'après, Cambyse rappela son fils auprès de lui. Tous les grands, tous les officiers le reconduisirent volontairement jusqu'aux frontières, et le peuple pleura son absence. Il resta encore un an en Perse dans la classe des enfants. On voyait avec étonnement que les mœurs des Mèdes n'avaient point amolli les siennes.

Lorsqu'il fut entré dans la classe de la jeunesse, il surpassa tous ses compagnons en ardeur pour l'étude, en adresse dans les exercices, en patience pour supporter les privations, et en obéissance aux ordres de ses chefs. A l'âge de vingt-sept ans on l'admit parmi les hommes; et pendant treize ans il s'occupa sans relâche à étudier la religion, les lois, l'administration, et à se perfectionner dans l'art militaire.

Astyage avait terminé sa vie: Cyaxare, son fils, occupait le trône. Nériglissar, roi de Babylone, redoutant les progrès de la puissance réunie des Mèdes et des Perses, rechercha l'amitié du roi des Indes, fit alliance avec Crésus, roi de Lydie; et, ayant attiré dans son parti plusieurs autres princes, il porta ses armes contre Cyaxare. Celui-ci demanda des secours à Cambyse qui chargea son fils de lever, d'organiser et de commander un corps de trente mille hommes d'infanterie pour soutenir le roi des Mèdes dans cette guerre. Cyrus ordonna à deux cents Perses, distingués par leurs talents, leur bravoure et leur expérience, de choisir chacun quatre officiers; et ces mille guerriers d'élite, qui contribuèrent tant par la suite aux succès et à la gloire de Cyrus, choisirent chacun, parmi les soldats les plus braves et les plus adroits, dix lanciers armés à la légère, dix frondeurs et dix archers.

Cambyse accompagna son fils jusqu'à la frontière et lui donna de sages instructions. Comme il trouva que l'étude et les exercices militaires lui avaient inspiré trop de confiance en ses talents, il lui demanda s'il connaissait les meilleurs moyens à prendre pour rassembler des vivres, pour prévenir des maladies dans l'armée, pour exciter l'émulation des officiers, et pour obtenir à la fois l'amour et l'obéissance du soldat. Cyrus lui répondit que dans son éducation on n'avait pas porté ses idées sur de pareils objets; qu'il savait seulement que, pour se faire obéir, il suffisait de louer, de blâmer, de récompenser et de punir à propos. « Mon fils, répliqua Cambyse, c'est le moyen de
» forcer à l'obéissance : l'important est d'en obte-
» nir une volontaire; pour y parvenir, vous devez
» convaincre les hommes que vous connaissez mieux
» qu'eux-mêmes leurs propres intérêts : il faut leur
» prouver que vous êtes plus habile que les autres,
» et imiter le médecin et le pilote qui excitent la
» confiance des malades et des voyageurs en leur
» persuadant qu'ils savent mieux que personne ce
» qui leur est nécessaire. Vous n'avez appris toute
» votre vie que le métier de soldat; étudiez mainte-
» nant celui de général. Vous savez commander

» aux corps; étudiez l'art de gouverner les esprits.» Ces avis prudents garantirent Cyrus de la présomption si naturelle à la jeunesse, et de l'orgueil que lui inspiraient ses premiers succès.

L'armée babylonienne était de deux cent mille hommes de pied et de soixante mille chevaux. Les Mèdes et les Perses réunis pouvaient à peine lui opposer cent mille fantassins et vingt mille cavaliers. Cyrus, pour balancer la supériorité du nombre par celle des armes, distribua à ses troupes, à la place des traits qu'on lançait de loin, un grand nombre d'épées et de boucliers pour combattre de près, espérant que cet usage, nouveau dans l'Orient, favoriserait le courage des siens et étonnerait les ennemis. Le roi des Indes n'embrassa aucun parti dans cette guerre, et offrit sa médiation pour la paix. Le roi d'Arménie, croyant l'occasion favorable pour recouvrer son indépendance, refusa de payer le tribut annuel qu'il devait à Cyaxare. Cyrus, ayant répandu le bruit qu'il voulait faire une grande partie de chasse dans les montagnes, y rassembla secrètement ses plus braves guerriers; il y laissa une forte embuscade, et par une marche rapide, descendant tout à coup dans la plaine, surprit les Arméniens qui n'étaient point préparés à cette attaque, et défit sans peine leurs troupes dispersées. La reine d'Arménie et les enfants du roi voulurent se sauver dans les montagnes, et tombèrent dans l'embuscade que Cyrus y avait placée.

Le jeune prince, maître de ces otages, reprocha au roi la violation de sa foi et l'infraction des traités. Tigrane, prince d'Arménie, lié d'amitié avec Cyrus, prit la défense de son père, et promit, pour réparer son erreur, de fournir au roi des Mèdes quarante mille hommes de pied et huit mille chevaux. Cyrus n'en accepta que la moitié : demandant ensuite au roi et à Tigrane quelle rançon ils proposaient pour la liberté de leur famille, ils promirent de souscrire à tout ce qu'il exigerait. Cyrus, les ayant invités à un grand festin, leur rendit sans rançon la reine et ses enfants. Il ne leva aucun impôt et partit d'Arménie, après y avoir conquis l'admiration générale par son audace, et la reconnaissance des peuples par sa générosité.

Les Chaldéens, alors en guerre avec les Arméniens, leur livrèrent bataille. D'après les dispositions du roi d'Arménie, Cyrus avait prévu sa défaite et s'était tenu à portée de le secourir. Il défit les Chaldéens; dicta la paix et bâtit sur les montagnes une forteresse où il plaça des troupes, avec l'ordre de combattre le premier des deux peuples qui romprait le traité. Le roi d'Arménie lui donna un corps de quatre mille hommes : ainsi, il revint en Médie avec un grand accroissement en forces et en renommée. Lorsqu'il eut réuni les armées de Perse, de Médie et d'Arménie, il marcha contre le roi de Babylone. En présence des ennemis il donna pour mot d'ordre *Jupiter secourable et conducteur*, fit entonner l'hymne de Castor et Pollux, et, chargeant à la tête de ses braves, il enfonça les Assyriens, que la cavalerie mède poursuivit jusqu'aux portes de leur camp. Effrayé par ce premier revers, Crésus, leur allié, prit la fuite avec ses Lydiens. Nériglissar, roi de Babylone, périt dans le combat.

Cyrus voulait poursuivre les ennemis et compléter sa victoire : Cyaxare craignait de réveiller leur courage en les réduisant au désespoir. Le prince de Perse n'obtint de lui que la permission d'emmener du camp les volontaires qui consentiraient à le suivre.

Le roi des Mèdes, dans l'ivresse d'un succès auquel il avait peu contribué, ne songea qu'à se livrer aux excès de la table et de la débauche. Tandis qu'il passait la nuit en festins, les Mèdes coururent en foule se joindre aux Perses, et suivirent avec ardeur Cyrus, qui s'empara du camp des Assyriens, dans lequel il trouva d'immenses richesses. Les Hyrcaniens se soumirent à lui : il permit à tous les prisonniers de retourner dans leur pays, sans autre condition que la promesse de ne plus combattre contre la Perse et contre la Médie. Il réserva pour Cyaxare tout ce qu'on avait trouvé de plus précieux dans le camp ennemi. Dans un grand repas donné aux officiers, les Mèdes et les Hyrcaniens eurent des vivres en abondance; les Perses, comme Cyrus, se contentèrent de pain et d'eau. Les mages reçurent la première part des dépouilles de l'ennemi : il partagea le reste entre les Mèdes, et ne donna aux Perses que des armes et des chevaux.

Cependant Cyaxare, sortant de son ivresse, apprit avec colère que tous les Mèdes l'avaient abandonné. Resté seul dans son camp avec ses convives, il rappela sur-le-champ ses troupes près de lui; mais Cyrus, aussi modeste que brave, fléchit son courroux et calma son orgueil par une lettre respectueuse et soumise.

Parmi les prisonniers, on avait réservé pour Cyrus une femme remarquable par sa beauté; elle se nommait Panthée et elle était femme d'Abradate, roi de Susiane. Cyrus, redoutant le pouvoir de ses charmes, refusa de la voir. Araspe, l'un de ses officiers, fut plus présomptueux; il se croyait à l'abri des passions, et se chargea de la garde de la reine. L'amour s'empara bientôt de sa raison, et, ne pouvant toucher le cœur de Panthée, il voulut user de violence. Cyrus irrité ordonna à Artabaze de lui faire de justes reproches. Araspe se croyait perdu; mais le prince, après l'avoir réprimandé, le traita avec bonté, lui pardonna et excita tellement sa reconnaissance, qu'il résolut d'exposer sa vie pour lui rendre un important service. Ayant fait courir le bruit qu'il était disgracié et mécontent, il feignit de chercher un asile à la cour d'Assyrie, dans l'intention d'examiner tout avec soin, de prendre une connaissance exacte des projets et des forces de l'ennemi, et de contribuer ensuite efficacement aux succès de Cyrus : étrange aveuglement des hommes, qui croient qu'un dévouement légitime peut rendre la trahison honorable!

Panthée, sauvée par la vertu de Cyrus des périls qu'avait courus son honneur, en informa son époux Abradate. Il vint, à la tête de deux mille hommes, offrir son épée, ses services et sa vie au prince de Perse.

Cyrus vit aussi arriver dans son camp deux hommes puissants en Assyrie, qui implorèrent sa protection; l'un se nommait Gobryas. Le dernier roi d'Assyrie, aimant et respectant ce vieillard, voulait que son fils épousât sa fille. Le jeune prince de Babylone, fougueux dans ses passions, s'était emporté à la chasse contre le fils de Gobryas, et l'avait tué. Peu de temps après, monté sur le trône, il voulut, en abusant de son autorité, prendre pour femme la sœur de sa malheureuse victime. Gobryas, ne pouvant supporter cette tyrannie, demanda à Cyrus appui et vengeance. Le même roi avait aussi maltraité Gadatas, gouverneur d'une grande province; il offrit également ses services à Cyrus.

La mort du roi de Babylone et l'avénement au trône de son frère Nabonit, ou Balthazar, n'apaisèrent point le ressentiment de ces deux mécontents, qui jouissaient en Assyrie de l'estime générale et d'un grand pouvoir. Le prince de Perse, fort de leur appui, entra avec confiance en Assyrie: il y pénétra par la province soumise à Gobryas, qui lui ouvrit les portes d'une forteresse importante, et mit à ses pieds tous ses trésors. Cyrus lui dit: «Je les accepte, et je les donne en dot à votre » fille : elle trouvera, parmi mes guerriers, un » époux digne d'elle. » Il tourna ensuite la ville de Babylone et entra dans les contrées où commandait Gadatas. Ce satrape le rendit maître du pays des Sacques et des Cadusiens. La réunion de ces provinces augmenta son armée de trente-six mille hommes.

Le roi d'Assyrie marcha contre Gadatas pour le punir de sa défection; mais il fut vaincu par Cyrus et forcé de retourner à Babylone. La vaillance et la générosité du prince des Perses lui attiraient l'affection de tous les peuples qui briguaient son alliance. Avare de leur sang, il voulut terminer la guerre par un combat singulier, et défia le roi d'Assyrie: ce prince n'osa pas répondre à ce défi. On conclut une trève d'un an, et Cyrus retourna en Médie. Cyaxare craignait de recevoir dans ses états les Perses victorieux. Tout annonçait une désunion funeste aux deux peuples ; mais Cyrus, que la victoire n'avait pas enorgueilli, désarma son oncle par ses prières, et le toucha tellement par sa douceur, qu'il lui donna sa fille en mariage. Le prince, après avoir fait un voyage en Perse pour obtenir le consentement de Cambyse, son père, revint à Ecbatane célébrer ses noces et hâter les préparatifs qu'exigeait la guerre.

Le roi des Indes lui envoya des secours en argent. Pendant ce temps, le roi d'Assyrie, qui s'était rendu en Lydie, réunissait des forces immenses, avec lesquelles il se flattait d'écraser les Perses et les Mèdes. Les rois de Thrace, d'Égypte, de Chypre, de Cilicie, les Phrygiens, les Cappadociens, les Arabes, les Phéniciens et les Ioniens embrassèrent le parti de Crésus et de Balthazar. Leur nombreuse armée, rassemblée au bord du Pactole, se proposait de marcher sur Thymbrée. La force de cette ligue et la nouvelle de sa marche répandirent l'inquiétude dans l'armée des Mèdes et des Perses. Cyrus rendit le courage et la confiance à ses guerriers en leur rappelant la rapidité de leurs premiers exploits, la facilité de leurs premiers triomphes ; il leur prouva que la discipline et le courage pesaient plus dans la balance du destin que le nombre des soldats, et que des troupes aguerries, unies, exercées aux travaux et à la fatigue, vaincraient sans peine une multitude de peuples qui ne s'entendaient pas, qui n'avaient ni les mêmes intérêts, ni les mêmes lois, ni le même langage, et dont le roi Crésus, nommé généralissime, n'était encore connu que par une fuite honteuse.

Cyrus se voyait à la tête d'une armée de cent quatre-vingt-seize mille hommes : la cavalerie perse était nombreuse et bien exercée; il avait inventé les chariots armés de faux, qui devaient porter le désordre dans les rangs ennemis. Par son ordre on construisit des tours de bois, montées sur des roues, qui suivaient ses bataillons, et du haut desquelles on lançait des pierres et des dards.

Comptant sur le succès de cette nouvelle tactique, et encore plus sur l'ardeur et le dévouement de ses guerriers, Cyrus se porta vers la ville de Thymbrée. L'armée de Crésus se montait à quatre cent vingt mille combattants, placés sur une seule ligne : l'infanterie occupait le centre, la cavalerie les ailes. Les Égyptiens seuls, toujours inviolablement attachés à leurs usages, n'avaient pas voulu s'étendre et s'étaient formés en bataillons carrés. Araspe, parfaitement instruit des forces, des plans et des dispositions de Crésus et de Balthazar, vint les découvrir à Cyrus, qui disposa son infanterie en plusieurs colonnes, sur douze hommes de front.

Il plaça en avant les archers, les lanciers, les frondeurs et les chariots armés de faux. Derrière l'infanterie on rangea les tours roulantes. A quelque distance était un corps de réserve nombreux, destiné à se porter sur les points qui auraient besoin d'appui. Cyrus, après avoir adressé ses prières à Jupiter, ordonna à Arsamas et à Chrysante, qui commandaient les ailes, de mesurer et de régler leur marche sur celle du centre, où brillait l'étendard royal. C'était un aigle d'or placé au bout d'une pique.

L'armée ennemie, par ses premiers mouvements, déborda et entoura celle de Cyrus, qui fit face de tous côtés. Abradate, à la tête des chariots armés de faux, jeta le désordre dans les rangs des Lydiens; ils se dispersèrent aussitôt. Un escadron de chameaux, effrayant les chevaux assyriens par son aspect, son odeur et ses cris, mit en fuite toute la cavalerie de Balthazar. Abradate, voulant ensuite attaquer l'infanterie égyptienne, ne put pénétrer ses masses, fut renversé de son char et périt. Ces braves Égyptiens rompirent et traversèrent les quatre lignes de l'armée des Perses jusqu'aux tours. Cyrus, qui s'était porté à la tête de sa cavalerie victorieuse, revint sur la masse égyptienne et l'enfonça : il tomba de cheval dans la mêlée au milieu des ennemis; mais comme il était adoré par ses troupes, elles se précipitèrent à son secours et le dégagèrent.

Cyrus, frappé de la valeur des Égyptiens qui tenaient ferme et ne voulaient pas rendre leurs armes, fit une capitulation avec eux et leur donna les villes de Larisse et de Silène, où long-temps après leurs descendants habitaient encore.

La bataille avait duré depuis le matin jusqu'à la nuit. Crésus se retira près de Sardes, et chacun des alliés retourna dans son pays. Le lendemain l'armée des Perses marcha sur Sardes et battit les troupes de Crésus : après avoir attiré l'attention de l'ennemi sur un point par une fausse attaque, elle marcha d'un autre côté, pénétra dans la ville et s'empara du palais. Crésus fut pris avec tous ses trésors. Cyrus, irrité contre lui, l'envoya au supplice : il allait mourir; mais, ayant prononcé trois fois le nom de Solon, le vainqueur arrêta le fer levé sur sa tête et lui demanda la cause de son exclamation. Crésus lui répondit que, dans le temps de ses prospérités, lorsque, enivré par la fortune, la gloire et la volupté, il se croyait le plus puissant des rois et le plus heureux des mortels, ce sage législateur l'avait averti de la vanité et de l'inconstance de la fortune; enfin il répéta toutes les vérités sorties de la bouche de ce philosophe pour le prémunir contre l'orgueil et pour le ramener à la vertu. Près d'expirer, il s'était rappelé ses conseils en regrettant de n'en avoir pas mieux profité.

Cyrus, touché du malheur de ce prince, lui accorda la vie et lui laissa le titre de roi avec des revenus assez considérables. Cyrus parcourut ensuite l'Ionie, qu'il rangea sous son autorité en bravant les menaces de Lacédémone. Ses armes lui soumirent l'Asie, depuis la mer Égée jusqu'à l'Euphrate. Il conquit la Syrie, l'Arabie, et vint enfin assiéger Babylone. Les habitants de cette ville immense, défendue par un fleuve profond, par de hautes murailles et par une nombreuse armée, se croyaient invincibles. Cyrus employa beaucoup de temps à creuser un canal pour détourner le cours du fleuve. Lorsque cet ouvrage prodigieux fut achevé, étant instruit que les Babyloniens célébraient la fête de Vénus et passaient la nuit dans la débauche, il fit ouvrir par des tranchées les bords du fleuve au-dessus et au-dessous de la ville : les eaux se jetèrent alors dans le profond canal qu'on venait de creuser ; par ce moyen l'Euphrate se trouva à sec. Alors deux corps de troupes, commandés par Gobryas et Gadatas, entrèrent, chacun de son côté, par le lit du fleuve, dans la ville, se rencontrèrent au palais du roi, surprirent la garde et tuèrent Balthazar.

Cette même nuit, ce prince impie, livré à la débauche, dans une sécurité profonde, avait voulu se servir des vases sacrés du temple de Jérusalem. Tout à coup une main divine traça sur la muraille des mots inconnus, que Daniel expliqua en annonçant au monarque sa mort prochaine et la destruction du royaume. A peine Daniel cessait de parler, Cyrus paraît et renverse l'empire des Babyloniens, comme l'avaient annoncé Isaïe et Jérémie. Les vainqueurs pillèrent Babylone et en ruinèrent une partie. Dans la suite les rois de Perse préférèrent à cette capitale Suze, Ecbatane et Persépolis. Alexandre voulut rendre quelque éclat à Babylone; mais après sa mort les rois macédoniens l'abandonnèrent, et construisirent dans son voisinage Séleucie, qui lui enleva un grand nombre d'habitants. La dynastie des Perses, succédant à celle des Grecs, acheva de ruiner cette antique capitale en bâtissant Ctésiphon. Du temps de Pausanias il ne restait plus de Babylone que ses murailles. Les rois de Perse en firent un parc pour les bêtes sauvages; ses murs, qu'on ne réparait plus, se détruisirent. L'Euphrate changea de cours; et la place qu'occupait cette ville célèbre n'offrit plus aux yeux du voyageur qu'un marais infect et qu'un vaste désert. Tout disparut, jusqu'à ses ruines, et les géographes modernes ne peuvent même fixer avec précision le lieu où elle existait.

Cyrus, maître de l'Orient, organisa sagement son vaste empire: il le partagea en gouvernements, en districts, et nomma des satrapes pour les gouverner. Afin d'affermir son autorité et de tempérer celle des gouverneurs de provinces, il avait placé partout des officiers fidèles qui les surveillaient, et qui correspondaient directement avec lui. Il choisit pour tous les emplois les hommes les plus vertueux, les plus habiles, et les traita avec une grande générosité. Crésus lui reprochait cet excès de libéralité, et voulait lui prouver qu'avec plus d'économie il aurait pu se faire un trésor immense, qu'il porta par ses calculs à une somme énorme. Cyrus écrivit aux grands de l'empire qu'il avait un besoin pressant d'argent : sur-le-champ on lui envoya de toutes parts une quantité qui surpassait de beaucoup la somme évaluée pas Crésus. « Voilà, dit-il, mon » trésor : il est inépuisable; je le trouve dans le » cœur et dans l'affection de mes sujets. »

Cyrus protégea le culte des mages et lui donna beaucoup d'éclat. Toutes les vertus militaires et civiles prospérèrent par son exemple : mais les plus nobles caractères sont rarement à l'abri du double poison de la puissance et de la flatterie; il oublia la simplicité de mœurs des Perses; trois cents eunuques firent le service de son palais. On vit briller à sa cour le luxe des Mèdes; il porta leurs longs habits et se para de leur fard. Peut-être, ayant renoncé aux conquêtes, croyait-il nécessaire d'amollir une nation guerrière dont l'activité, sans occupation pendant la paix, pourrait lui faire craindre des troubles et des révoltes. Il tolérait et respectait tous les cultes; et, quoique celui des mages fût le sien, il protégeait le sabéisme. On le vit traverser la ville sur un char, entouré d'une cour magnifique, et suivi par une garde de quarante mille hommes. Il offrit un sacrifice solennel au soleil, à Jupiter et à la Terre, et donna ensuite au peuple des jeux et des courses de chevaux.

La mort de Cambyse son père et de Cyaxare son oncle, qu'il avait comblé de présents, réunit à ses états la Perse et la Médie. C'est ainsi que fut fondé ce vaste empire de Perse, qui dura depuis Cyrus jusqu'à Darius Codoman, l'espace de deux cent cinq ans.

Cette monarchie était divisée en cent vingt provinces. Tous les officiers qui avaient secondé Cyrus dans sa conquête possédèrent les premiers emplois et acquirent d'immenses richesses. Les ordres du roi parvenaient avec célérité d'une extrémité à l'autre du royaume, au moyen des postes et des courriers qu'il établit partout. Trois principaux ministres étaient chargés de l'administration de l'empire. Le prophète Daniel fut un de ces ministres; sa vertu lui avait mérité la confiance de Cyrus. Il obtint la réédification de Jérusalem et la liberté des Juifs, depuis soixante-dix ans captifs en Babylonie. Cyrus, par un célèbre édit, renvoya les Hébreux en Judée, et leur permit de rebâtir le temple de Salomon. Il remit à Zorobabel les vases sacrés pris dans le temple; mais les Samaritains, par leurs intrigues, retardèrent l'exécution de ce décret.

Cyrus jouissait en paix de ses travaux. Son empire était borné à l'orient par l'Inde, au nord par la mer Caspienne et par le Pont-Euxin, au couchant par la mer Égée, au midi par l'Éthiopie et par la mer d'Arabie. Il passait sept mois de l'année à Babylone, trois à Suze et deux à Ecbatane. Tous les ans il allait une fois à Persépolis. Il fit son dernier voyage à l'âge de soixante-dix ans; il avait conservé jusque-là sa vigueur et sa santé. Lorsqu'il vit sa fin s'approcher, il remercia les dieux de toutes leurs faveurs, rassembla les grands, déclara Cambyse, son fils, roi de Perse, et donna à un autre fils nommé Tanatas, plusieurs gouvernements en apanage. Il parla à ses enfants de l'immortalité de l'ame, leur représenta que toutes leurs actions se passeraient sur un grand théâtre à la vue de tout l'univers; enfin il leur recommanda de craindre le jugement des dieux et celui de la postérité. Au lieu de brûler son corps il voulut qu'on l'enterrât, afin qu'après sa mort, en fécondant la terre, il fût encore utile aux hommes comme il l'avait été pendant sa vie. Il mourut après avoir commandé les armées vingt-trois ans et régné pendant sept.

Hérodote raconte autrement l'histoire de Cyrus : selon cet écrivain, Astyage, averti en songe que son petit-fils le détrônerait, ordonna sa mort. Cyrus, sauvé de ce péril par l'humanité d'un Mède, parvint à fléchir le courroux d'Astyage qui le reconnut; mais la prédiction n'en fut pas moins accomplie, et le roi des Mèdes périt de la main du prince qui s'était révolté contre lui. Hérodote n'est pas plus d'accord avec Xénophon sur la mort de Cyrus : il dit que ce monarque, portant la guerre contre les Scythes, les trompa par une fuite simulée, et laissa beaucoup de vin et de viandes dans son camp. Les ennemis s'étant livrés à la débauche, Cyrus les surprit, les battit et fit prisonnier le prince de Scythie, qui se tua de désespoir. La reine Thomiris sa mère, animée par la passion de la vengeance, attira les Perses dans une embuscade, en tua deux cent mille avec Cyrus leur roi; puis, ayant fait couper la tête de ce prince, elle la jeta dans une outre pleine de sang, en lui disant: « Cruel! rassasie-toi maintenant de ce sang humain » dont tu as été insatiable pendant ta vie. » Le même historien rapporte que Cyrus, pour se venger de l'Euphrate, dans lequel les chevaux consacrés au soleil s'étaient noyés, fit couper par son armée ce fleuve en trois cent soixante canaux. Au reste, Hérodote avertit lui-même qu'il existait différentes versions sur l'histoire de Cyrus; il a préféré sans doute, suivant le goût des Grecs, la plus fabuleuse; et peut-être les contes que répandait en Asie le roi de Babylone, lorsque Cyrus lui faisait la guerre.

CAMBYSE.

(An du monde 3475. — Avant Jésus-Christ 529.)

Après la mort de Cyrus, Cambyse, son fils aîné, étant monté sur le trône, résolut de porter la guerre en Égypte. Amasis, roi de ce pays, s'était soumis à Cyrus qui lui avait imposé un tribut; mais il ne voulut point le payer à son successeur. Cambyse regarda ce refus comme une marque de mépris et comme une injure, et fit d'immenses préparatifs et sur terre et sur mer pour en tirer vengeance. Les Cypriotes lui fournirent des vaisseaux; il reçut un grand nombre de soldats d'Ionie et d'Éolie. Phanès d'Halicarnasse, chef d'un corps de Grecs au service d'Amasis, s'étant brouillé avec ce prince, donna des renseignements très-utiles à Cambyse sur les forces de l'Égypte. Ce fut par son avis qu'il engagea un roi arabe à lui envoyer des chameaux chargés d'eau pour traverser le désert. Ces préparatifs occupèrent les trois premières années de son règne; lorsqu'ils furent achevés, il se mit en marche et apprit en Palestine la mort d'Amasis.

Psammétits, son successeur, réunissait toutes ses forces pour se défendre contre les Perses. Cambyse ne pouvait pénétrer en Égypte qu'après avoir pris Péluse, place très-forte alors; pour s'en emparer, il usa d'un stratagème dont la superstition du peuple assura le succès : il savait que la garnison était composée d'Égyptiens; et, en donnant l'assaut à la ville, il fit porter devant les colonnes des chats, des chiens, des brebis et d'autres animaux regardés comme sacrés. Les Égyptiens n'osèrent point tirer sur eux. Cambyse entra sans résistance dans la place et pénétra ainsi dans l'intérieur du pays.

Psamménits vint à sa rencontre et ternit son courage par un acte de cruauté. Le Grec Phanès, en quittant le parti d'Amasis, avait été forcé de laisser ses enfants en Égypte. Psamménits les fit égorger à la vue des deux camps, et les Égyptiens burent leur sang. Un crime si lâche présageait une honteuse défaite : le combat fut sanglant et terrible; l'armée égyptienne prit la fuite; la plus grande partie périt, le reste se sauva à Memphis. Cambyse les poursuivit : un vaisseau de Mitylène remonta le Nil par ses ordres, portant des hérauts d'armes qui invitèrent les habitants à se soumettre. Le peuple furieux les hacha en pièces, ainsi que tous ceux qui les accompagnaient. Le roi de Perse attaqua Memphis de vive force, s'en empara, et fit exécuter publiquement dix fois autant d'Égyptiens des familles les plus distinguées qu'il y avait eu de personnes massacrées dans le vaisseau. Le fils aîné de Psamménits se trouva au nombre de ces victimes.

Cambyse traita le roi avec douceur, lui conserva la vie et lui assigna un entretien honorable. Mais ce prince, inconsolable de la perte de son trône et de celle de son fils, voulut exciter des troubles dans l'espoir de recouvrer son royaume : on termina sa vie en lui faisant boire du sang de taureau. Son règne n'avait duré que six mois. Toute l'Égypte se soumit au vainqueur.

Cambyse alla à Saïs; et, prolongeant sa vengeance au-delà du tombeau, il fit déterrer et brûler le corps d'Amasis. Insatiable de conquêtes, il conçut le projet d'envoyer des troupes à Carthage et de s'emparer de toute la côte d'Afrique; mais les menaces des Phéniciens lui firent abandonner cette résolution. Il chargea des ambassadeurs de se rendre auprès du roi d'Éthiopie pour l'inviter à reconnaître son autorité, et lui envoya en même temps de riches présents. Les Éthiopiens méprisèrent ses dons et n'acceptèrent que le vin qui en faisait partie. Le roi d'Éthiopie fit porter à Cambyse un arc d'une grandeur et d'une force remarquables, et lui écrivit qu'il ferait bien, avant d'attaquer l'Éthiopie, d'attendre qu'un de ses guerriers eût pu tendre cet arc. Cambyse irrité marcha contre lui, et laissa des troupes grecques pour contenir l'Égypte. Il chargea en même temps un corps de cinquante mille hommes de se rendre dans l'Oasis où se trouvait le temple de Jupiter

Ammon, et de détruire ce célèbre édifice. L'entreprise eut un funeste résultat : les cinquante mille hommes destinés à l'exécuter furent enveloppés par des tourbillons de sable et périrent.

L'armée de Cambyse, brûlée dans les déserts par les feux du soleil et exténuée par les privations, se trouva bientôt réduite à la plus affreuse extrémité. Après s'être nourri de la chair des chevaux et des chameaux, on en vint au point de s'entretuer pour assouvir la faim : les soldats, partagés par dizaines, tiraient au sort; et celui sur lequel il tombait servait de pâture à ses malheureux compagnons.

Cambyse, renonçant à vaincre un peuple défendu par un désert immense et par un soleil brûlant, retourna sur ses pas et ne ramena que de faibles débris de son armée à Thèbes, dont il pilla et brûla les temples. Arrivé à Memphis, il trouva le peuple occupé à célébrer les fêtes d'Apis: il crut que ces réjouissances étaient une insulte à son malheur; dans sa colère, il donna l'ordre de tuer tous les magistrats et de fustiger tous les prêtres. Lui-même enfin perça le bœuf Apis d'un coup de poignard dans la cuisse. Depuis ses revers en Éthiopie, il devint frénétique, et sa vie ne fut plus qu'une suite de folies et de cruautés. Il avait un frère que Xénophon nomme Anaxare; Justin, Mergis; et Hérodote, Smerdis. Ce prince, d'une force remarquable, était parvenu à tendre l'arc envoyé par le roi d'Éthiopie. Le roi, jaloux des grandes qualités de son frère et de l'affection qu'on lui portait, le renvoya à Babylone; mais, quelque temps après, ayant rêvé qu'il projetait de le renverser du trône, il chargea un Perse, nommé Prexape de le tuer. Criminel dans ses penchants comme dans sa haine, il s'enflamma pour sa sœur Méroé, et consulta les juges pour savoir s'il pouvait la prendre pour femme, ainsi que le permettait le culte des mages. Ces vils flatteurs lui répondirent qu'aucune loi du royaume ne le permettait, mais qu'il en existait une qui donnait aux rois de Perse le droit de faire tout ce qu'ils voulaient. Il épousa donc Méroé, et donna son nom à une île qui se trouve dans le Nil, près des frontières de l'Éthiopie.

Un jour Cambyse assistant à un combat d'un lion contre un chien, le frère de ce chien vint à son secours et le rendit vainqueur de son terrible adversaire. A ce spectacle, Méroé versa des larmes et avoua que la vaillance de ce chien lui avait rappelé la mémoire de son frère Smerdis. Cambyse, se trouvant insulté par un souvenir qui lui retraçait un crime, la frappa si violemment qu'elle en mourut peu de jours après.

Son favori Prexape, attribuant sa violence à son ivresse, lui dit hardiment que les Perses blâmaient et méprisaient son funeste penchant pour le vin.

« Vous allez juger vous-même, répliqua le roi, si le
» vin me fait perdre la raison. » Alors il vida plusieurs coupes, et, ayant ordonné au fils de Prexape de se tenir debout à l'extrémité de la salle, il saisit son arc, déclara qu'il visait au cœur de ce jeune homme, et le perça en effet d'un coup de flèche; puis, se tournant vers le malheureux père, il lui dit : « Trouvez-vous que l'ivresse m'empêche d'avoir
» la main ferme et le coup d'œil sûr? » Si quelque chose surpasse la noirceur d'un tel crime, ce fut la bassesse de Prexape qui répondit : « Seigneur,
» Apollon lui-même ne tirerait pas plus juste. » Crésus, témoin de ce forfait, laissa éclater son indignation. Cambyse ordonna sa mort; et, comme on avait retardé l'exécution de cet ordre cruel, il le révoqua ; mais il fit périr ceux qui n'avaient pas obéi.

Ce fut à peu près dans ce temps que Polycrate, tyran de Samos, mourut. Il était allié et ami d'Amasis. Le destin l'avait toujours favorisé à tel point qu'Amasis lui conseilla de se procurer volontairement quelque forte contrariété pour apaiser la fortune qui, par cet excès de bonheur, semblait le menacer de grands et de prochains revers. Polycrate, docile à cet avis, jeta dans la mer une superbe émeraude à laquelle il attachait beaucoup de prix. Quelques jours après un pêcheur lui apporta un gros poisson dans lequel il retrouva cette émeraude. Amasis, en étant instruit, lui manda qu'il renonçait à son amitié, ne voulant pas partager le sort d'un homme menacé d'un grand désastre.

Quelque temps après la mort d'Amasis, Orotès, satrape de Sardes, voulut se mettre à l'abri du ressentiment du roi de Perse, qui lui reprochait d'avoir fait de vains efforts pour conquérir l'île de Samos. Feignant d'être mécontent de Cambyse, il écrivit à Polycrate qu'il voulait embrasser son parti, et porter chez lui des trésors dont il abandonnerait la moitié. Le prince de Samos, s'étant assuré par des espions qu'on se préparait à embarquer des coffres remplis d'or, vint sans défiance à Sardes. A peine débarqué, Orotès donna ordre de l'enchaîner; il le fit pendre et s'empara de son île.

Cambyse, après avoir soumis l'Égypte, retourna en Perse. Lorsqu'il fut arrivé en Syrie, un courrier de Suze lui apprit qu'on venait d'y proclamer roi son frère Smerdis qu'il croyait mort. Il l'était en effet; mais un imposteur avait pris son nom. Cet aventurier était fils de Patisithe, l'un des chefs des mages; sa figure ressemblait beaucoup à celle du fils de Cyrus, dont Cambyse avait ordonné la mort.

Le peuple, trompé par cette ressemblance, et le croyant échappé aux poignards des assassins, le plaça sur le trône d'un tyran extravagant, cruel et universellement détesté. Cambyse voulait hâter sa marche; mais, en montant à cheval, il tomba, et son épée, sortie du fourreau, lui fit une blessure à la cuisse. Un oracle avait prédit qu'il mourrait à Ecbatane : pour éviter son accomplissement, il ne voulut jamais aller en Médie. Dès qu'il apprit que le village de Syrie où on le porta se nommait Ecbatane, il désespéra de sa vie et mourut en effet peu de jours après.

Les Égyptiens regardèrent sa blessure et sa mort comme une vengeance du meurtre d'Apis. Plusieurs historiens croient que Cambyse était l'Assuérus de l'Écriture. Aucun prince ne porta plus loin l'ambition, l'orgueil et la cruauté. Son extravagance, qui fit périr tant de milliers d'hommes dans les sables de Libye et d'Éthiopie, mina les fondements du trône élevé par les vertus de Cyrus. Il fit haïr non-seulement le roi, mais la royauté, à tel point que les Perses furent tentés de prendre une autre forme de gouvernement.

En lisant l'histoire de l'Orient, on n'est pas étonné de la passion des Phéniciens, des Carthaginois, des Grecs et des Romains pour la république et la liberté; car la barbarie et le despotisme sanguinaire des rois d'Asie et d'Égypte devaient inspirer la haine de la monarchie et l'horreur de l'esclavage.

SMERDIS.

(An du monde 3480. — Avant Jésus-Christ 524.)

L'imposteur, le fils du mage, le faux Smerdis, prit insolemment le nom d'Artaxerce, et succéda sans obstacle à Cambyse, comme si le sceptre lui eût appartenu légitimement. Cédant aux intrigues des Samaritains, il révoqua les ordres de Cyrus relatifs au temple de Jérusalem, dont la reconstruction fut ainsi suspendue jusqu'au règne de Darius.

Smerdis croyait gagner l'affection de ses sujets par des édits populaires : il diminua tous les impôts; il exempta les Perses de tout service militaire pendant trois ans. Mais cette exagération de douceur, et le soin qu'il prenait de se renfermer dans son palais, firent soupçonner qu'il craignait qu'on ne découvrît l'imposture.

Il avait épousé les femmes de son prédécesseur, parmi lesquelles se trouvaient Atosse, fille de Cyrus, et Phédime, fille du satrape Otanès. Le père de Phédime chargea sa fille de découvrir, par le moyen d'Atosse, si Smerdis était le vrai fils de Cyrus; mais elle ne put remplir ses intentions, parce que l'imposteur interdisait à ses femmes toute communication entre elles.

Sur ces entrefaites, le satrape Otanès, ayant su que le fils du mage avait autrefois été mutilé pour un crime, manda à Phédime d'examiner adroitement la nuit si Smerdis ne portait aucune cicatrice aux oreilles. Elle obéit, et découvrit complétement l'imposture de l'usurpateur. Otanès alors, n'ayant plus de doute, fit une conjuration avec cinq autres satrapes et Darius, dont le père, nommé Hystaspe, était gouverneur de Perse.

Les mages, alarmés de leur réunion, soupçonnèrent l'objet de leurs assemblées, et, pour déjouer ce complot, ils proposèrent à Prexape de déclarer devant le peuple que le prince qui régnait était véritablement le même fils de Cyrus, le même Smerdis, que Cambyse lui avait ordonné de poignarder, mais dont il n'avait pu se résoudre à terminer les jours. Prexape parut se rendre à leurs prières, à leurs menaces, à leurs promesses; mais, tout le peuple étant rassemblé, il monta sur une tour, et déclara avec sincérité qu'il n'avait que trop bien exécuté les ordres barbares de Cambyse, qu'il avait tué de sa propre main Smerdis, et que celui qui occupait le trône était un imposteur. Cet événement excita dans la ville et dans le palais un grand tumulte. Les conjurés en apprirent bientôt la cause et en profitèrent. Ils marchèrent contre l'usurpateur, dont le peuple forçait et remplissait les appartements. Smerdis, suivi d'un de ses frères et de quelques gardes, se défendit et blessa deux des conjurés; mais enfin, ayant vu tomber son frère, il cherchait son salut dans la fuite, lorsque Gobryas le saisit entre ses bras et l'arrêta. Cette scène se passait la nuit. Darius craignait en voulant tuer l'imposteur de percer Gobryas : mais celui-ci lui dit de ne point se laisser arrêter par cette crainte. Darius dirigea si adroitement son glaive, qu'il ne blessa que le faux Smerdis.

Après l'avoir tué, on exposa sa tête aux yeux du peuple qui, dans sa fureur, extermina tous les mages du parti de l'imposteur. Ce jour de carnage devint une fête annuelle qu'on appela le *massacre des mages.*

DARIUS Ier.

(An du monde 3482. — Avant Jésus-Christ 522.)

Cette grande révolution achevée, les sept conjurés se rassemblèrent pour délibérer sur la forme du gouvernement qu'on pouvait proposer aux Perses. Otanès, frappé de tous les maux de la tyrannie, parla vivement pour le gouvernement populaire et s'efforça de prouver que ce gouvernement seul était juste, naturel et légitime, qu'il assurait à chacun ses droits et sa liberté, et que la démocratie seule pouvait mettre le peuple à l'abri de l'inégalité des richesses, de la corruption des mœurs, de l'oppression des grands et des caprices d'un maître. Mégabyse soutint au contraire que de toutes les tyrannies celle de la multitude était la plus redoutable, qu'elle n'avait ni frein, ni bornes, ni responsabilité, et que là où le peuple gouvernait on ne voyait qu'ignorance, confusion, passions et désordres. Selon son avis, le gouvernement qu'on devait choisir était l'aristocratie, la raison voulant en effet qu'on prît pour diriger les affaires les hommes les plus habiles, les plus éclairés et les plus intéressés par leur fortune à la conservation de l'ordre public. Une nation ainsi gouvernée ne pouvait, disait-il, craindre ni l'avidité et la cruauté d'un maître, ni la furie sanguinaire d'un peuple ignorant et tumultueux. Darius ne partagea aucune de ces opinions et les combattit l'une par l'autre. Il montra, comme les partisans du parti populaire, le danger de laisser le pouvoir à quelques riches qui opprimeraient le peuple à leur gré sans être contenus par aucun pouvoir supérieur, et qui rendraient continuellement la nation victime de leurs rivalités, de leur ambition et de leurs sanglants débats. Ils représenta, plus fortement encore que Mégabyse, toutes les calamités qu'entraîne l'anarchie inséparable du gouvernement populaire. Il conclut en opinant pour la monarchie, qu'il regardait comme la seule barrière assez forte pour arrêter l'ambition des grands, pour comprimer les passions des peuples et pour opposer aux armes et aux intrigues de l'étranger une résistance régulière.

Il n'ignorait point l'abus qu'un roi pouvait faire de son pouvoir; les exemples n'en étaient que trop communs, et le règne de Cambyse en offrait la preuve récente. Mais un seul tyran était encore préférable à la réunion de plusieurs, comme dans l'oligarchie, et à une tyrannie universelle, comme on la trouvait dans la démocratie. D'ailleurs rien n'empêchait de se mettre à l'abri du despotisme par l'autorité de la religion, par celle des lois et par un conseil composé des grands du royaume. L'assemblée adopta l'avis de Darius; elle se détermina à établir la monarchie et à choisir un roi parmi les sept membres de la conjuration.

Suivant les idées religieuses de ce temps, on résolut de s'en rapporter pour ce choix au jugement du soleil. Les sept prétendants convinrent de se trouver le lendemain à cheval à la porte de la ville au moment où l'astre du jour paraîtrait sur l'horizon, et promirent formellement de reconnaître pour roi celui d'entre eux dont le cheval hennirait le premier. L'écuyer de Darius, informé de cette résolution, usa d'artifice pour donner la couronne à son maître : il attacha pendant la nuit une jument dans le lieu indiqué pour la réunion, et y amena le cheval de Darius. Le lendemain, dès que les sept concurrents parurent, le cheval, reconnaissant l'endroit où il avait vu la cavale, se mit à hennir; et Darius, fils d'Hystaspe, fut proclamé roi. Il accorda de hautes dignités à ses concurrents, et leur donna de grands priviléges. Le roi seul pouvait porter une tiare droite; tous les Perses devaient pencher la pointe de la leur en arrière. Les conjurés eurent le privilége de porter la pointe de leur tiare en avant. Darius leur concéda un droit plus réel; il les fit membres d'un conseil de sept grands, sans l'avis desquels le monarque ne pouvait prendre aucune décision importante. Ce prince s'appelait précédemment Ochus; il était de la famille royale d'Achéménès. Lors de son élévation au trône, il prit le nom de Darius, ce qui signifiait en langue persane *vengeur*, titre qu'il méritait pour avoir puni l'insolence du mage.

Le nouveau roi, pour rendre son autorité plus respectable, voulut ajouter aux droits de l'élection ceux que lui offrait une union avec la famille de Cyrus. Il épousa Atosse et Aristone, sœurs de Cambyse. Il s'était marié précédemment à une fille de Gobryas, dont il avait eu un enfant, nommé Artabazane, qui prétendit dans la suite au trône. Le roi mit aussi au nombre de ses femmes Parmys, fille du véritable Smerdis, et Phédime, dont l'adresse avait découvert le secret de l'imposteur. Il voulut encore prouver sa reconnaissance à son écuyer, et fit ériger une statue équestre avec cette inscription : « Darius, fils d'Hystaspe, est parvenu » au trône de Perse par le hennissement de son

» cheval et par l'adresse d'Abarès, son écuyer. »

Cyrus et Cambyse n'avaient point de revenus réguliers; ils recevaient les dons gratuits que leur offraient les différentes provinces, et exigeaient d'elles le nombre de troupes que les circonstances rendaient nécessaire.

Darius pensa que le maintien de la sûreté intérieure et extérieure d'un empire, composé de tant de peuples, exigeait un revenu fixe pour entretenir sur pied des troupes réglées. Il consulta ses sujets sur la quotité de la répartition des impôts : ils lui offrirent plus qu'il n'accepta. Malgré cette modération, les Perses, gênés par un tribut permanent, donnèrent à Darius le surnom de *marchand*, tandis qu'ils avaient nommé Cyrus leur *père*, et Cambyse leur *maître*.

Les satrapes, anciens collègues de Darius et membres de son conseil, jouissaient du droit d'entrer à toute heure chez lui. L'un d'eux, nommé Intapherne, irrité contre un officier du roi qui lui refusait la porte, le maltraita et le frappa. Darius, jaloux de son autorité, regardant cette violence dans son palais comme un crime, condamna à mort Intapherne et toute sa famille. Touché par les pleurs de sa femme, il lui accorda à son choix la grace d'un des condamnés : elle demanda la vie de son frère, disant qu'elle ne pouvait le remplacer, tandis qu'elle trouverait un autre époux.

Orétès, satrape de Sardes, se révolta et tua un courrier du roi, qui lui portait des ordres. Darius le fit mourir, confisqua son bien, et retint malgré lui auprès de sa personne Démocède, son ami, fameux par sa science en médecine. Ce Grec, voulant recouvrer sa liberté, soutint d'abord qu'il n'était pas médecin, mais on le mit à la torture pour lui faire avouer la vérité. Après cet aveu, il guérit le roi, alors tombé malade, et qui voulut lui donner pour récompense deux chaînes d'or. Démocède les refusa en disant : « Seigneur, j'ai guéri votre » mal, et vous doublez le mien. »

Quelque temps après, la reine Atosse étant attaquée d'un cancer au sein, Démocède lui promit de la sauver si elle voulait lui obtenir la permission de faire un voyage dans sa patrie. La reine guérit et usa d'adresse pour remplir son engagement. Elle représenta à Darius qu'afin de justifier son élévation et pour contenter l'humeur guerrière des Perses, il devait chercher la gloire en formant quelque entreprise éclatante. Le roi lui répondit qu'il avait le projet d'attaquer les Scythes. Atosse le détourna de ce dessein, l'engagea à tourner plutôt ses armes contre la Grèce, dont la conquête promettait plus de gloire et de richesses. Elle lui montra un desir passionné d'avoir des esclaves d'Athènes, de Lacédémone, d'Argos et de Corinthe, les femmes de ce pays étant célèbres par leur adresse et par leur beauté. Elle ajouta que Démocède pouvait lui rendre des grands services au moyen des renseignements qu'il lui fournirait sur ces contrées, où il parviendrait sans doute à lui faire des partisans. Le roi trouva cet avis fort sage : il envoya le médecin reconnaître les côtes de la Grèce, en le faisant cependant garder à vue par quinze officiers persans. Démocède, plus rusé qu'eux, s'échappa et s'enfuit à Crotone. Combien de grands bouleversements dans le monde ont été l'effet du plus léger accident! L'intrigue d'Atosse et de son médecin devint la cause des guerres sanglantes de la Perse contre la Grèce, de la haine des deux peuples, et de la vengeance d'Alexandre, qui changea la face de l'Orient.

Darius, résistant aux intrigues des Samaritains, fit exécuter les décrets que Cyrus avait rendus en faveur des Juifs. Plusieurs savants ont prétendu prouver que Darius, appelé Assur dans les livres saints, était Assuérus, et que la reine Atosse était la même que Vasthi. Le roi avait accordé à la ville de Suze des faveurs et des privilèges qui mécontentèrent les Babyloniens; ils se révoltèrent. Darius marcha contre eux, assiégea Babylone et fit pendant dix-huit mois de vains efforts pour s'en emparer. Un des grands de sa cour, nommé Zopire, se présenta un jour devant lui, offrant à ses regards un spectacle affreux : il avait la tête couverte de blessures, le nez et les oreilles coupés. Il déclara qu'il s'était mis lui-même dans cet état pour rendre un grand service à son maître. En effet, se donnant pour une victime des fureurs du roi, il se sauva dans le camp ennemi, et s'attira, par ses malheurs apparents, la confiance des Babyloniens. Ayant obtenu un commandement, il fit plusieurs sorties, dans lesquelles il battit les Perses, et en tua un assez grand nombre. Ses avantages enthousiasmèrent tellement les Babyloniens, qu'ils le nommèrent généralissime. Maître de la garde qui défendait les murailles, il ouvrit les portes à Darius, qui s'empara de la ville et punit à son gré les rebelles. Zopire, pour prix de ce service, jouit pendant sa vie des revenus de cette capitale qu'il avait livrée; et le roi, touché de son zèle, disait qu'il aurait mieux aimé perdre cent Babylones que de voir un tel sujet si affreusement mutilé pour son service.

Les historiens ont loué cette action de Zopire, oubliant sans doute qu'on ne peut faire une vertu de la trahison, qui est toujours une lâcheté, même quand elle sert avec succès la cause la plus légitime.

Comme les Babyloniens, pendant leur révolte, avaient massacré les Perses qui se trouvaient au milieu d'eux, Darius bannit une partie des habitants, enleva les portes de la ville, et détruisit ses fortifications. Après avoir achevé cette expédition, il revint à son premier projet, et marcha contre les

Scythes pour les punir de leur irruption en Asie. Son frère Artabaze s'opposa vainement à cette guerre, en lui représentant qu'elle était aussi dangereuse qu'injuste; que les Scythes fuiraient devant lui et détruiraient son armée dans leurs déserts.

Le roi partit avec six cent mille hommes et six cents vaisseaux; il passa le Bosphore et conquit toute la Thrace. Il y érigea des colonnes sur lesquelles on lisait une inscription qui le déclarait le meilleur et le plus beau des hommes. Avant son départ un Perse, nommé Abasus, qui avait trois fils à l'armée, le pria de lui en laisser un pour appui. Le roi lui répondit : « Je vous les laisserai » tous; » et il les fit périr tous les trois. Ces traits de barbarie, si communs dans l'Orient, ne justifiaient que trop la haine des républiques contre ces monarques cruels, ainsi que les révoltes fréquentes de leurs sujets.

La prédiction d'Artabaze ne tarda pas à se vérifier. A l'approche des Perses, les Scythes se retirèrent vers le nord, emmenant leurs troupeaux, détruisant tous les vivres et comblant tous les puits. Darius, qui les poursuivait, fatigué d'une marche aussi longue qu'inutile, écrivit au roi Indatyrse d'accepter le combat, ou de le reconnaître pour maître. Le Scythe répondit avec fierté : « Nous » menons la même vie en temps de paix comme en » temps de guerre; nous errons à notre gré dans

» nos vastes plaines; nous n'avons pas de villes ni
» de champs à défendre: si tu veux nous forcer à
» combattre, viens attaquer les tombeaux de nos
» pères; tu verras qui nous sommes: mais apprends
» que jamais nous ne reconnaîtrons d'autres maî-
» tres que Jupiter et Vesta. »

L'armée des Perses fut bientôt réduite à la dernière extrémité. Un héraut scythe vint alors présenter à Darius un oiseau, une souris, une grenouille et cinq flèches. Gobryas expliqua cette énigme et dit au roi: « Les Scythes nous avertis-
» sent, par ce présent mystérieux, que vous ne
» pourrez échapper à leurs flèches, si vous ne sa-
» vez voler comme un oiseau, vous cacher comme
» une souris, et nager ainsi que la grenouille. »

La faim, la fatigue et la soif détruisirent la plus grande partie de l'armée. Darius ne dut sa propre conservation qu'à la vigueur d'un chameau, chargé d'eau, qui ne l'avait pas quitté; et, après son retour en Perse, il assigna par reconnaissance à cet animal, pour sa nourriture, un canton qu'on nomma *Gangamelle, maison du chameau.*

Le roi, forcé à la retraite et voulant dérober sa marche aux ennemis, avait laissé ses feux allumés, et son camp rempli de malades et d'une grande quantité d'animaux, dont les cris empêchaient de s'apercevoir de l'absence de l'armée. Il gagna en hâte le Danube; mais quelques corps scythes y arrivèrent avant lui, et engagèrent les Ioniens, qui gardaient le pont, à le couper. L'Athénien Miltiade, voulant assurer la liberté de la Grèce, était de cet avis; et l'armée des Perses, privée de retraite, se voyait à la veille d'une entière destruction : mais Hystiée, tyran de Milet, soutint qu'on devait sauver Darius, qui protégeait les princes d'Ionie. Il lui paraissait évident que, si on laissait écraser le roi de Perse, les Grecs chasseraient ces princes, et rendraient la liberté aux îles ioniennes. Les chefs pensèrent comme lui, et trompèrent les Scythes, en leur promettant de couper le pont. Ceux-ci, trop confiants, s'éloignèrent pour aller chercher et combattre Darius; mais le roi avait pris une autre route. Il arriva sur le Danube, passa ce fleuve avec les débris de son armée, laissa Mégabyse dans la Thrace et revint à Sardes.

Il entreprit une guerre plus heureuse; son armée entra dans les Indes, et en conquit une partie. Il fit construire une flotte à Caspatyre, sur l'Indus : Le Grec Scylax, qui la commandait, descendit le fleuve, entra dans l'Océan, et, après un voyage de trente mois, aborda en Égypte, par la mer Rouge, dans le port de Suez. Une autre expédition de Darius contre l'île de Naxos échoua complétement. Artapherne, satrape de Sardes, craignant le ressentiment du roi pour le mauvais succès de cette expédition, se ligua avec plusieurs autres grands, leva l'étendard de la révolte, et rendit la liberté à toutes les villes de l'Ionie.

Il sollicita vainement l'alliance de Cléomène, roi de Lacédémone, qui ne voulait pas exposer la Grèce à la haine et à la vengeance des Perses. Les Athéniens, plus passionnés et moins prudents, envoyèrent trente mille hommes au secours de la ligue ionienne. Comme Artapherne avait quitté son parti pour se raccommoder avec le roi, les Athéniens marchèrent contre la ville de Sardes, la prirent et la brûlèrent. Les Perses accoururent en grand nombre, battirent les Grecs et les forcèrent à se rembarquer. Darius éprouva un si vif ressentiment de la ruine de Sardes, qu'il ordonna à l'un de ses officiers de lui rappeler chaque jour cette injure des Athéniens, et son serment d'en tirer une éclatante vengeance. Le fameux temple de Cybèle, à Sardes, avait été réduit en cendres. Ce fut ce qui porta les Perses à détruire tant de temples lorsqu'ils envahirent la Grèce. La ligue ionienne ne s'était pas laissé décourager par la retraite des Athéniens. Ses troupes s'emparèrent de Byzance, de toutes les villes de la côte, et forcèrent les Cariens et les Cypriotes d'embrasser leur parti.

Cependant Darius, ayant trouvé le moyen de semer la division entre les confédérés, remporta sur eux une victoire navale, soumit toute l'Ionie et ruina une grande partie de ses villes, dont les familles les plus distinguées furent emmenées en esclavage. Telle fut au bout de six ans la fin d'une révolte excitée par l'ambition de quelques grands, et qui fit naître entre les Grecs et les Perses cette haine implacable que la conquête de l'Asie et la destruction de l'empire fondé par Cyrus purent seules éteindre.

La guerre d'Ionie décida Darius à suivre ses anciens projets contre la Grèce; il y envoya une nombreuse armée : mais, malgré les conseils de son frère, il confia imprudemment le commandement de ses troupes à un jeune Perse nommé Mardonius, fils de Gobryas, époux d'une de ses filles. Ce général avait beaucoup d'ardeur et de présomption, mais peu de talents et aucune expérience; cependant la rapidité de sa marche et le nombre de ses soldats répandirent d'abord la terreur : il traversa la Thrace sans obstacle et soumit toute la Macédoine. Mais sa flotte, en doublant le mont Athos, perdit par une tempête trois cents vaisseaux et vingt mille hommes. Il n'avait point eu la précaution de laisser derrière lui des forces suffisantes pour contenir les pays soumis; les Thraces profitèrent de cette négligence, s'armèrent, attaquèrent les Perses et en firent un grand carnage.

Mardonius, vaincu et blessé, revint en Asie couvert de honte. Le roi donna son commandement au Mède Datis et à Artapherne, fils du gouverneur de Sardes. Athènes, à cette époque, venait de reprendre sa liberté en secouant le joug de Pisistrate. Hippias, fils de ce tyran, trahit sa patrie et servit de guide aux ennemis qui venaient la déchirer. Plusieurs hommes, célèbres par leur courage, par leur éloquence et par leur amour pour la patrie, étaient l'ornement et la gloire de la république d'Athènes. On y voyait principalement briller Miltiade, fils de Cimon, dont le frère avait été tyran de la Chersonèse, et deux illustres rivaux de gloire, Aristide et Thémistocle, souvent divisés par l'ambition, toujours réunis par l'amour de la patrie.

Darius envoya des hérauts dans la Grèce pour demander la terre et l'eau : telle était la formule usitée pour exiger la soumission. Les habitants d'Égine reconnurent l'autorité du roi de Perse. Cléomène, roi de Sparte, les en punit et chassa son collègue Démarate qui embrassa le parti de Darius. Le héraut envoyé à Athènes fut jeté dans un puits pour y prendre à son gré, disait-on, l'eau et la terre. Datis et Artapherne mirent à la voile avec une flotte de six cents vaisseaux. Leur armée, forte de six cent mille hommes, avait ordre de brûler Érétrie et Athènes. On s'était muni d'un grand nombre de chaînes destinées aux habitants de ces villes. Les chefs des Perses se rendirent maîtres des îles de la mer Égée, prirent par trahison, au bout de sept jours de siége, Érétrie, la brûlèrent et envoyèrent en Perse ses habitants. Darius les traita humainement et leur donna pour résidence, près de Suze, un canton où Apollonius de Thyane trouva encore, six cents ans après, quelques-uns de leurs descendants.

Les généraux perses, guidés par le traître Hippias, entrèrent dans l'Attique et arrivèrent à Marathon sur les bords de la mer. De là ils écrivirent à Athènes et la menacèrent, en cas de résistance, du sort d'Érétrie.

Sparte avait promis de secourir les Athéniens; mais une superstition grecque, qui ne permettait aux Spartiates de se mettre en marche qu'après la pleine lune, retarda l'arrivée de ce renfort. Platée seule envoya mille hommes. Les Athéniens furent obligés, contre leurs lois et leurs usages, de donner des armes aux esclaves. L'armée perse en Attique, commandée par Datis, montait à cent mille fantassins et dix mille cavaliers. Les Athéniens ne leur opposaient que dix mille hommes, qui marchaient sous les ordres de dix généraux : Miltiade était le plus ancien. La plupart voulaient se tenir sur la défensive; Miltiade dit qu'il fallait effrayer l'ennemi en l'attaquant. Aristide appuya cette opinion; Polémarque, Callimaque s'y rangèrent, et la bataille fut résolue.

Il avait été convenu que les dix chefs commanderaient alternativement : le jour d'Aristide étant venu, il céda le commandement à Miltiade, comme au plus habile; tous ses collègues suivirent ce noble exemple.

Les Athéniens se précipitèrent sur leurs ennemis : malgré leurs efforts, Datis força leur centre à se replier ; mais les ailes, s'étant avancées avec succès, prirent les Perses en flanc, les mirent en déroute, leur tuèrent six mille hommes, les poursuivirent jusqu'à la mer, mirent le feu à la flotte, et s'emparèrent de plusieurs vaisseaux. Hippias, qui avait amené les étrangers dans son pays avec l'espoir de recouvrer son autorité, fut puni de sa honteuse trahison, et reçut la mort dans le combat.

Les Perses avaient apporté beaucoup de marbre à Marathon pour y élever un trophée. Phidias, par l'ordre des Grecs, s'en servit pour faire une statue à Némésis. Les débris de la flotte persane doublèrent le cap Sunium pour surprendre Athènes; mais les Athéniens firent quinze lieues en un jour, et arrivèrent à temps pour mettre la ville à l'abri de toute attaque. Les Lacédémoniens parcoururent aussi en trois jours soixante-dix lieues; mais, malgré cette diligence, ils n'arrivèrent à Marathon qu'après la bataille.

Darius, furieux de la défaite de ses troupes dans la Grèce, résolut de marcher en personne, et donna ordre à tous ses sujets de s'armer; mais, ayant appris dans le même temps que les Égyptiens s'étaient révoltés, il fut obligé de suspendre l'exécution de ce grand projet. Diodore prétend que Darius alla en Égypte et la soumit, qu'il montra beaucoup de respect pour le culte antique de ce pays, et que les prêtres de Memphis, s'emparant de sa confiance, le déterminèrent à mieux gouverner ses sujets, et à prendre les rois d'Égypte pour modèles.

Hérodote dit, au contraire, que Darius envoya une partie de son armée en Égypte, et qu'il continua en Asie à s'occuper des préparatifs de la guerre contre les Grecs. Un ancien usage des Perses voulait qu'en s'éloignant de ses états le roi désignât son successeur. Darius, avant de monter sur le trône, avait eu trois fils de la fille de Gobryas; depuis son couronnement, il en avait eu quatre autres de la fille de Cyrus : Artabazane était l'aîné des premiers, et Xercès celui des seconds. Artabazane invoquait le droit d'aînesse, et Xercès le droit de sa naissance. Le roi fugitif de Lacédémone, Démarate appuya les droits de Xercès par l'exemple des Lacédémoniens, qui préféraient en pareille circonstance les enfants nés depuis l'élévation de leur père au trône. Darius adopta cet avis, donna le sceptre à Xercès, et mourut peu de temps après. Il avait régné trente-six ans. Sa vie, mêlée de revers et de succès, de vices et de vertus, ne fut pas sans éclat. Vaincu en Scythie et en Grèce, il conquit les

Indes, la Thrace, la Macédoine, et laissa en mourant l'empire de Cyrus affermi et agrandi. Son épitaphe prouve que les Perses plaçaient étrangement leur amour-propre, car on lisait sur le tombeau de Darius une inscription dans laquelle on le vantait d'avoir su boire beaucoup, et de bien supporter le vin. On verra dans la suite que le jeune Cyrus s'attribuait le même mérite pour plaire aux Perses et pour paraître à leurs yeux plus digne du trône que son frère aîné.

XERCÈS.

(An du monde 3519. — Avant Jésus-Christ 485.)

Malgré la décision de Darius, Xercès et Artabazane soumirent de nouveau leurs prétentions à l'arbitrage d'Artabaze, leur oncle : il prononça en faveur de Xercès, et son frère, résigné, lui posa lui-même la couronne sur la tête.

Le nouveau roi confirma les priviléges accordés aux Juifs par ses prédécesseurs; il marcha contre les Égyptiens, soumit les rebelles, confia le commandement de l'Égypte à son frère Achéménès, et revint à Suze. Ce fut dans ce temps que naquit en Carie, dans la ville d'Halycarnasse, le célèbre Hérodote.

Xercès, héritant de la haine de son père contre les Athéniens, rassembla un grand conseil pour délibérer sur le projet qu'il avait conçu de porter ses armes au sein de la Grèce, et de faire construire un pont sur le Bosphore, afin d'y faire passer l'immense armée qu'il voulait commander lui-même.

Mardonius, dont les revers n'avaient point abattu l'orgueil, partagea l'opinion du roi, flatta sa vanité, et encouragea ses espérances, en disant que tous les Grecs réunis ne pouvaient opposer de résistance à de telles forces, commandées par un si grand monarque.

Artabaze, oncle de Xercès, combattit cet avis de courtisan. « Rappelez-vous, dit-il à son neveu,
» les malheurs de la guerre de Scythie : je l'avais
» déconseillée; l'événement n'a que trop justifié
» ma prévoyance. Vous formez une entreprise en‑
» core plus dangereuse; vous attaquez des peuples
» braves, instruits, disciplinés, forts par leur posi‑
» tion, et plus redoutables encore par leur amour
» pour la liberté. Déjà les Athéniens seuls ont dé‑
» fait l'armée de Darius. Que ne devez-vous pas
» craindre de tous les Grecs réunis! Vous voulez
» construire un pont sur la mer; quelle témérité!
» Si les orages renversent ce pont, si les Grecs vien‑
» nent le brûler tandis que vous serez dans leur
» pays, toute votre armée périra. Je pense que vous
» devez renoncer à cette guerre; mais au moins si
» vous persistez à la faire, restez au milieu de nous,
» et chargez Mardonius seul de commander cette

» expédition qui lui inspire tant de confiance. Je
» suis si persuadé des malheurs qu'elle entraînera,
» que j'ose vous faire une demande formelle : or-
» donnez que Mardonius et moi nous laissions nos
» enfants ici; qu'on tue les miens si la guerre est
» heureuse, et que les siens soient immolés si elle
» est suivie du funeste résultat que je prédis. »

Xercès, irrité de cette opposition, dit à Artabaze : « Si vous n'étiez pas mon oncle, je vous don-
» nerais sur-le-champ la mort : mais vous recevrez
» un autre châtiment; et, tandis que j'irai me cou-
» vrir de gloire dans la Grèce, je vous laisserai ici
» parmi les femmes, à qui vous ressemblez par
» votre lâcheté. »

Le lendemain, honteux de son emportement, Xercès revit son oncle, et répara ses offenses par des excuses. Il rendit justice à la sagesse de ses conseils; mais il prétendit que son opiniâtreté pour la guerre venait de l'apparition d'un fantôme qu'il avait vu la nuit, et qui lui conseillait de persister dans cette entreprise. Artabaze employa tous les raisonnements de la philosophie pour lui prouver qu'on ne devait ajouter aucune foi aux songes : mais le roi, convaincu de la vérité de sa vision, exigea de son oncle qu'il prît ses vêtements royaux, et qu'il passât la nuit dans son palais, à sa place et dans son lit. Artabaze, dit Hérodote, ayant obéi au roi, vit le même fantôme qui lui reprocha de s'opposer à cette expédition. Il cessa ses remontrances, et la guerre fut décidée.

C'est ainsi que le père de l'histoire adoptait et racontait des fables accréditées chez les Grecs, et qui entretenaient partout l'erreur et la superstition.

Xercès fit alliance avec les Carthaginois : ils promirent d'attaquer, avec leurs alliés, les Grecs en Sicile et en Italie ; jamais un peuple moins nombreux ne fut exposé aux coups d'un plus terrible orage. Le roi de Perse, à la tête de toutes les nations de l'Orient, et les Carthaginois, suivis de celles de l'Occident, se précipitèrent à la fois sur la Grèce, et la menaçaient d'une entière destruction. La flotte de Darius avait péri en doublant le mont Athos. Le roi, voulant éviter un pareil désastre, ordonna qu'on perçât cette montagne, et lui écrivit en même temps en ces termes : « Su- » perbe Athos, qui portes ta tête jusqu'au ciel, ne » sois pas assez hardi pour opposer à mes travail- » leurs des rochers qui résistent à leurs efforts. Si » tu avais cette témérité, je te couperais en entier » et te précipiterais dans la mer. »

Tant d'orgueil et tant de folie ne pouvaient présager que de honteux revers.

Xercès, arrivé en Phrygie, fut étonné de la richesse du pays : il en eut là preuve par la magnificence d'un Lydien nommé Pythius, que le commerce et les mines de ses domaines avaient rendu si opulent qu'il lui offrit quarante-six millions pour défrayer son armée. Le roi, ne voulant pas se laisser surpasser en générosité, refusa ses dons et lui fit de riches présents; mais, par une inconséquence qu'on remarque dans tous les caractères des hommes de ces temps barbares, après avoir prouvé sa reconnaissance à Pythius, il fit égorger son fils, parce que le malheureux père cherchait à l'exempter du service militaire.

Lorsque l'armée fut rassemblée le long de la côte de l'Hellespont, Xercès fit placer son trône sur le haut d'une montagne pour jouir avec orgueil du spectacle de ses vaisseaux qui couvraient la mer et de ses troupes innombrables dont la terre était surchargée. Puis tout à coup il versa un torrent de larmes en pensant que de tant de milliers d'hommes il n'en resterait pas un dans cent ans. Artabaze lui dit alors : « Puisque la vie des hommes est si courte, » les rois devraient la rendre heureuse, au lieu de » l'abréger par tant de guerres injustes et inutiles. » — Et quoi ! » répliqua Xercès, « en voyant tant » de forces, doutez-vous encore du succès de cette » entreprise ? — Oui, » répondit Artabaze : « deux » craintes surtout m'occupent sans cesse; l'une » vient de ce nombre immense de soldats qu'aucun » pays ne pourra nourrir; l'autre est causée par » cette quantité innombrable de vaisseaux qui ne » rencontreront nulle part de ports assez vastes

» pour les recevoir et les abriter. » Il donna ensuite beaucoup de sages conseils au roi, entre autres celui de ne point employer les Ioniens dans cette guerre, parce que leur origine grecque devait inspirer une juste défiance.

Xercès ne suivit pas ses avis; mais il le combla de marques d'honneur, et lui laissa en partant le gouvernement de l'empire.

On fit construire un pont de bateaux sur l'Hellespont, qu'on nomme aussi le détroit de Gallipoli; ce pont avait un quart de lieue de long; il fut brisé par une violente tempête. Xercès furieux commanda qu'on donnât trois cents coups de fouet à la mer et qu'on y jetât des chaînes de fer. Il lui disait dans ses imprécations : « Perfide élément, ton » maître te punit pour l'avoir outragé; mais, mal- » gré ta résistance, il saura bientôt traverser tes » flots. »

Après avoir fait couper la tête aux entrepreneurs du pont, il en fit construire deux autres; l'un pour l'armée, l'autre pour les bagages. Lorsqu'ils furent achevés, on les couvrit de fleurs et de branches de myrte. Xercès, ayant fait des libations et des prières au soleil, jeta dans la mer un cimeterre, des vases et des coupes d'or. Il traversa enfin l'Hellespont, et son passage dura sept jours. Son armée pénétra dans la Thrace; sa flotte suivait la côte. Arrivé près de Dorisque, à l'embouchure de l'Hèbre, il fit la revue de ses troupes, qui se montaient à dix-huit cent mille hommes.

Les nations situées au-delà de l'Hellespont lui donnèrent un renfort de trois cent mille soldats. Sa flotte se composait de douze cents vaisseaux de combat; chaque bâtiment portait deux cent trente hommes; ils étaient suivis de trois mille petits vaisseaux, montés chacun par quatre-vingts hommes. Ainsi, lorsque Xercès arriva aux Thermopyles, ses troupes présentaient un nombre de deux millions six cent quarante et un mille six cent dix hommes, sans compter les esclaves, les eunuques, les vivandiers et les femmes; de sorte que, suivant le calcul d'Hérodote, de Plutarque et d'Isocrate, le nombre des personnes qui suivirent Xercès était de cinq millions deux cent quatre-vingt-trois mille deux cent vingt. Diodore et Pline diminuent considérablement ce calcul. L'inscription placée, par l'ordre des amphictyons, sur le tombeau des Grecs tués aux Thermopyles, marque qu'ils avaient combattu contre trois millions d'hommes.

Après avoir fait l'énumération de ces troupes, Justin remarque avec raison qu'il ne manquait rien à cette armée innombrable qu'un chef.

Xercès avait à sa suite Démarate, banni de Sparte : il s'étonnait qu'on eût osé exiler un roi. « N'en soyez point surpris, lui dit Démarate : à

». Sparte la loi est plus forte que le prince. » Xercès lui demanda s'il croyait que la Grèce, étant pauvre, osât résister à un monarque aussi riche et aussi puissant que lui. « La Grèce, » répliqua le Lacédémonien, « est pauvre, mais vertueuse; elle osera » tout pour éviter la servitude. Quand les Spar- » tiates seraient abandonnés de tous les Grecs. » seuls ils viendraient vous combattre. La loi leur » défend de fuir, et ils redoutent plus la loi que vos » sujets ne vous craignent. »

Au bruit de la marche des Perses, Lacédémone et Athènes demandèrent partout des secours. Tous les peuples de la Grèce en promirent; mais la jalousie du commandement refroidit les uns; d'autres furent retardés par des oracles; plusieurs, glacés de crainte, prirent le honteux parti de la soumission. Les troupes de Platée, toujours braves et fidèles, furent encore les seules qui arrivèrent. Les Athéniens rappelèrent les bannis, et entre autres Aristide. Ils prirent pour chef Thémistocle; le Lacédémonien Eurybiade fut nommé généralissime. Il fallait disputer l'entrée de la Grèce; la Thessalie devait être la première attaquée. Un corps de troupes grecques occupa le défilé des Thermopyles, passage étroit entre le mont OEta et la Phocide; il n'avait que vingt-cinq pieds de largeur. Le roi de Sparte Léonidas commandait les Lacédémoniens; toutes les forces réunies de la

Grèce ne s'élevaient pas, dit Pausanias, à plus de onze mille deux cents hommes, dont quatre mille étaient placés aux Thermopyles. Xercès, après avoir vainement essayé de gagner Léonidas par des promesses et des présents, lui ordonna de lui livrer ses armes. Le roi de Sparte répondit fièrement : « Viens » les prendre. »

Les Mèdes attaquèrent les Grecs, et furent battus. Les dix mille gardes du roi de Perse, qu'on nommait *les Immortels*, tentèrent une nouvelle attaque qui n'eut pas plus de succès. Malheureusement un perfide Thessalien indiqua aux Perses un sentier par lequel ils franchirent et tournèrent la montagne. Léonidas, informé de ce mouvement, renvoya les alliés et resta dans le défilé avec trois cents Spartiates : il était décidé à mourir, parce qu'un oracle avait dit qu'il fallait, dans cette guerre, que Lacédémone ou son roi pérît. Après un long et sanglant combat, ils furent tous tués excepté un seul qui se sauva à Sparte, où ses concitoyens le traitèrent comme un lâche.

Xercès pour forcer ce passage défendu par si peu d'hommes, perdit vingt mille soldats et deux de ses frères.

Les Grecs, peu de temps après, remportèrent une victoire navale; mais, malgré cet avantage, leur armée de mer, qui devait défendre l'Attique, se retira à Salamine. Xercès s'avança et ravagea toute la Phocide. Il apprit avec étonnement qu'au milieu des dangers et des malheurs qui accablaient toute cette contrée, les Grecs, plus occupés de la gloire que de la fortune, célébraient tranquillement leurs jeux à Olympie.

Il voulut piller le temple de Delphes; un orage effrayant, qu'il prit pour une menace des dieux, le fit renoncer à ce dessein. Il marcha sur Athènes: les Athéniens, rassurés par un oracle de Delphes qui leur avait prédit qu'ils ne trouveraient leur salut que dans des murailles de bois, abandonnèrent tous la ville en la laissant sous la sauvegarde de Minerve, et se retirèrent sur leurs vaisseaux. Xercès entra ainsi sans obstacles dans Athènes: il brûla la citadelle, et envoya à Suze une immense quantité de tableaux, de statues et d'effets précieux. Les Lacédémoniens, voulant éloigner les ennemis, proposaient d'envoyer leur flotte à Corinthe; les Athéniens prétendaient que Salamine offrait une situation plus avantageuse pour le combat. On suivit leur avis et on y resta. Xercès vint bientôt les y attaquer, malgré les conseils de la reine Artémise, son alliée, qui craignait l'habileté maritime des Grecs, et voulait qu'on ne les attaquât que sur terre. Le roi de Perse vit la bataille du haut d'une montagne où on avait placé son trône. Thémistocle commandait la flotte grecque, composée de trois cent quatre-vingts bâtiments. Le vent était contraire aux Perses, et l'espace trop étroit pour le grand nombre de leurs vaisseaux. Ce combat fut d'abord très-vif; mais, Thémistocle s'étant approché des Ioniens, et leur ayant rappelé leur origine grecque et l'amour qu'ils devaient à leur ancienne patrie, ils abandonnèrent l'armée de Xercès et s'éloignèrent.

Cette défection porta le désordre dans l'armée des Perses; tous leurs vaisseaux prirent la fuite. La reine Artémise, seule, se battit long-temps; ce qui fit dire à Xercès que, dans cette affaire, les hommes s'étaient conduits en femmes, et les femmes en hommes.

Les Athéniens irrités voulaient prendre le vaisseau d'Artémise; mais cette reine, se voyant poursuivie de trop près, arbora le pavillon grec, attaqua un vaisseau perse, et le coula à fond; les Grecs, la croyant alors de leur parti, lui laissèrent le champ libre pour sa retraite. On prit un grand nombre de vaisseaux perses, et plusieurs furent détruits. Les alliés du roi se retirèrent chacun dans son pays.

Thémistocle annonça adroitement le projet de partir avec la flotte grecque pour rompre le pont du Bosphore. Xercès, trompé et alarmé par ce faux bruit, prit sur-le-champ la résolution de retourner en Asie, en laissant trois cent mille hommes à Mardonius, qu'il chargeait du soin de soumettre la Grèce. La marche du roi dura quarante-cinq jours; son armée, dépourvue de vivre, se nourrissait de racines sauvages et d'écorces d'arbres. Ces mauvais alimens et la fatigue répandirent la peste dans les troupes, et en détruisirent la plus grande partie.

Les débris de sa flotte étaient revenus à Cumes en Éolie. Lorsqu'on arriva au Bosphore, on trouva le pont brisé par une tempête; ce superbe Xercès, qui avait naguère étonné l'Asie par sa magnificence, enchaîné le Bosphore par ses vaisseaux, effrayé l'Europe par des millions de soldats, se vit obligé, à son retour, de traverser la mer seul, dans une petite barque de pêcheur.

Mardonius, après son départ, prit ses quartiers d'hiver en Thessalie. Le printemps suivant, il entra en Béotie. Par ses ordres, Alexandre, roi de Macédoine, et plusieurs satrapes de Perse, se rendirent à Athènes pour offrir la paix à cette république. Ils étaient chargés de lui présenter les plus grands avantages, si elle voulait se séparer de la ligue des Grecs. Sparte, effrayée envoya de son côté des ambassadeurs aux Athéniens pour les engager à ne pas rompre leur alliance. Aristide, premier archonte de la république, représenta aux Lacédémoniens que leur défiance était une injure non méritée; il repoussa avec indignation les offres de Mardonius, lui dit que les Athéniens seraient ennemis des Perses, tant que le soleil éclairerait la terre, et reprocha au roi de Macédoine de se déshonorer par de tels messages. Mardonius furieux entra en Attique avec ses trois cent mille hommes.

Les Athéniens abandonnèrent encore une fois leur ville. L'ardeur pour la guerre était si grande que les femmes athéniennes lapidèrent Lycidas, qui osait parler de paix.

Mardonius entra dans Athènes, et détruisit tout ce qui avait échappé aux flammes l'année précédente. Après cette expédition, il se retira des montagnes de l'Attique, croyant que les plaines de la Béotie lui offriraient des champs de bataille plus avantageux pour sa nombreuse cavalerie. Il campa sur la rivière d'Asope.

L'armée des Grecs était composée de soixante-six mille hommes, parmi lesquels on comptait cinq mille Spartiates et huit mille Athéniens. Pausanias commandait les premiers, Aristide les seconds. Les Grecs remportèrent un premier avantage dans un combat de cavalerie. Masystyas, qui dirigeait celle des Perses, y fut tué. Le prince Artabaze, toujours sage et jamais écouté, voulait qu'on se retirât sous les murs de Thèbes pour y rassembler des vivres et pour laisser refroidir l'ardeur des troupes qui étaient venues au secours des Athéniens. Mardonius, trop ardent pour suivre ce prudent avis, voulut qu'on livrât bataille le lendemain. Le roi de Macédoine le trahit et avertit la nuit les Grecs de ce projet. Ils se retirèrent et marchèrent du côté de Platée. Mardonius, prenant ce mouvement pour une fuite, les poursuivit et chargea les Lacédémoniens, pendant qu'un autre corps de son armée attaquait les Athéniens pour les empêcher de se joindre à leurs alliés. La bataille fut sanglante et long-temps disputée ; mais Mardonius ayant été tué dans ce combat, les Perses découragés prirent la fuite, et les Grecs en firent un grand carnage. Artabaze se retira avec quarante mille hommes, arriva à Byzance et passa de là en Asie. Tout le reste des trois cent mille hommes que commandait Mardonius fut tué ou pris, à l'exception de quatre mille hommes qui trouvèrent le moyen d'échapper à la fureur de leurs ennemis.

Depuis ce temps aucune armée persane ne passa l'Hellespont. Le jour même de la bataille de Platée, la flotte grecque attaqua celle des Perses, qui retirèrent leurs vaisseaux sur la terre près de la ville de Mycale, et les environnèrent de retranchements. Les Grecs débarquèrent sur la côte : secondés par les Ioniens, ils forcèrent les retranchements et brûlèrent tous les vaisseaux. Léotychide, roi de Sparte, et Xantippe l'Athénien, commandaient les Grecs. Après leur victoire, toutes les villes de l'Ionie se révoltèrent contre les Perses, et entrèrent en confédération avec la Grèce. Xercès était à Sardes lorsqu'il apprit ces deux défaites : il s'éloigna de la côte et se retira à Suze. Pendant son séjour en Lydie, il avait conçu une passion violente pour la femme de Maryste, son frère. Ne pouvant vaincre la vertu de cette femme par ses prières, il voulut la gagner par des bienfaits. Elle avait une fille nommée Arsainte; il la donna en mariage à son fils Darius. Mais l'épouse de Maryste, persistant dans ses refus, découragea son amour. Il s'enflamma alors pour sa nouvelle belle-fille, qui ne fut pas si rigoureuse que sa mère. Xercès avait reçu une magnifique robe de la reine Amestris sa femme. Arsainte la lui demanda. Il eut la faiblesse de la lui donner; et cette femme, vaine autant que corrompue, la porta publiquement. Amestris devint furieuse : elle résolut de se venger, non de la fille coupable, mais de la mère, qu'elle regardait comme la première cause de tous ses chagrins. L'usage de la cour de Perse exigeait que, le jour de la naissance du roi, il accordât à sa femme tout ce qu'elle demandait. Ce jour étant arrivé, Amestris demanda que la femme de Maryste lui fût livrée. Xercès résista quelque temps, mais finit par céder. La barbare Amestris, maîtresse du sort de la princesse, lui fit couper les mamelles, la langue, le nez, les oreilles, les lèvres, les fit jeter aux chiens en sa présence, et la renvoya ainsi mutilée dans la maison de son mari. Maryste, au désespoir, partit pour la Bactriane, résolu d'y lever une armée et de venger son épouse. Xercès, informé de son départ, le fit poursuivre par quelques cavaliers, qui le tuèrent avec ses enfants. Après la mort de ce prince, le roi donna le gouvernement de la Bactriane à son second fils Hystaspe, dont l'éloignement ouvrit à son frère Artaxerce le chemin du trône.

Amestris, aussi superstitieuse que cruelle, voulant apaiser les dieux infernaux et s'attirer leur faveur, leur offrit en sacrifice quatorze enfants des familles les plus distinguées de Perse, qu'elle fit immoler sur un bûcher. Les crimes de cette reine, la faiblesse du roi, ses débauches, ses honteuses défaites, l'innombrable quantité des victimes sacrifiées en Grèce à son fol orgueil, excitèrent la haine et le mépris de ses sujets. Un Hyrcanien nommé Artabane, capitaine des gardes, et favori du roi, avait reçu de lui l'ordre de tuer Darius, un de ses fils. Espérant que Xercès révoquerait cet ordre, il en suspendit l'exécution. Mais, voyant que le roi se plaignait de n'avoir pas encore été obéi, et craignant son ressentiment, il entra la nuit dans son appartement avec Mithridate, un de ses grands-officiers, et le poignarda.

Les deux meurtriers allèrent sur-le-champ trouver Artaxerce, troisième fils de Xercès; ils lui dirent que Darius, son frère, venait d'assassiner le roi, et voulait aussi se défaire de lui. Le jeune Artaxerce, bouillant de colère, courut à l'appartement de son frère et le tua. Le trône devait appartenir à Hystaspe, second fils du roi; mais il était en Bactriane. Artabane, profitant de son éloignement, donna, de concert avec ses amis, le sceptre à Artaxerce, espérant bien le renverser et lui succéder. Il avait un grand parti dans le royaume, et sept fils distingués par leur bravoure, qui possédaient les premières dignités de l'empire. Tandis qu'il tramait cette dernière conspiration, Artaxerce découvrit tous ses crimes, le fit mourir, et s'affermit sur le trône par cet acte de justice et de vigueur.

ARTAXERCE-LONGUE-MAIN.
(An du monde 3539. — Avant Jésus-Christ 465.)

Les fils d'Artabane, à la tête d'un grand parti, prirent les armes pour venger leur père, et livrèrent bataille à Artaxerce; mais ils furent vaincus et envoyés à la mort avec leurs complices. Mithridate, eunuque et grand-officier, périt par le supplice des auges [1].

---

[1] C'était une torture horrible : le condamné était enfermé entre deux troncs d'arbres creusés; il n'en sortait que sa tête, ses pieds et ses mains qu'on enduisait de miel; ensuite on l'exposait à l'ardeur du soleil. Là, on le forçait à prendre de la nourriture; et, avant de mourir, il languissait plusieurs jours dans des tourments affreux, dévoré par les vers et par les insectes.

Artaxerce marcha ensuite contre son frère Hystaspe, et, après un combat indécis, le défit entièrement et ruina son parti. Tandis que les rois d'Orient épouvantaient le monde par tant d'actes de cruauté, les républiques lui donnaient constamment la preuve de leur ingratitude. Thémistocle avait sauvé Athènes : il fut banni par ses compatriotes. Le roi de Perse mit sa tête à prix, et promit deux cent mille écus à celui qui le livrerait. Ce grand homme, réfugié chez un ami, sortit de sa retraite, se fit conduire à Suze dans un de ces chariots couverts destinés en Orient à porter les femmes, et sur lesquels la jalousie nationale défendait de jeter des regards indiscrets. Arrivé dans la capitale de l'empire, il se rendit au palais, s'adressa au capitaine des gardes, lui apprit qu'il était Grec, et qu'il voulait révéler au roi un secret important. Admis à l'audience de ce monarque, il lui dit avec fierté : « Je suis Thémistocle l'Athénien : exilé par mes » compatriotes, je viens vous demander asile. J'ai » fait souvent beaucoup de mal aux Perses; quel- » quefois aussi je leur ai donné de salutaires con- » seils. Aujourd'hui je suis en état de leur rendre » de grands services. Mon sort est entre vos mains : » vous pouvez signaler votre clémence ou votre co- » lère. Par l'une, vous sauverez un guerrier sup- » pliant; par l'autre, vous perdrez un homme qui » est devenu le plus grand ennemi de la Grèce. » Le roi ne lui fit aucune réponse; mais, après l'avoir congédié, il pria son dieu Arimane d'inspirer toujours à ses ennemis l'idée funeste de se défaire ainsi de leurs plus braves généraux; et la nuit, dans les transports de sa joie, il s'écria plusieurs fois: « Enfin, je tiens en ma puissance Thémistocle l'Athé- » nien! »

Celui-ci était loin d'être tranquille sur son sort: la garde l'avait insulté, les courtisans l'évitaient, et le sombre silence du roi lui présageait une triste destinée. Mais, le lendemain, Artaxerce le fit appeler, et, en présence de tous les grands de sa cour, lui dit : « J'ai promis deux cent mille écus à celui » qui vous livrerait à moi : vous les avez gagnés vous- » même. Je vous les donne, et vous les toucherez » chaque année. »

Thémistocle, s'étant ainsi concilié les faveurs du roi, s'établit à Suze, s'y maria, et jouit long-temps d'un très-grand crédit. On l'entendit souvent s'écrier, au milieu de sa nouvelle famille : « O mes » enfants! sans notre infortune, combien nous aurions été malheureux! »

Depuis l'exil de Thémistocle, Cimon avait été placé à la tête du gouvernement d'Athènes. Sous ses ordres, les Athéniens poursuivirent le cours de leurs triomphes, et multiplièrent leurs succès. Cimon attaqua les Perses, et leur reprit toutes les îles dont ils s'étaient emparés. Il les chassa de toutes les côtes de la Grèce et de l'Asie, enleva plus de deux cents vaisseaux à Artaxerce, et détruisit toute sa flotte à l'embouchure du fleuve Eurymédon. Il prit dans le même temps quatre-vingts bâtiments phéniciens qui venaient au secours des Perses, et chassa les Barbares de la Chersonèse de Thrace. Cependant, à son retour, on le mit en jugement pour avoir négligé de conquérir la Macédoine.

Le roi de Perse, inquiet des progrès des Grecs, donna ordre à Thémistocle de marcher avec une armée contre Athènes. Ce grand homme, ne voulant ni manquer de reconnaissance envers le roi, ni trahir sa patrie, fit un sacrifice solennel aux dieux, embrassa sa famille, ses amis, et s'empoisonna.

Sa mort augmenta sa gloire; et Artaxerce, jugeant du courage de tous les Grecs par celui d'un seul homme, n'espéra plus triompher de tant de vertu, et renonça à ses projets d'invasion.

Quelque temps après, les Égyptiens secouèrent le joug des Perses, et prirent pour roi Inarus. Les Athéniens leur envoyèrent deux cents vaisseaux et des troupes qui battirent les Perses et leur tuèrent cinquante mille hommes. Artaxerce, l'année suivante, fit marcher en Égypte une armée de trois cent mille hommes, sous le commandement de son frère Achéménide. Charitimes, général des Athéniens, avait remonté le Nil et s'était joint à Inarus. Ils livrèrent bataille à Achéménide, qui perdit la victoire et la vie. Cent mille Perses furent pris ou tués. Les débris de l'armée se retirèrent à Memphis, où ils soutinrent un siége de trois ans.

Artaxerce fit encore marcher une nouvelle armée contre les Égyptiens. Artabase et Mégabyse, qui la commandaient, remportèrent une grande victoire sur Inarus et sur les Athéniens. Inarus se réfugia dans Byblos, où il fut pris après une longue défense. Toute l'Égypte se soumit : un prince, nommé Amyrtée, se maintint seul indépendant avec un faible parti dans une contrée marécageuse et inaccessible. La flotte des Perses détruisit dans le Nil celle des Athéniens.

Lorsque Mégabyse prit le roi Inarus, il lui promit la vie; mais la reine-mère Amestris, inconsolable de la mort de son fils Achéménide, exigea d'Artaxerce qu'il lui livrât son prisonnier. Le roi y consentit, au mépris du droit des gens et de ses serments. La cruelle Amestris fit crucifier Inarus et trancher la tête aux autres prisonniers.

Mégabyse se crut insulté par la violation d'une capitulation qu'il avait signée. Il se retira dans son gouvernement de Syrie, y rassembla des troupes, et marcha contre le roi Artaxerce, dont il avait épousé la sœur. Osiris commandait les troupes d'Artaxerce : il fut vaincu et pris par Mégabyse, qui le renvoya généreusement au roi. Une nouvelle armée fut encore battue. Après cette victoire,

Amytis, sœur d'Artaxerce, réconcilia le roi avec son mari Mégabyse. Depuis cette réconciliation, Mégabyse, se trouvant à la chasse, vit un lion près de dévorer le roi; il plongea son javelot dans le corps de cet animal et le tua. Artaxerce, trouvant qu'il lui avait manqué de respect en le prévenant et en frappant avant lui le lion qu'il combattait, ordonna qu'on lui tranchât la tête. Amestris et Amytis obtinrent, avec beaucoup de peine, la révocation de cette sentence. Il fut exilé pour la vie à Cyrta, sur la mer Rouge; mais au bout de cinq ans le roi le rappela et lui rendit sa faveur.

Le roi, disposé comme ses prédécesseurs en faveur des Juifs, envoya Esdras et Néhémie à Jérusalem pour y établir les lois et le culte du vrai Dieu. Esdras retrouva les livres de Moïse, et les mit en ordre. Tandis qu'il complétait ainsi l'histoire sacrée, Hérodote commençait à publier en Grèce son histoire profane.

L'inconstance des Athéniens n'épargnait pas Cimon : malgré ses éclatants services, il fut quelque temps exilé. Mais la division de Sparte et d'Athènes le rendit nécessaire : on le rappela. Il réconcilia ces deux républiques; et, pour détourner ses concitoyens du désir funeste d'attaquer leurs voisins, il dirigea leur ardeur contre l'ancien ennemi de la Grèce, envoya cinquante vaisseaux à Amyrtée, et se porta lui-même sur les côtes de Chypre, où il rencontra la flotte des Perses, commandée par Artabaze. Il la battit, lui prit cent vaisseaux, et la poursuivit jusque auprès de Tyr. A son retour, il fit une descente en Cilicie, défit Mégabyse, et lui tua un grand nombre d'hommes.

Ces victoires de Cimon, et la mort de Thémistocle, faisaient craindre au roi de Perse de nouvelles défaites et de plus grands malheurs. D'un autre côté la Grèce, ignorant la destinée de Thémistocle, croyait qu'il allait marcher contre elle à la tête des Perses, et redoutait une nouvelle invasion. Cette terreur réciproque et la fatigue d'une si longue guerre disposèrent les esprits à la paix. On conclut un traité par lequel on stipula que toutes les villes grecques d'Asie seraient libres, qu'aucun vaisseau de guerre du roi ne naviguerait sur les mers qui sont entre le Pont-Euxin et la Pamphilie, et que les troupes persanes se tiendraient éloignées de trois jours de marche de ses côtes. En revanche, les Athéniens promirent de n'attaquer aucune possession du roi. Ainsi finit cette guerre, qui avait duré cinquante ans.

Le traité n'était pas signé lorsque Cimon mourut; et, comme il craignait que sa perte ne changeât les dispositions pacifiques du roi de Perse, il ordonna aux officiers de cacher sa mort, de continuer à donner les ordres en son nom, et de ramener ainsi promptement la flotte à Athènes.

La peste désolait l'Attique et se répandait en Perse, où elle causa de grands ravages. Artaxerce voulut faire venir près de lui le célèbre Hippocrate. Ce grand homme refusa les présents et les dignités qu'on lui offrait, pour consacrer exclusivement ses talents et ses services à son pays. Le roi, irrité de ce refus, menaça les habitants de Cos, patrie d'Hippocrate, de détruire entièrement leur cité, s'ils ne lui livraient leur compatriote. Ils répondirent qu'ils n'étaient pas plus effrayés des menaces du roi qu'ils ne l'avaient été de celles de Darius et de Xercès, et qu'en cas d'attaque ils comptaient sur la même protection des dieux.

Bientôt la guerre du Péloponèse divisa les Grecs et prépara leur ruine. Tout peuple désuni devient la proie de ses ennemis.

Les Lacédémoniens briguèrent l'alliance du roi de Perse, et lui demandèrent des secours. Le roi leur envoya un ambassadeur, qui fut pris et conduit à Athènes. Les Athéniens le traitèrent avec beaucoup d'égards, parce qu'ils désiraient aussi se concilier la bienveillance du roi. Ils renvoyèrent même en Asie cet ambassadeur, accompagné de quelques-uns de leurs concitoyens, chargés de négocier avec la cour de Perse. Mais, en débarquant à Éphèse, ils apprirent la mort du roi et retournèrent à Athènes.

Artaxerce avait régné quarante-neuf ans : ses

sujets vantaient sa bonté, sa générosité, parce qu'il s'était montré moins cruel et moins extravagant que Xercès. Le seul fils qu'il eût de la reine lui succéda. Il s'appelait Xercès. Le roi laissait dix-sept autres enfants de ses concubines, entre autres Sogdien, Ochus et Arsite.

XERCÈS II.

Xercès ne régna que quarante-cinq jours, qu'il passa dans la débauche. S'étant endormi en sortant d'un festin, Sogdien entra dans son appartement avec l'eunuque Pharnacias, l'assassina et s'empara du trône.

SOGDIEN.

Le nouveau roi fit mourir le plus fidèle des eunuques d'Artaxerce, le jour même où il avait conduit au tombeau le corps de ce monarque et celui de sa femme. Sogdien savait qu'il était haï par les grands et par l'armée, et croyait ne pouvoir conserver son autorité qu'en inspirant la crainte. Mais tout ce qui effraie tremble, c'est l'effet inévitable de la tyrannie. Le roi, poursuivi par ses remords et par ses terreurs, croyait voir partout des conjurations. Son frère Ochus ne fut pas à l'abri de ses soupçons, et, dans l'intention de s'en défaire, il lui ordonna de venir à Suze. Mais celui-ci, pénétrant son dessein, publia hautement qu'il voulait venger la mort de Xercès. La plupart des grands se déclarèrent pour lui, ainsi que l'armée. On plaça la tiare sur sa tête et on le proclama roi. Le lâche Sogdien osait assassiner, mais ne savait point combattre. Il se rendit à son frère qui le fit mourir par le supplice des cendres, fort usité alors en Perse. On remplissait de cendre une tour jusqu'à moitié de sa hauteur; du sommet de cette tour on précipitait le criminel, et ensuite, avec une roue, on agitait autour de lui la cendre jusqu'à ce qu'elle l'étouffât.

Sogdien n'avait régné que six mois. Ochus, maître de l'empire, prit le nom de Darius : le peuple y joignit celui de Nothus, c'est-à-dire bâtard.

DARIUS NOTHUS.

Le roi ne jouit pas paisiblement du trône où la mort de Sogdien le faisait monter. Son frère Arsite se révolta contre lui, soutenu par les Syriens que commandait Artyphius, fils de Mégabyse. La fortune, dans le commencement, fut favorable au rebelle. Il remporta deux victoires sur l'armée royale; mais, dans un troisième combat, ses troupes l'abandonnèrent, prirent la fuite, et laissèrent Artyphius, leur général, dans les chaînes des Perses. Darius voulait le faire mourir : Parysatis, sœur et femme du roi, lui conseilla de traiter son prisonnier avec clémence, pour tromper Arsite par cette feinte douceur. En effet, cet infortuné prince, informé de la générosité du roi, capitula et se rendit. Darius était porté à lui sauver la vie; mais la cruelle Parysatis le détermina à le faire périr dans les cendres, ainsi qu'Artyphius.

Une autre révolte, excitée en Lydie par le gouverneur de cette province, fut promptement apaisée. Darius était entouré par trois eunuques qui le gouvernaient. La plupart des princes sont les esclaves des courtisans qui les environnent : ils ne voient que par leurs yeux, ils punissent et récompensent selon leurs caprices. Ces esclaves deviennent les maîtres de leurs maîtres, leur font perdre l'estime et l'amour de leurs peuples, et finissent souvent par conspirer contre eux.

L'un de ces trois eunuques, nommé Artoxare, conçut le projet de tuer Darius et de monter sur le trône : Parysatis découvrit sa trame, et l'envoya au supplice.

Les Mèdes, croyant la circonstance favorable pour secouer le joug des Perses, se révoltèrent; mais ils furent battus et plus assujettis que jamais; car une rébellion sans succès affermit le pouvoir qu'elle attaque, et rend plus pesantes les chaînes qu'on a voulu rompre.

Une révolte plus dangereuse éclata en Égypte.

Amyrtée sortit de ses marais, se fit déclarer roi, et chassa les Perses de ses états.

Le règne de Darius, toujours troublé par des séditions, fut ensanglanté par les crimes de Parysatis, dont les intrigues entretenaient dans la famille royale une funeste division. Elle favorisait un de ses fils nommé Cyrus, et obtint pour lui le gouvernement des frontières de la Grèce.

Ce jeune prince, rempli d'orgueil et d'ambition, avait fait mourir deux de ses parents, parce qu'ils s'étaient présentés devant lui sans couvrir leurs mains avec les manches de leurs robes, comme l'étiquette l'exigeait. Cyrus, entouré de mécontents, cherchait à grossir son parti, disposait les esprits à la révolte, et aspirait ouvertement au trône. Parysatis appuyait ses prétentions; mais Darius soutint les droits d'Arsace, son fils aîné, lui donna le nom d'Artaxerce, le désigna pour son successeur, le couronna, et contraignit Cyrus à sortir de sa province et à revenir près de lui.

Artaxerce avait épousé Statira, fille d'un satrape. Teriteuchème, troisième fils de Darius, était marié avec une fille de Parysatis, appelée Amestris; mais, étant devenu amoureux de Roxane, sœur de Statira, il tua sa femme pour être libre, et pour épouser Roxane.

Le roi voulait punir ce prince coupable : il se révolta et fut assassiné par un de ses favoris. Parysatis, dont rien n'apaisait la colère, fit scier en deux Roxane et massacrer toute sa famille, à l'exception de Statira.

Darius termina sa vie au milieu de toutes ces scènes tragiques qui souillaient son palais et flétrissaient son règne. Il avait occupé le trône dix-neuf ans.

ARTAXERCE-MNÉMON.

(An du monde 3600. — Avant Jésus-Christ 404.)

Ce fut vers la fin de la guerre du Péloponèse qu'Arsace, sous le nom d'Artaxerce, succéda à son père Darius. On donna au nouveau roi le surnom de *Mnémon* à cause de sa prodigieuse mémoire. Peu de jours après son avénement au trône, il se rendit dans la ville de Pasargades, bâtie par le grand Cyrus : il s'y fit sacrer par les mages, suivant la coutume des Perses. Cette cérémonie se faisait dans un temple consacré à la déesse de la guerre; le roi quittait sa robe dans le temple, et se couvrait de celle que Cyrus avait portée avant de monter sur le trône. On lui donnait ensuite à manger une figue sèche, des feuilles de térébinthe, et on lui présentait un breuvage composé de vinaigre et de lait, sans doute pour lui rappeler à la fois et l'ancienne sobriété des Perses et le mélange de biens et de maux qui compose la vie humaine.

Le jeune Cyrus, toujours enflammé d'une ambition que son père avait en vain voulu réprimer, conçut l'affreux projet d'égorger son frère dans le temple, au moment où il quitterait sa robe pour se revêtir de celle de leur aïeul Cyrus. Il avait confié son dessein à un mage qui le révéla au roi. Le prince fut arrêté et condamné à mort. Sa mère Parysatis accourut pour le sauver, le prit entre ses bras, le lia avec les tresses de ses cheveux, unit étroitement son cou au sien, et répandit tant de larmes, qu'Artaxerce lui fit grace et le renvoya dans les provinces maritimes dont il était gouverneur. Là il se livra plus que jamais au désir de s'emparer du trône et de se venger : quand les bienfaits n'excitent pas la reconnaissance dans un cœur ambitieux, ils le remplissent de haine et de fureur. Cyrus ne pouvait supporter le poids de la grace qu'il avait reçue; il ne s'occupait nuit et jour qu'à chercher les moyens de se former un parti assez puissant pour détrôner son frère : il gagna le cœur des peuples qu'il gouvernait, en se familiarisant avec eux. Ses talents étaient proportionnés à son ambition : il se mêlait avec les simples soldats sans compromettre sa dignité, assistait à leurs jeux, présidait à leurs exercices, et les dressait lui-même au métier de la guerre. Sous différents prétextes il leva des troupes grecques, qui lui inspiraient plus de confiance que les asiatiques.

Cléarque, capitaine habile, banni de Lacédémone, se retira près de Cyrus, et le servit très-utilement. Plusieurs villes de Lydie, s'étant soustraites à l'obéissance qu'elles devaient à leur satrape Tissapherne, se donnèrent à Cyrus. Ce prince, sous prétexte de se défendre contre Tissapherne, porta des plaintes au roi contre ce gouverneur, et rassembla ses troupes. Artaxerce, trompé par ce stratagème, lui laissa le temps d'augmenter ses forces. Cyrus captivait peu à peu l'affection générale par son affabilité; il punissait avec modération et récompensait magnifiquement; l'obligeance de ses paroles relevait le prix de ses dons: il ne semblait heureux que lorsqu'il trouvait l'occasion de faire du bien. Ses émissaires répandus partout préparaient les esprits à la révolution qu'il méditait : ils disaient que les circonstances demandaient un roi tel que Cyrus, libéral, magnifique, juste appréciateur du mérite, et capable de rendre à l'empire l'éclat qu'il avait perdu.

Le jeune prince entrait alors dans sa vingt-troisième année; il marchait à l'exécution de ses desseins avec l'ardeur de son âge. Pendant la vie de Darius il avait rendu quelques services aux Lacédémoniens, et contribué aux succès qui leur assurèrent l'empire de la Grèce; comptant sur leur reconnaissance, il s'ouvrit à eux entièrement : dans la lettre qu'il leur écrivit, il vantait orgueilleusement sa supériorité sur son frère, prétendant qu'il avait le cœur plus grand, plus royal que lui; qu'il était plus instruit dans la philosophie et plus versé dans la magie; enfin, selon la mode des Barbares, il se vantait d'être en état de boire beaucoup plus et de supporter le vin mieux qu'Artaxerce.

Les Spartiates, dans l'intention de semer des troubles en Asie, ordonnèrent à leur flotte de se joindre à celle du prince, et d'obéir en tout à Tamus, son amiral; mais ils ne firent aucune déclaration contre Artaxerce, et gardèrent le silence sur l'entreprise qui le menaçait.

L'armée de Cyrus, lorsqu'il en fit la revue, se trouva composée de cent mille Asiatiques et de treize mille Grecs. Cléarque commandait les troupes du Péloponèse, Proxène les Béotiens, et Ménon les Thessaliens. Aricé était à la tête des Perses. La flotte comptait trente-cinq vaisseaux de Lacédémone sous les ordres de Pytagre, et vingt-cinq commandés par Tamus, Égyptien, qui dirigeait toute l'armée navale. Elle suivait l'armée de terre en côtoyant les bords de la mer.

Cyrus, craignant d'effrayer les Grecs en leur apprenant qu'il les conduisait au centre de l'Asie, ne confia qu'à Cléarque le vrai but d'une marche si longue et si téméraire; plus il s'avançait, plus il s'efforçait d'empêcher les Grecs de se décourager, en leur fournissant avec abondance tout ce qui pouvait leur être nécessaire. Il partit de Sardes, et se dirigea vers les provinces de la Haute-Asie. Les troupes croyaient qu'il n'était question que de marcher contre les Psidiens, dont les courses infestaient la province; mais Tissapherne, jugeant tous ces préparatifs trop grands pour une si médiocre entreprise, partit en toute hâte de Milet, et vint à Suze informer le roi de la marche et des projets de Cyrus.

Cette nouvelle répandit un grand trouble dans la cour. Parysatis, mère d'Artaxerce et de Cyrus, fut regardée généralement comme la principale cause de cette guerre civile; toutes les personnes attachées à son service étaient soupçonnées d'entretenir des intelligences avec Cyrus. Statira ne cessait d'accabler sa belle-mère de reproches, et de jour en jour la haine qui existait entre ces deux reines devint plus violente.

Cyrus s'avançait à grandes journées. Le pas de Cilicie l'inquiétait; c'était un défilé très-étroit entre deux montagnes très-escarpées, qui ne laissait de passage qu'à un seul chariot. Syennesis, prince du pays, se disposait à le défendre; mais, l'amiral Tamus menaçant la côte, Syennesis, pour le combattre, abandonna ce poste important, où peu de soldats pouvaient arrêter la plus nombreuse armée.

Lorsqu'on fut arrivé à Tarse, les Grecs refusèrent

d'aller plus avant, disant qu'il voyaient bien qu'on les menait contre le roi, et qu'ils ne s'étaient point engagés pour une semblable guerre. Cléarque eut besoin de toute son habileté pour étouffer cette sédition dans sa naissance. Les moyens d'autorité ne lui ayant pas réussi, il parut entrer dans les vues de ses soldats, promit d'appuyer leurs réclamations, et déclara qu'il ne se séparerait point d'eux : il proposa d'envoyer une députation au prince pour s'informer de ses intentions; afin de le suivre volontairement si le parti leur plaisait. Ce moyen adroit calma les esprits, on le chargea lui-même, avec quelques officiers, de cette mission. Cyrus, qu'il avait averti secrètement, répondit que son dessein était d'aller combattre Abrocomas, son ennemi personnel, campé à douze journées de l'Euphrate. Quoique cette réponse laissât deviner aux Grecs le but réel de l'entreprise, il résolurent de marcher, et demandèrent seulement une augmentation de solde, qu'on leur accorda.

Quelques jours après Cyrus déclara franchement qu'il allait attaquer Artaxerce. Sa déclaration excita des murmures; mais bientôt les magnifiques promesses du prince changèrent la tristesse en joie et le mécontentement en espérance.

On approcha de Cunaxa. Cyrus, à la tête de cent treize mille hommes et de vingt chariots, marchait en désordre : trompé par de faux avis, il croyait que le roi, n'étant point prêt à combattre, attendait les levées qu'on faisait au fond de la Perse. Cette opinion paraissait d'autant plus probable, qu'on venait de passer sans obstacle tous les défilés des montagnes; mais, au moment où l'on se reposait dans la plus profonde sécurité, un cavalier accourut, annonçant l'approche de l'ennemi, et bientôt après on vit l'horizon couvert de troupes; c'était Artaxerce qui commandait lui-même son armée, composée de douze cent mille hommes et de cent cinquante chariots. Cyrus eut à peine le temps de ranger ses troupes en bataille. Cléarque lui conseillait de ne point se compromettre dans la mêlée, et de se tenir derrière les bataillons grecs. « Comment voulez-vous, répondit le prince, que, » dans le moment où je veux me faire roi, je me » montre indigne de l'être? »

Les Grecs, après avoir chanté l'hymne du combat, marchèrent lentement et en silence. Quand ils furent près de l'ennemi, ils jetèrent de grands cris, et coururent de toute leur force contre les Perses, qu'ils mirent en fuite.

Cyrus, voyant qu'Artaxerce faisait un mouvement pour le prendre en flanc, renversa tout ce qui s'opposait à son passage, se précipita vers lui et le joignit. Les deux frères se battirent avec fureur l'un contre l'autre : Cyrus tua d'abord le cheval de son frère et le renversa. Le roi, s'étant relevé, revint sur Cyrus qui le blessa. Artaxerce furieux le perça de sa javeline et le tua. D'autres lui disputèrent ce funeste honneur : de toutes parts on avait lancé des traits contre ce prince, et un jeune Perse, nommé Mithridate, se vantait de lui avoir donné le coup mortel.

Tandis qu'Artaxerce remportait cette victoire, et mettait en déroute l'aile droite de ses ennemis, les Grecs battaient celle qui leur était opposée, et dont le roi avait confié le commandement à Tissapherne. Ce général vaincu se rapprocha d'Artaxerce, et les Grecs coururent à la défense de leur camp. Jusque-là chacun, ignorant la mort de Cyrus, s'attribuait des deux côtés la victoire. Les Grecs croyaient le prince engagé à la poursuite de l'ennemi; ils renouvelèrent le combat, et forcèrent à la retraite les Perses qui attaquaient leur camp. La nuit sépara les armées : le lendemain le roi envoya un héraut aux Grecs pour les instruire du sort de Cyrus, et pour les sommer de rendre les armes. Ils répondirent que, s'il les voulait pour alliés, ils le serviraient fidèlement, mais qu'ils perdraient plutôt la vie que la liberté. Artaxerce, admirant leur fier courage, négocia et conclut un traité qui garantissait la sûreté de leur retour dans leur patrie. Ils partirent sous la conduite de Tissapherne, qui devait leur fournir partout des vivres. Plusieurs indices prouvèrent à Cléarque que ce général méditait une trahison, et sa méfiance ne fut que trop justifiée.

Tissapherne invita les chefs de l'armée grecque à venir chez lui : ceux qui s'y rendirent furent massacrés. On conduisit Cléarque chez le roi qui lui fit trancher la tête.

Les Grecs qui avaient survécu à la bataille étaient encore au nombre de dix mille; ils élurent promptement d'autres officiers, et, bravant tous les périls, ils commencèrent cette fameuse retraite dont Xénophon, leur commandant, a écrit l'histoire. Cet éloquent et habile général releva le courage de ses concitoyens en leur rappelant les journées de Salamine et de Platée. Leur conduite fut aussi savante que courageuse : ils marchaient sur deux colonnes, plaçant dans l'intervalle le peu de bagages qu'ils avaient conservés. Six cents hommes d'élite formaient leur arrière-garde, et combattaient les troupes de Tissapherne pendant qu'on passait les défilés.

Attaqués de tous côtés par des peuples perfides qui se trouvaient sur leur route, arrêtés par de larges rivières dont on avait coupé les ponts : manquant souvent de vivres, obligés de marcher quelquefois dans des plaines couvertes de neige à la hauteur de cinq ou six pieds, leur constance surmonta tous les obstacles. Arrivés enfin sur les bords de l'Araxe, ils trouvèrent plusieurs peuples armés qui gardaient les montagnes et leur en disputaient le passage.

Xénophon, par l'habileté de ses manœuvres, battit les barbares, les tourna et parvint à gagner la Colchide. Les Grecs arrivèrent enfin à Trébisonde qui était une colonie de leur pays.

Après avoir remercié les dieux qui les avaient sauvés de tant de périls, ils côtoyèrent le Pont-Euxin, passèrent le détroit vis-à-vis de Byzance, et se joignirent, près de Pergame, aux Lacédémoniens qui marchaient contre les Perses. Cette célèbre retraite avait duré quatre-vingt-treize jours.

Parysatis, désespérée de la mort de son fils et altérée de vengeance, eut assez d'ascendant sur Artaxerce pour l'obliger à lui livrer Mithridate qui s'était vanté de l'avoir tué. Elle le fit périr par le supplice des auges. Quelles mœurs que celles de ce siècle! Parysatis jouait aux dés avec le roi; un eunuque devait être le prix de la partie : la reine la gagna; et demanda qu'on remît entre ses mains le malheureux Mézabare, qui avait coupé la tête et les mains de Cyrus. Cet eunuque subit la mort. Artaxerce pleurait son favori; Parysatis lui dit : « Vous » vous fâchez comme un enfant de la perte d'un » eunuque, tandis que moi j'ai perdu mille dari- » ques sans me plaindre. » Pour compléter sa vengeance elle feignit de se réconcilier avec la reine Statira, sa belle-fille. L'ayant invitée à un festin, elle prit sur la table un oiseau fort rare, le partagea par le milieu, en donna la moitié à Statira, et mangea l'autre. L'instant d'après Statira sentit de vives douleurs, et mourut dans des convulsions affreuses en accusant Parysatis. Le roi fit mettre à la question tous les esclaves de la reine-mère. Gigis une de ses femmes, avoua tout : elle déclara avoir frotté de poison un des côtés du couteau dont s'était servie Parysatis. On la condamna au supplice des empoisonneurs, qui consistait à leur écraser la tête entre deux pierres.

Parysatis fut exilée à Babylone, et le roi déclara qu'il n'entrerait jamais dans cette ville tant que sa mère y serait.

D'après le commandement du roi, Tissapherne envoya au roi de Sparte, Agésilas, l'ordre de faire sortir ses troupes de l'Asie. Le Lacédémonien répondit à cette insolence en marchant contre les Perses; il les battit et les mit en déroute près de Sardes. Cette défaite fit croire à Artaxerce que Tissapherne le trahissait : il ordonna à Arrié, gouverneur de Larisse, de l'inviter à une conférence, dans laquelle on lui coupa la tête qui fut envoyée en Perse. Agésilas, après sa victoire, se trouvait maître des côtes d'Asie, mais les émissaires et l'argent d'Artaxerce excitèrent des troubles en Grèce, et déterminèrent les éphores à rappeler leurs troupes. Agésilas dit à ce sujet, en faisant allusion à une monnaie de Perse nommée *Archer*, que trente mille archers du roi le forçaient de revenir à Sparte. Dans le même temps, Artaxerce donna le commandement de sa flotte à l'Athénien Conon, qui gagna une bataille contre les Lacédémoniens, et leur prit cinquante galères. Depuis ce moment le pouvoir de Lacédémone déclina en Asie. Conon, victorieux, revint à Athènes et rétablit les murailles de cette ville, détruites précédemment par les Lacédémoniens. Les Grecs réunis avaient triomphé des Perses; dès qu'ils se divisèrent, ils perdirent l'Asie.

Par le traité glorieux, résultat des victoires de Cimon, Artaxerce Longue-Main s'était vu forcé à rendre la liberté aux villes d'Ionie; et, sous Artaxerce Mnémon, le Spartiate Antalcide fut obligé de signer une paix honteuse qui porta son nom, et par laquelle les Perses regagnèrent tout ce qu'ils avaient perdu, et redevinrent maîtres de toutes les villes grecques sur la côte d'Asie.

Artaxerce, délivré de la crainte des Lacédémoniens, conquit l'île de Chypre, avec laquelle il était en guerre depuis six ans. Le grand roi porta ensuite ses armes contre les Cadusiens, peuple pauvre, qui habitaient les montagnes entre le Pont-Euxin et la mer Caspienne. Il y montra beaucoup de courage et de constance; mais la vaillance des habitants et les difficultés du pays lui firent perdre la plus grande partie de son armée. Il fut trop heureux d'en pouvoir sauver les débris à la faveur d'un traité. Il fit après de grands préparatifs pour soumettre l'Égypte, que gouvernait alors Achoris, qui avait secouru Évagore, roi de Chypre. Ses préparatifs durèrent deux ans, pendant lesquels Achoris mourut. Psaméatis lui succéda: un an après, il fut remplacé par Néphérit, et celui-ci quatre mois après par Nectanébus. Les Athéniens abandonnèrent l'Égypte et s'allièrent au roi de Perse. Son armée était de deux cent mille hommes, commandés par Pharnabaze. Iphicrate lui avait amené vingt mille Grecs. On commença par s'emparer d'un fort appelé aujourd'hui *Rosette*. Les Athéniens voulaient remonter le Nil et marcher sur Memphis; mais Pharnabaze différa ce mouvement, parce qu'il attendait des renforts. Les Égyptiens se rassurèrent et s'armèrent: le Nil se déborda, et l'armée se vit obligée de retourner en Phénicie.

L'année suivante les Spartiates envoyèrent Agésilas au secours des Égyptiens. Tachos, leur nouveau roi, ne voulut pas suivre les conseils d'Agésilas, et fut bientôt détrôné par Nectanébus II. Tachos, banni, vint se réfugier à la cour de Perse, et le roi lui donna le commandement des troupes qui devaient attaquer l'Égypte.

Artaxerce, dans sa vieillesse, s'abandonna aux voluptés: entouré d'eunuques, livré à la débauche, occupé des intrigues de son palais, il négligea tellement le gouvernement de l'empire, que les satrapes, abusant de son nom, accablèrent les peuples d'impôts. Presque toutes les provinces se soulevèrent; l'Asie-Mineure, la Syrie, la Phénicie prirent les armes, et se confédérèrent sous les ordres d'Oroate, gouverneur de Mysie.

Le trône était en grand péril : mais la division se mit parmi les confédérés ; un de leurs chefs les trahit, les arrêta et les livra au pouvoir du roi.

Pendant ce temps la cour se remplissait d'intrigues et de cabales. Le roi avait cent cinquante fils de trois cent soixante concubines, et trois enfants légitimés de la reine Atossa : Darius, Ariaspe, et Ochus.

Le roi désigna Darius pour son successeur, et lui donna le titre de roi. Ce jeune prince, impatient de jouir de l'autorité, fit avec cinquante de ses frères une conspiration pour abréger les jours de son père. Le roi, instruit de cette odieuse trame, les fit tous mourir. De nouvelles conjurations se formèrent en faveur d'Ariaspe, d'Ochus et d'Arsame. Ochus fit assassiner Arsame, et effraya tellement Ariaspe, qu'il s'empoisonna.

Ces horribles événements firent une si vive impression sur l'esprit affaibli du vieux roi, qu'il mourut accablé de chagrins après un règne de quarante-trois ans.

OCHUS.

(An du monde 3643. — Avant Jésus-Christ 361.)

Ochus ne devait le trône qu'à ses crimes et à la mort de ses frères : il succédait à un roi respecté, et craignait la haine du peuple; il gagna les eunuques, cacha le trépas d'Artaxerce, publia toujours ses décrets au nom de ce prince, en supposa un qui l'autorisait à porter le titre de roi, et au bout de dix mois se croyant affermi, déclara la mort de son père, et prit ouvertement les rênes de l'état. Il se donna le nom d'Artaxerce; mais l'histoire ne lui a laissé que celui d'Ochus.

Le despotisme et l'invisibilité des rois d'Orient peuvent seuls faire comprendre qu'on puisse cacher ainsi à tout un peuple, pendant dix mois, la mort du monarque qui le gouverne. A quel danger la tyrannie s'expose par les précautions qu'elle prend pour son salut! et que ne doit pas craindre un prince dont le palais est fermé à sa nation!

Ochus signala le commencement de son règne par d'horribles cruautés : voulant empêcher que les provinces ne portassent au trône quelques personnes de sa famille, il enferma dans une cour son oncle, avec cent de ses fils et de ses petits-fils, qui étaient fort populaires et fort aimés dans l'empire; par son ordre on les tua tous à coups de flèches.

Sa propre sœur Ocha, dont il avait épousé la fille, blâma ses fureurs; on l'enterra toute vive.

Les grands de l'empire, assez malheureux pour attirer ses soupçons, subirent la mort.

Sisygambis, mère de Darius Codoman, était sœur des princes immolés : elle fut assez prudente ou assez heureuse pour sauver de ce massacre son fils, qui depuis monta sur le trône. La cruauté fait naître les orages qu'elle redoute. Artabaze, satrape d'une province frontière, se révolta, s'allia avec les Athéniens, et défit l'armée royale. Ochus, par ses plaintes et par ses menaces, décida les Athéniens à rappeler leurs troupes et Charès qui les commandait. Les Thébains les remplacèrent. Avec leur secours Artabaze battit deux fois les troupes du roi : mais Ochus effraya encore ces nouveaux alliés, et Artabaze, abandonné par eux, succomba et se réfugia chez Philippe, roi de Macédoine.

Ochus, délivré de cet adversaire, tourna ses armes contre Nectanébus, roi d'Égypte, qui venait d'exciter les Phéniciens à se soulever. Les satrapes de Syrie et de Cilicie avaient été battus par eux. Les peuples de Chypre s'étaient aussi alliés avec l'Égypte. Le roi de Perse prit lui-même le commandement de son armée; mais, avant de partir, il employa l'adresse, l'argent et les menaces pour pacifier la Grèce : il croyait l'amollir par le repos, tandis que ses prédécesseurs, pour leur sûreté, entretenaient avec soin la division dans ce pays. Ochus entra en Phénicie avec trois cent mille hommes. Mentor, le Rhodien, était à Sidon avec des troupes grecques : le roi le gagna secrètement et l'entraîna dans son parti. Tennez lui-même, roi de Sidon, trahit ses sujets et livra la ville à Ochus. Les Sidoniens avaient brûlé leurs vaisseaux pour ôter aux lâches tout espoir de salut dans la fuite; quand ils se virent livrés, ils mirent le feu à leurs maisons, et quarante mille personnes périrent dans l'incendie. Le roi Tennez, pour prix de sa trahison, reçut la mort par l'ordre d'Ochus. La Phénicie épouvantée se soumit. La Judée, qui s'était jointe aux Phéniciens, éprouva d'affreux ravages.

Ochus envoya en Hyrcanie et en Égypte une foule de Juifs captifs : ces rigueurs déterminèrent les neuf rois qui se partageaient alors l'île de Chypre à se soumettre. Évagore redemanda en vain le royaume de Salamine; on ne lui donna qu'un gouvernement. Comme il persistait encore dans ses prétentions, on le fit mourir. Les Grecs de Thèbes, d'Argos et d'Asie envoyèrent dix mille hommes au roi après la prise de Sidon; car de tout temps on s'est empressé de secourir le vainqueur.

Ochus arriva en Égypte : il partagea son armée en trois corps; les principaux chefs étaient Nicostrate d'Argos, Mentor et l'eunuque Bagoas. Nicostrate remonta le Nil avec cinquante vaisseaux, et débarqua ses troupes dans le centre de l'Égypte. Les Égyptiens marchèrent contre lui et livrèrent bataille : Clinias de Cos, leur général, y périt avec cinq mille hommes; le reste prit la fuite. Nectanébus accourut en diligence pour défendre Memphis. Sa retraite livra Péluse au roi de Perse; les Grecs, qui la défendaient, obtinrent de retourner dans leur patrie. Ochus, ayant déclaré qu'il traiterait avec douceur ceux qui rendraient les armes, mais qu'il exterminerait tout ce qui se défendrait, soumit par la terreur toute l'Égypte. Nectanébus, sans espoir, se sauva avec ses trésors en Éthiopie, et ne reparut plus.

Mentor reçut de grandes récompenses pour cette conquête, et réconcilia avec le roi son frère Memnon et son beau-frère Artabaze.

Ochus, maître de l'Égypte, n'écouta que la fougue de son caractère, et crut qu'il détruirait à jamais dans cette contrée toute semence de révolte, s'il en changeait la religion, les lois et les mœurs. Il démantela les villes, pilla les temples, massacra les prêtres, enleva les archives, et tua le dieu Apis, qu'il fit manger à ses officiers dans un festin. Chargé des dépouilles et de la haine de l'Égypte, il revint à Babylone. L'eunuque Bagoas, son favori et son général, était Égyptien; il n'avait pu voir sans horreur les malheurs de sa patrie et l'outrage fait à sa religion : il empoisonna le roi; et, par un raffinement de vengeance digne de ces temps barbares, il fit enterrer un autre mort à la place d'Ochus, et coupa en morceaux le corps de son maître, qu'il donna à manger aux chiens et aux chats; enfin de ses os il fit faire des manches de couteau et d'épée, pour rappeler à la fois l'humeur sanguinaire du tyran et sa punition.

Après ce meurtre, Bagoas, profitant de son autorité absolue dans le palais, massacra tous les fils du roi, et mit sur le trône Arsès, le plus jeune, sous le nom duquel il espérait gouverner. Mais, comme il s'aperçut bientôt que ce prince voulait secouer son joug, il le prévint, l'assassina, et détruisit avec lui le reste de sa famille. Arsès ne régna que deux ans.

DARIUS CODOMAN.

(An du monde 3668. — Avant Jésus-Christ 336.)

Bagoas donna le sceptre à Darius Codoman. Ce prince, fils de Sisygambis, s'était dérobé, comme on l'a vu, au massacre de ses parents. Cherchant son salut dans une sorte d'obscurité, il n'avait eu pendant long-temps d'autre fonction dans l'état que celle de porter des dépêches aux gouverneurs de provinces; mais, dans la guerre des Perses contre les Cadusiens, il se distingua par une action d'éclat, qui le rendit dès-lors l'objet de l'affection générale.

Un Cadusien d'une stature gigantesque défia les Perses de lui opposer un combattant digne de sa force et de son courage : personne n'osait se présenter ; Codoman s'avança et le tua. Sa récompense fut le gouvernement d'Arménie. La douceur de son administration fit croire à Bagoas qu'il pourrait le gouverner ; mais ce perfide ministre, ne le trouvant pas aussi faible qu'il l'espérait, résolut de l'empoisonner. Le roi, prévenu de son dessein, dissimula son courroux, et le força de boire le poison qu'il lui avait présenté.

Différent de tous ses prédécesseurs, Darius sut mériter à la fois le respect des grands et l'amour des peuples. Sisygambis, sa mère, Statira, sa sœur et sa femme, firent régner dans sa cour les mœurs et la vertu ; et pendant quinze ans Darius rendit la Perse heureuse.

On était loin de prévoir que cette époque fortunée précéderait de si peu la destruction de l'empire ; et cependant, depuis long-temps, les observateurs éclairés auraient pu prédire la chute d'un colosse qui n'avait plus de base solide. La mollesse des Mèdes remplaçait l'austérité des mœurs des anciens Perses ; les lois et la discipline de Cyrus étaient oubliées. Les monarques invisibles, qui faisaient trembler leurs sujets, devenaient eux-mêmes esclaves, et souvent victimes des femmes et des eunuques de leur palais : les satrapes, trop éloignés du centre de la monarchie, se croyaient presque indépendants. Les armées, éclatantes d'or et de pourpre, ne brillaient plus par le fer et par la force les voluptés avaient amolli les courages; les ames étaient avilies par la tyrannie. Les provinces conquises, opprimées et mécontentes, grossissaient le trésor sans donner de forces réelles à l'état; il n'existait ni amour de la patrie, ni esprit public: tous les membres de l'empire de Perse formaient un corps immense sans vigueur et sans union; et Darius, vaillant et généreux, n'avait pas assez de génie et de fermeté pour forcer les grands à imiter ses vertus, et pour régénérer une nation si corrompue.

Dans ce moment marqué par les destins pour la chute de ce vaste empire, un grand homme parut dans le monde; un héros monta sur le trône de Macédoine; Alexandre régna, et, après avoir soumis à son autorité les peuples grecs, affaiblis par leurs divisions, il conçut la grande idée de se faire pardonner ses attaques contre la liberté de la Grèce, en la couvrant de gloire, et en la vengeant avec éclat des Perses, ses éternels ennemis.

Ce grand homme, incapable de se laisser effrayer par les obstacles que présentait une si audacieuse entreprise, était peut-être éclairé par le succès des dix mille Grecs qui, bravant toutes les forces d'Artaxerce, avaient traversé, sans être entamés, son immense empire. Alexandre osa donc croire cette conquête possible, et l'entreprit; il débarqua en Asie avec trente mille soldats et cinq mille cavaliers.

Darius, maître de l'Orient, et qu'on appelait le grand roi, le roi des rois, pouvait lui opposer trois millions de guerriers; mais il méprisa les efforts d'un si faible adversaire; il crut que les satrapes des frontières, qui commandaient un corps de cent dix mille hommes, suffiraient pour arrêter ce jeune téméraire sur les bords du Granique, et pour punir sa folle audace. Un ordre seul d'Ochus, lorsqu'il partit pour l'Égypte, avait suffi pour désarmer toute la Grèce : comment son successeur aurait-il pu prévoir qu'un prince de Macédoine allait braver, renverser sa puissance, détruire Persépolis, régner à Suze, à Memphis, à Tyr, et triompher dans Babylone?

Alexandre, nommé généralissime par les Grecs, rassembla une armée composée des soldats les plus braves, et dont les officiers, habiles et expérimentés, ressemblaient plus par leur âge et par leur gravité à un sénat qu'à une troupe de guerriers; il passa le Strymon, l'Hèbre, et arriva à Sestos en vingt jours de marche. Il avait cent soixante-sept galères et plusieurs vaisseaux. Il dirigea lui-même ses galères en traversant l'Hellespont, et descendit le premier de tous en Asie. Son trésor ne contenait que soixante-dix talents; son armée ne portait de vivres que pour un mois. En partant de Macédoine; il avait distribué à ses officiers tout son patrimoine, ne gardant, disait-il, pour lui que l'espérance.

Après avoir offert un sacrifice à Jupiter, à Minerve et à Hercule, il fit célébrer des jeux à Ilion sur le tombeau d'Achille, et arriva en Phrygie, sur les bords du Granique. Les satrapes l'attendaient de l'autre côté de la rivière pour lui en disputer le passage. Memnon de Rhodes, qui commandait pour Darius, sur toute la côte d'Asie, conseillait aux généraux perses de ne point risquer de combats, de ruiner le pays, de se retirer et d'affamer l'armée d'Alexandre, afin de le forcer à retourner sur ses pas.

Arsite, satrape de Phrygie, déclara qu'il ne souffrirait pas la ruine de son gouvernement. Les Perses, méprisant le petit nombre des Macédoniens, soupçonnèrent Memnon de vouloir se rendre nécessaire en prolongeant la guerre. Ainsi on rejeta l'avis du plus habile des généraux de Darius, et la bataille fut décidée.

Du côté des Macédoniens les opinions étaient aussi partagées : Parménion conseillait de laisser reposer les troupes; Alexandre voulait frapper les esprits par la promptitude d'un premier succès : il trouvait honteux de s'arrêter devant un ruisseau après avoir passé l'Hellespont.

Le roi ordonna de marcher. La cavalerie perse bordait le rivage; derrière elle on voyait, sur la pente d'un coteau, une nombreuse infanterie, dont l'élite était composée de Grecs à la solde de Darius. Les premiers corps de Macédoniens qui entrèrent dans la rivière furent chargés par la cavalerie perse, accablés de traits et forcés de se replier. Alexandre les ramena lui-même à la charge, traversa le premier la rivière, et renversa ce qui s'opposait à son passage. Toute l'armée le suivit, passa le fleuve, et attaqua l'ennemi sur tous les points. La mêlée devint générale et furieuse. Spithrobate, satrape d'Ionie, gendre de Darius, répandait partout l'épouvante. Alexandre se précipita sur lui : ils se blessèrent d'abord légèrement l'un et l'autre de leurs javelots; mais le roi termina le combat en perçant d'un coup de lance la tête du satrape. Rosacès son frère, impatient de venger sa mort, fendit d'un coup de hache le casque d'Alexandre : il allait d'un second coup frapper sa tête découverte, lorsque Clitus, avec son sabre, lui coupa la main, et sauva la vie à son maître.

Le danger du roi redoubla l'ardeur de ses troupes : elles enfoncèrent les ennemis et les mirent en déroute; tout prit la fuite, excepté l'infanterie grecque retirée sur une colline. Elle voulait capituler : Alexandre, n'écoutant que sa colère, la chargea. Il eut un cheval tué sous lui, et perdit beaucoup de monde ; mais il finit par tailler en pièces ces Grecs, dont deux mille seulement furent épargnés. Arsite se tua de désespoir d'avoir été vaincu. Les Perses perdirent dans cette bataille vingt mille hommes d'infanterie et trois mille chevaux.

Alexandre, profitant rapidement de sa victoire, s'empara de Sardes et de toute l'Asie-Mineure. Il ramena à Éphèse les citoyens qui en avaient été bannis, et y rétablit le gouvernement populaire. Milet lui résista. Memnon y commandait, mais, après avoir soutenu plusieurs assauts, les Perses capitulèrent. Le roi, pour ôter à son armée tout désir et tout espoir de retraite, brûla ses vaisseaux. Il marcha ensuite en Carie, et assiégea Halycarnasse, que Memnon n'abandonna qu'après une longue et vigoureuse défense.

L'année suivante Alexandre traversa la Lycie, et franchit un défilé qui se trouvait le long de la mer, entre cette province et la Pamphylie : ce fut là qu'il découvrit un complot tramé contre ses jours par l'ordre de Darius, qui avait promis mille talents d'or et le royaume de Macédoine à son assassin.

Alexandre vint enfin dans la capitale de Phrygie, nommée Gordium. Un oracle avait déclaré que celui qui dénouerait le nœud attaché au timon d'un chariot consacré aux dieux, serait le vainqueur e le maître de l'Asie. Il fit d'abord des efforts inutiles pour démêler ses tours et ses détours nombreux et inextricables; mais, n'y pouvant parvenir, il coupa avec son épée ce nœud fameux, qu'on appelait le nœud *gordien*, et il éluda ou accomplit ainsi l'oracle.

Memnon avait conseillé à Darius de porter la guerre en Macédoine. Ce parti était sûr : les Lacédémoniens, ne s'étant point déclarés pour Alexandre, se seraient alors alliés aux Perses, ainsi que plusieurs peuples de la Grèce mécontents de la domination des Macédoniens; Alexandre, arrêté dans sa conquête, aurait été forcé d'abandonner l'Asie, pour défendre ses propres états. Darius voulut d'abord suivre ce conseil. Memnon commanda sa flotte, et s'empara de Lesbos. Il se préparait à passer en Grèce; mais, obligé d'assiéger avant Mitylène, il mourut devant cette place. Sa perte entraîna celle de l'empire de Perse; la grande entreprise qu'il avait conçue fut abandonnée.

Darius, connaissant l'incapacité de ses autres généraux, voulut commander ses troupes lui-même. Il rassembla à Babylone son armée qui se trouva, dit-on, forte de six cent mille hommes.

Alexandre soumettait la Paphlagonie et la Cappadoce, lorsqu'il apprit la mort de Memnon. Cette nouvelle le décida à marcher rapidement au cœur de la Haute-Asie : il s'avança vers la Cilicie, et trouva un défilé fort étroit qu'il fallait passer pour arriver à Tarse. Les Perses, qui gardaient ce passage, prirent la fuite; et Alexandre, après avoir franchi ce défilé, où quatre hommes armés marchaient de front avec peine, rendit grace à la fortune qui aveuglait ses ennemis au point de lui livrer un passage où son armée aurait pu être détruite si facilement.

Le roi, s'étant baigné à Tarse dans le Cydnus, fut saisi d'une fièvre violente; on crut qu'il allait mourir. On l'avertit que Philippe, son médecin, gagné par Darius, voulait l'empoisonner. Le roi ne crut point à cette calomnie; il prit sans hésiter le remède que lui présentait son médecin, et lui donna en même temps à lire la lettre qui l'avait dénoncé. Sa noble confiance fut justifiée par une prompte guérison.

Cependant Darius, ayant achevé ses préparatifs, marchait au devant d'Alexandre à la tête de sa nombreuse et brillante armée : il recevait partout les hommages des satrapes qui l'enivraient de flatteries, et le félicitaient d'avance sur un triomphe certain.

Un Athénien seul, Charidème, dit au roi la vérité; et lui fit connaître la force réelle de cette phalange macédonienne, toute hérissée d'armes, que l'expérience et la discipline rendaient invincible : elle devait, disait-il, triompher sans peine d'une multitude de soldats indisciplinés, amollis par le luxe et surchargés du poids de l'or dont ils étaient couverts. Il conseillait à Darius d'employer ses trésors à payer de bonnes troupes grecques, et à ne point hasarder sans elles une bataille contre les Macédoniens aguerris. Darius, irrité de sa franchise, l'envoya au supplice. Charidème, avant de mourir, lui dit : « Alexandre me vengera, et vous » serez pour la postérité un exemple de l'aveugle- » ment dont la fortune frappe les rois qu'elle veut » perdre. »

Darius reconnut trop tard la sagesse des conseils de Charidème et la vérité de ses prédictions; cependant, rempli de confiance en ses forces, il continua sa route. L'ordre de son armée ressemblait plutôt à la pompe d'une cérémonie qu'à une marche de guerre : devant lui on portait des autels d'argent sur lesquels on entretenait le feu sacré; les mages chantaient des hymnes autour de ces autels. Ils étaient accompagnés de trois cent soixante-cinq jeunes garçons, vêtus de robes de pourpre, qui précédaient un char consacré à Jupiter. Ce char, traîné par des chevaux blancs, était suivi d'un superbe coursier, qu'on appelait le cheval du soleil; il était conduit par des écuyers en robes blanches, et portant une baguette d'or à la main. Derrière eux on voyait dix chariots ornés de bas-reliefs ciselés en or et en argent, et escortés par un corps de cavalerie tiré de douze nations différentes. La troupe d'élite des dix mille Immortels venait ensuite : ils avaient des colliers d'or, des habits de drap d'or frisé, avec des casaques à manches ornées de pierreries. Quinze mille grands, qui portaient le titre de parents du roi, les suivaient et se faisaient remarquer plus par le luxe de leurs habits que par leurs armes. Les gardes, nommés *doryphores*, portant des demi-piques, précedaient le char du roi. Ce monarque y paraissait assis sur un trône élevé : le char était enrichi de bas-reliefs d'or qui représentaient les dieux; et du milieu du joug garni de pierreries s'élevaient les deux statues de Ninus et de Bélus. Le roi, vêtu d'une casaque de pourpre rayée d'argent, portait par-dessus une longue robe d'une riche étoffe parsemée de diamants. Il avait sur la poitrine deux éperviers brodés en or : à sa ceinture pendait un cimeterre dont le fourreau était enrichi de pierres précieuses. On voyait sa tête couverte d'une tiare ceinte d'un banbeau de couleur bleue mêlée de blanc. Deux cents de ses plus proches parents marchaient à ses côtés. Il s'avançait suivi par dix mille soldats armés de piques d'argent, dont les pointes étaient d'or. Trente mille hommes choisis marchaient ensuite et précédaient quatre cents chevaux de main des écuries du roi. Derrière eux paraissait le char de Sisygambis, mère du roi, et celui de Statira, sa femme. Toutes leurs dames les accompagnaient à cheval. Les enfants du roi étaient placés sur quinze grands chariots entourés d'une foule d'eunuques. On voyait ensuite sur des chars trois cent soixante concubines royales, toutes aussi magnifiques que les reines, et suivies de six cents mulets et de trois cents chameaux chargés de l'argent du roi. Une nombreuse garde les escortait. Une immense quantité de chariots portaient les femmes des grands, les esclaves et tous les bagages de la cour. La cavalerie légère fermait la marche de ce cortége royal, placé au centre d'une armée innombrable qui marchait sans ordre et sans discipline.

Cette description suffit pour expliquer la facilité des succès d'Alexandre, et la rapidité d'une conquête qui anéantit en si peu de temps l'antique et vaste empire des Perses.

Après avoir passé le défilé de Cilicie, Alexandre en franchit un autre pour entrer en Syrie, et vint à Anchyale, où il vit le tombeau de Sardanapale. Il existait encore un défilé près du mont Gemanus pour entrer en Assyrie; Parménion s'en saisit et s'empara de la ville d'Issus. Darius, qui aurait pu facilement arrêter son ennemi dans les trois défilés, avait perdu un temps précieux. Son armée était campée dans une plaine d'Assyrie. Les Grecs qui le servaient lui conseillaient de diviser ses forces, afin de ne pas les compromettre toutes dans une action, et de se ménager des réserves. L'ignorance des courtisans crut voir de la trahison dans ce conseil; ils proposèrent même de faire massacrer tous ces Grecs. Le roi rejeta cette proposition, sauva leurs jours, et ne suivit pas leurs avis.

Il continua sa marche, et entra en Cilicie par les montagnes. Trompé par de faux rapports, il croyait que les Macédoniens le fuyaient, et ne se doutait pas qu'Alexandre, avançant rapidement, était déjà derrière lui. Dans cette erreur, il s'approcha d'Issus, et s'engagea au milieu des gorges étroites des montagnes, où la fortune semblait l'avoir amené pour rendre le grand nombre de ses troupes inutile, et pour les livrer à Alexandre.

Lorsque Darius apprit que les Macédoniens, qu'il croyait en fuite, l'avaient tourné et marchaient sur lui, cette nouvelle le troubla et jeta une grande consternation dans ses troupes qui prirent les armes en désordre. La bataille se donna dans une petite plaine, fermée d'un côté par des montagnes, et de l'autre par la mer. Alexandre harangua ses soldats, et leur dit que, si les journées de Marathon, de Salamine et de Platée avaient acquis aux Grecs une gloire immortelle, une seule victoire allait leur donner l'empire de l'Orient et toutes les richesses de l'Asie.

L'action fut rude et la résistance opiniâtre; on combattait partout de près et corps à corps. La vue de Darius sur son char enflammait l'ardeur d'Alexandre, qui voulait le renverser de sa main. La mêlée devint terrible autour du trône. Oxathrès, frère de Darius, et tous les grands de Perse, défendaient leur roi avec intrépidité; mais enfin les chevaux qui traînaient le char de Darius, étant percés de coups, se cabrèrent et rompirent leurs traits. Le roi, craignant d'être pris, sauta sur un autre char et se retira. Alors tout ce qui l'entourait jeta les armes et prit la fuite. Alexandre avait été légèrement blessé dans la mêlée. Pendant que son aile était victorieuse, le reste de son armée éprouvait plus de résistance de la part des Grecs qui se trouvaient à la solde de Darius; mais le roi de Macédoine, revenant avec ses troupes triomphantes, les enfonça. La défaite de la cavalerie persane acheva la déroute de l'armée. Darius, qui s'était retiré le premier, monta à cheval, et quitta son manteau royal et son bouclier. Tous les Barbares suivirent différents chemins pour regagner leur pays; huit mille Grecs se sauvèrent par les montagnes vers Tripoli, et s'embarquèrent; un petit nombre de Perses regagna le camp où restaient sans défense Sisygambis, Statira et leurs dames, avec deux filles et un fils du roi, qui tombèrent tous dans les mains de Parménion.

Alexandre, las de poursuivre Darius sans l'atteindre, revint au camp des Perses que pillaient les Macédoniens. Le bruit de la mort de Darius, s'y étant répandu, consternait les reines et les princesses, qui firent demander au roi la permission de rendre les derniers honneurs à Darius. Alexandre leur envoya dire qu'on les avait trompées, que Darius vivait, et que, pour ce qui les concernait, il les assurait qu'elles seraient traitées en reines, avec tous les égards et tous les respects dus à leurs malheurs, à leur rang et à leurs vertus. Il vint ensuite les visiter avec Éphestion, son favori. Éphestion était plus grand que lui : les princesses le prirent pour le roi, et lui présentèrent leurs hommages. Averties de leur erreur, elles se jetèrent aux pieds du monarque pour s'excuser de cette méprise. Le roi, les relevant, dit à Sisygambis : « Ma mère, vous » ne vous êtes pas trompée, c'est un autre Alexan- » dre. » Sisygambis, touchée de sa bonté et du nom de mère qu'il lui donnait, le remercia et lui prédit qu'il devrait la plus grande partie de sa gloire à sa clémence.

Statira était remarquable par ses charmes; Alexandre, craignant l'ardeur de ses passions, ne voulut plus paraître devant elle, et dit : « Il faut que » l'univers sache que je n'ai pas voulu revoir la » femme de Darius, ni souffrir qu'on me parlât de » sa beauté. »

Parménion, rapide comme la pensée de son maître, s'empara de Damas, où se trouvaient les **trésors de Darius et toutes les femmes des grands**

Ch. Le Brun pinxit.　　A. Lefeubre sculpsit.

ALEXANDRE VISITANT LA FAMILLE DE DARIUS.

de la Perse. Le gouverneur de cette ville importante trahit son roi, et livra ses richesses à Parménion.

Darius, qui, peu de jours auparavant, couvrait la terre de ses armées, arriva seul et fugitif à Soque, où il ne put réunir que quatre mille hommes; de là il regagna promptement Thapsaque pour mettre l'Euphrate entre les Macédoniens et lui. Toutes les villes de Syrie se soumirent à Alexandre avec l'empressement qui suit les grandes défaites. Lorsqu'il fut à Marathe, il y reçut une lettre du roi de Perse. Darius avait perdu sa puissance; mais il conservait son orgueil: dans sa lettre, il prenait le titre de roi des rois, sans en donner aucun à Alexandre; il le sommait de recevoir une rançon pour sa famille, et lui proposait, s'il voulait combattre, de vider leurs différends dans une seconde bataille générale; il lui conseillait en même temps de prendre un parti plus sage, de conclure la paix et de se contenter de ses états, sans envahir ceux d'autrui.

Le roi de Macédoine répondit en ces termes:
« Le roi Alexandre à Darius. Cet ancien Darius,
» dont vous avez pris le nom, ravagea autrefois les
» côtes de l'Hellespont et de l'Ionie; depuis il porta
» la guerre au fond de la Macédoine et de la Grèce.
» Après lui Xercès fit une nouvelle invasion avec
» une multitude effroyable de Barbares: vaincu
» dans un combat naval, il laissa Mardonius en
» Grèce pour saccager nos villes et désoler nos

» campagnes. Personne n'ignore que Philippe,
» mon père, est mort victime d'assassins subornés
» par vos agents; vous-même, à la tête d'une grande
» armée, vous avez promis mille talents à celui qui
» me tuerait : je ne fais donc que me défendre, et
» je ne suis pas l'agresseur. Les dieux ont favorisé
» la justice de ma cause; mes armes ont conquis
» une grande partie de l'Asie, et je vous ai vaincu
» en bataille rangée. J'ai le droit de refuser toutes
» vos demandes, parce que vous ne m'avez pas fait
» une loyale guerre; cependant, si vous venez à
» moi comme suppliant, je vous promets de vous
» rendre sans rançon votre femme, votre mère et
» vos enfants : je veux vous montrer que je sais également vaincre et épargner les vaincus. Qu'aucune crainte ne vous arrête donc : je vous donne
» ma foi que vous pouvez venir en assurance : mais
» souvenez-vous à l'avenir, quand vous m'écrirez,
» que vous écrivez non-seulement à un roi, mais
» à votre roi. »

Alexandre, avant de poursuivre Darius, résolut d'enlever aux Perses la domination de la mer; il ne voulait pas laisser derrière lui d'alliés ou de tributaires assez puissants pour les secourir avec succès. Cette précaution était d'autant plus sage que déjà, dans la Grèce, les Lacédémoniens se declaraient contre lui, et il savait que les Athéniens ne restaient soumis que par force à son autorité.

Certain que la lenteur de Darius pour rassembler une nouvelle armée lui laisserait le temps nécessaire, il donna le commandement de la Syrie à Andromaque, et entra en Phénicie.

Depuis la destruction de Sidon par Ochus, on détestait les Perses dans ce pays; aussi les Sidoniens, malgré les efforts de Straton leur roi, s'empressèrent de se soumettre aux Macédoniens. Alexandre, après avoir ôté la couronne à Straton, voulant rendre les Sidoniens heureux, choisit pour les gouverner un homme d'une branche éloignée de la famille royale, dont on vantait les vertus, mais qui était si pauvre qu'il ne vivait que du travail de ses mains et des fruits d'un petit jardin qu'il cultivait. Abdolonyme justifia le choix du roi, et ne demanda aux dieux que de lui faire soutenir la prospérité comme il avait supporté le malheur. Loin d'être enivré de sa grandeur nouvelle, il regrettait son obscurité, et disait : « Rien ne m'a manqué tant » que je n'ai rien possédé. »

Alexandre était maître de la Syrie et de la Phénicie; Tyr seule lui résistait. Cette cité superbe, regardée comme le magasin de tous les peuples et le centre de leur commerce, refusait de reconnaître l'autorité du conquérant de l'Asie : il voulait y faire un sacrifice à Hercule; mais on lui interdit l'entrée de la ville. Pour se venger de cet affront il en forma le siége : jamais, dans aucune de ses expéditions, il ne montra plus de génie, plus de vaillance et plus d'opiniâtreté. Les Tyriens, protégés par leur position insulaire, se défendirent long-temps et avec vigueur. Après de vains efforts le roi envoya des hérauts pour négocier : les Tyriens les tuèrent. Alexandre, se servant des ruines de la vieille Tyr, entreprit de construire une jetée pour joindre l'île au continent. La mer, les vents et la valeur des assiégés opposaient des obstacles multipliés et presque insurmontables à l'exécution de ce projet; les Tyriens détruisaient à chaque instant les travaux commencés, insultaient le roi et lui demandaient s'il prenait ses soldats pour des bêtes de somme destinées à porter des fardeaux, et s'il se flattait de vaincre Neptune. La jetée, étant achevée, fut renversée après un grand combat. Les infatigables Macédoniens construisirent une autre digue, mais ils manquaient de navires pour résister à ceux des assiégés. La fortune, constante pour Alexandre, vint à son aide; les rois de Chypre, les habitants de Rhodes et les Lyciens lui envoyèrent des vaisseaux : avec ces forces il triompha des flottes tyriennes et s'approcha des murs de la ville. Carthage, attaquée par les Syracusains, ne put envoyer à Tyr les secours qu'elle lui avait promis. Après plusieurs sanglants combats, le roi donna un assaut général où l'on fit de part et d'autre des prodiges de valeur. Les remparts de Tyr furent forcés; les vainqueurs entrèrent dans la ville pêle-mêle avec les vaincus, et le roi ordonna de passer tous les habitants au fil de l'épée. Les Sidoniens en sauvèrent quinze mille; trente mille furent vendus. Il en restait deux mille armés qui se rendirent. Alexandre, furieux de la longue résistance qu'ils lui avaient opposée, et qui devait leur mériter son estime, les fit crucifier sur le rivage. *Lâcheté !*

Pendant que le siége de Tyr arrêtait Alexandre, Darius lui écrivit encore : il lui proposait mille talents pour la rançon de sa famille, lui offrait sa fille Statira en mariage, en lui donnant pour dot tout le pays conquis par les Macédoniens jusqu'à l'Euphrate; et, pour l'engager à accepter ses offres, il présentait avec fierté le tableau des forces immenses qui lui restaient. Ces forces, disait-il, ne permettraient aux Macédoniens aucun espoir de franchir l'Euphrate, le Tigre, l'Araxe et l'Hydaspe, qui défendaient l'entrée de la Perse et de la Médie. Parménion voulait qu'on acceptât ces propositions. « Je le ferais, dit-il, si j'étais Alexandre. » « Et moi » aussi, répliqua le roi, si j'étais Parménion. » Il répondit à Darius qu'il n'avait pas besoin de son argent, que le roi de Perse ne pouvait plus donner ce qu'il avait perdu, qu'une dernière bataille prouverait bientôt quel était le vrai maître de l'empire, que celui qui avait passé tant de mers ne craignait pas les fleuves, et que, dans quelque retraite que Darius se cachât, il saurait bien l'y atteindre.

Après la destruction de Tyr, Alexandre marcha à Jérusalem, dont il voulait se venger, parce que les Juifs lui avaient refusé des troupes : mais, en arrivant près de cette ville, il changea de dessein ; au lieu de rencontrer des ennemis, il ne trouva que des suppliants ; il s'attendait à voir des remparts hérissés d'armes ; il vit les chemins et les rues jonchés de fleurs. Le grand-prêtre Jaddus, en habits sacerdotaux, entouré de prêtres et de lévites, vint à sa rencontre. La majesté de cette pompe religieuse le frappa ; son cœur parut touché des hommages de ce peuple protégé par le ciel, et qui n'adorait qu'un seul Dieu. Le roi de la terre s'inclina devant le maître de l'univers : il accueillit les pontifes avec bienveillance, entra dans la ville en ami, respecta le temple, et offrit un sacrifice au Dieu d'Israël.

S'étant emparé de Gaza, qui voulut en vain résister, Alexandre tourna ses efforts contre l'Égypte, et arriva en sept jours auprès de Péluse. Un Grec, nommé Amyntas, déserteur macédonien, était entré au service de Darius. A la suite de la bataille d'Issus, où il commandait un corps de troupes de sa nation, il se sauva avec huit mille hommes à Tripoli, s'embarqua et arriva à Péluse, qu'il surprit en supposant une commission du roi de Perse pour gouverner cette contrée. Une fois maître de la place, il leva le masque, et prétendit ouvertement à la couronne d'Égypte. Les Égyptiens, qui haïssaient les Perses, se déclarèrent pour lui : avec leur secours il battit d'abord les troupes de Darius, et les poursuivit jusqu'à Memphis; mais, ses soldats s'étant dispersés pour piller, Mazée, général des Perses, le surprit, tailla ses troupes en pièces, et le tua. Alexandre, profitant de ces divisions et de la haine des Égyptiens pour leurs oppresseurs, pénétra sans obstacles dans le centre du pays. Mazée, lui-même, n'espérant plus de secours, se retira, livrant Memphis et les trésors de son maître au vainqueur. Ainsi Alexandre, sans avoir combattu, se vit maître de toute l'Égypte.

Ce conquérant connaissait la superstition de son siècle; il voulut ajouter à sa puissance sur la terre celle du ciel, et donner plus d'éclat à sa gloire et plus de force à son autorité, en s'attribuant une origine divine.

Dans les déserts de l'Afrique, à quatre-vingts lieues de Memphis, Jupiter Ammon avait un temple fameux; le roi envoya des émissaires chargés d'or pour séduire les prêtres. Quand il se fut assuré d'eux, il alla lui-même les trouver, sans craindre de périr avec ses troupes : il brava les dangers auxquels avait succombé l'armée de Cambyse, que le sable engloutit. Les tourbillons de ce sable brûlant, le vent impétueux du midi, l'ardeur du soleil, et la privation absolue de vivres et d'eau, réduisirent bientôt ses soldats aux dernières extrémités. L'armée allait périr, lorsque tout à coup un orage, phénomène rare dans ces climats, couvrit le ciel de nuages, et répandit une pluie abondante qui sauva les Macédoniens. Le roi, arrivé dans l'oasis d'Ammon, jouit du spectacle singulier qu'offrait aux yeux cette île de verdure coupée de ruisseaux et couverte d'ombrages frais, au milieu d'un désert immense et d'un océan de sables. Il entra dans le temple, offrit un sacrifice; et les prêtres, parlant au nom de leur dieu, déclarèrent qu'il devait sa naissance à Jupiter. Depuis ce temps il prit toujours, dans ses actes et dans ses lettres, le titre d'Alexandre, roi, fils de Jupiter Ammon, malgré les représentations de sa mère Olympias, qui le priait ironiquement de ne pas l'exposer au courroux et à la jalousie de Junon.

Avant de mettre à fin son entreprise, Alexandre, ayant descendu le Nil, dépassé Canope et côtoyé la mer, avait remarqué, vis-à-vis de l'île de Pharos, un lieu convenable pour y bâtir une ville et pour y construire un port. Il en dressa le plan, et chargea de l'exécution l'architecte Dinocrate, qui venait de rebâtir à Éphèse le temple de Diane. Telle fut l'origine de la ville d'Alexandrie. Elle devint dans la suite la capitale de l'Égypte et le centre du commerce des trois anciennes parties du monde.

Alexandre, après avoir rétabli l'ordre en Égypte, dont il assura la tranquillité par l'organisation d'un ferme et sage gouvernement, reprit le chemin de l'Asie, traversa la Palestine; et, pour punir la ville de Samarie, qui s'était révoltée contre lui, il en chassa les habitants et y plaça une colonie de Macédoniens.

Arrivé à Tyr, il y trouva la famille de Darius en larmes; la reine Statira venait de mourir. Il lui fit des funérailles magnifiques, et donna aux jeunes princesses toutes les consolations qui étaient en son pouvoir.

Darius, apprenant, par un eunuque échappé de Tyr, la mort de sa femme, l'attribua à la violence du vainqueur, et s'écria qu'il regrettait moins pour Statira la perte de sa vie que celle de son honneur. Mais l'eunuque, se jetant à ses pieds, lui dit que ses soupçons faisaient une égale injure à Statira et au roi de Macédoine, qu'Alexandre avait montré autant de sagesse que de magnanimité, et qu'il avait prouvé sa continence aux femmes des Perses, comme sa bravoure à leurs époux. Alors Darius, invoquant les dieux, les conjura, s'ils ne lui permettaient pas de transmettre sa couronne à ses descendants, de ne donner qu'à Alexandre seul le trône de Cyrus.

Il rassembla près de Babylone une armée plus nombreuse de moitié que celle qui avait été battue à Issus ; il la conduisit du côté de Ninive : ses troupes couvraient toutes les plaines de la Mésopotamie. Mazée, gouverneur de la province, fut chargé, avec six mille chevaux, de disputer le passage du Tigre aux Macédoniens, commission facile à remplir : ce fleuve, qu'on appelait Tigre (c'est-à-dire *flèche*) à cause de sa rapidité, n'était guéable qu'en peu d'endroits : mais Mazée marcha trop lentement ; Alexandre, par sa célérité, prévint l'ennemi, et, malgré la difficulté du passage, traversa la rivière, et ne perdit qu'une partie de son bagage. Ainsi les fautes des Perses, qui auraient pu arrêter et détruire l'armée macédonienne sur les bords du Granique, dans les défilés de Cilicie et de Syrie, et sur les rives du Tigre, contribuèrent, autant que la fortune, à la gloire d'Alexandre et à la chute de l'empire.

Le roi de Macédoine continua sa marche, ayant le Tigre à sa droite et les montagnes Gordiennes à sa gauche. Il apprit bientôt que les Perses étaient à huit lieues de lui. Darius lui envoya dix princes de sa famille pour le remercier des soins généreux qu'il avait rendus à la reine ; il lui demandait encore la paix, et lui cédait tout le pays déjà conquis. Alexandre répondit qu'il ne pouvait croire à sa sincérité, puisqu'il avait récemment chargé de nouveaux émissaires de l'assassiner, que d'ailleurs le monde ne pouvait souffrir ni deux soleils ni deux maîtres, que Darius pouvait choisir ou de se rendre prisonnier dans le même jour, ou de combattre le lendemain.

Le roi de Perse n'ayant plus d'espoir de négocier, se prépara au combat. Il campa avec toute son armée dans une vaste plaine, près du village de Gangamelle et de la rivière de Boumelle, à une assez grande distance de la ville d'Arbelles. Alexandre repoussa l'avis que donnait Parménion de combattre la nuit, voulant, disait-il, enlever et non dérober la victoire. Il n'avait cependant que quarante-huit mille hommes pour attaquer six cent mille soldats et quarante mille cavaliers; mais il comptait les courages et non les hommes.

Darius envoya deux cents chariots armés de faux, et quinze éléphants, pour rompre la ligne de l'ennemi. Alexandre rendit les chariots inutiles en ordonnant d'ouvrir des intervalles pour les laisser passer. Les Macédoniens, jetant de grands cris, frappant les boucliers de leurs piques, et lançant une grande quantité de traits, épouvantèrent les éléphants.

Ces animaux effrayés prirent la fuite, et jetèrent le désordre dans les rangs des Barbares. La cavalerie de Darius voulut tourner l'armée d'Alexandre, et la prendre en flanc; mais elle fut repoussée. Tous les Perses s'ébranlèrent à la fois pour fondre sur les Grecs. Alexandre crut voir que cette attaque générale répandait quelque hésitation dans ses troupes; il appela à son secours la superstition pour raffermir les esprits : par son ordre le devin Aristandre, vêtu d'une robe blanche, et portant un laurier à la main, s'avança au milieu des rangs, et s'écria qu'il voyait planer au plus haut des airs, sur la tête du roi, un aigle, présage certain de la victoire. Les troupes, ranimées par ces paroles, retournèrent à la charge avec confiance. Alexandre, ayant enfoncé la gauche des ennemis, retomba sur leur centre, où se trouvait Darius. La présence des deux rois inspira une nouvelle ardeur aux combattants : la mêlée fut longue, opiniâtre et sanglante; enfin Alexandre perça d'un coup de lance l'écuyer de Darius, qui était à côté de lui sur son char. Les Macédoniens et les Perses crurent que ce monarque était tué, et firent retentir les airs, les uns de leurs cris de joie, les autres de leurs gémissements.

Darius, s'apercevant, au milieu de cette confusion, que ses gardes tenaient encore ferme, ne voulut pas d'abord les abandonner, et resta quelque temps entouré d'eux, le cimeterre à la main; mais, voyant peu à peu les rangs s'éclaircir, et que ce n'était plus un combat, mais un carnage, il se laissa entraîner par la terreur commune, et prit la fuite. Pendant ce temps les Indiens et les Parthes enfoncèrent l'aile gauche des Grecs, que commandait Parménion, et parvinrent jusqu'au camp des Macédoniens. Parménion envoya demander à Alexandre ce qu'il devait faire. Alexandre lui fit dire : « Restez sur le champ de bataille : ne vous » occupez ni du camp ni du bagage. Si la victoire » est à nous, elle nous dédommagera amplement » de ce qu'on nous aura pris. »

Le roi poursuivait vivement Darius; il espérait terminer la guerre en le faisant prisonnier; mais, ayant appris que Parménion était enveloppé, il revint à son secours. En chemin il rencontra toute la cavalerie perse qui se retirait en bon ordre; il l'attaqua : le combat fut encore rude. Les Barbares, serrés en masse, opposaient une résistance opiniâtre; on les tuait sans les rompre. Enfin la victoire se déclara complétement pour le roi; quoiqu'une partie de sa garde eût succombé, et qu'Éphestion, Cénus et Ménidas eussent été blessés, il détruisit toute cette troupe ennemie, dont un petit nombre se sauva en se faisant jour à travers les escadrons Macédoniens.

Mazée, qui commandait les Parthes et les Indiens, apprenant la défaite de cette cavalerie, ralentit son attaque et se disposa à la retraite. Parménion s'en aperçut, il ranima ses troupes qui se précipitèrent sur les ennemis, et les mirent en pleine déroute. Alexandre, voyant l'ordre rétabli, le camp délivré et les Perses totalement vaincus, courut jusqu'à Arbelles, où il espérait atteindre Darius; mais il n'y trouva que sa caisse militaire, son arc et son bouclier.

Cette fameuse bataille décida du sort de l'empire : les Perses y perdirent près de trois cent mille hommes; la perte, du côté des Macédoniens, ne monta pas à plus de douze cents. Darius se sauva en Médie, suivi des grands du royaume, d'un petit nombre de gardes et de deux mille Grecs.

Alexandre craignait d'être obligé de faire le siége de Babylone; mais Mazée la lui rendit sans combattre. Les mages vinrent lui présenter l'encens. Il entra dans la ville en triomphe, au milieu de ses gardes, et s'établit dans le palais de Cyrus. Voulant plaire aux Babyloniens, il fit rebâtir les temples démolis par Xercès, et entre autres celui de Bélus. Il témoigna son estime aux Chaldéens, et envoya en Grèce, au philosophe Aristote, son instituteur, le recueil de leurs observations astronomiques, qui renfermait l'espace de mille neuf cent trois ans, et remontait jusqu'au temps de Nembrod.

Le séjour d'Alexandre à Babylone amollit son caractère, affaiblit ses vertus, augmenta ses passions, et détruisit la discipline de ses troupes : le vainqueur du monde fut lui-même vaincu par la double ivresse de l'orgueil et de la volupté. Cependant la conquête de l'empire n'était pas achevée;

ENTRÉE D'ALEXANDRE DANS BABYLONE.

on apprit que Darius rassemblait une armée. Ces nouvelles forcèrent le roi à reprendre les armes, et, en sortant de Babylone, il retrouva sa force, son activité et son ardent amour pour la gloire. Après vingt jours de marche, il arriva devant Suze qui lui ouvrit ses portes : il y trouva des richesses immenses, produit de l'avarice des rois, de l'oppression des peuples et des dépouilles de la Grèce.

Il laissa la famille de Darius à Suze, continuant toujours de combler d'honneurs Sisygambis et ses enfants; il leur prodiguait les soins les plus généreux : ayant reçu des étoffes qu'on lui envoyait de Macédoine, il proposa aux jeunes princesses de leur donner des maîtres pour leur apprendre à en faire de semblables. Alexandre croyait que, comme les femmes grecques, elles se plaisaient à coudre et à broder; mais il vit leurs yeux se remplir de larmes, et apprit, par leur douleur et par la honte qui se peignait sur leur visage, qu'en Perse le travail méprisé était le partage des seuls esclaves.

Alexandre, sorti de Suze, battit les Uxiens; mais, s'étant engagé dans un défilé, il s'y vit enveloppé de toutes parts, et faillit à y périr avec tout ce qui l'accompagnait. Ne pouvant ni se retirer ni avancer, il désespérait de son salut, lorsqu'un Grec vint lui découvrir un sentier inconnu, par lequel il gravit, traversa les montagnes, et tailla en pièces les ennemis, surpris et tournés. Le roi se hâta d'arriver à Persépolis, parce qu'on l'avertit que les habitants de cette ville voulaient piller les trésors qui y étaient enfermés. Lorsqu'il en approcha, il vit venir au devant de lui huit cents Grecs que les Barbares avaient horriblement mutilés. Ce spectacle affreux décida Alexandre à les venger : il dit à ses troupes qu'il n'existait pas de ville plus fatale aux Grecs que Persépolis, que de cette source funeste étaient partis ces torrents d'armées qui avaient inondé et ravagé la Grèce, et qu'il livrerait à leur juste fureur cette ancienne capitale des Perses. Il abandonna ainsi Persépolis au pillage; mais il empêcha les massacres, et défendit qu'on attentât à la pudeur des femmes. Le trésor qu'Alexandre trouva dans cette ville surpassait les richesses de ses autres conquêtes. Pendant son séjour dans cette cité, à l'issue d'un festin où il avait bu avec excès, la courtisane Thaïs lui dit que, pour finir noblement cette fête, il devait lui permettre de réduire en cendres le magnifique palais de cet orgueilleux Xercès qui avait brûlé Athènes, afin qu'on sût par toute la terre que les maîtresses d'Alexandre vengeaient mieux la Grèce que ses guerriers. Tous les convives applaudirent à cette impudente saillie. Le roi se leva de table avec une couronne de fleurs, et, portant un flambeau à la main, il suivit Thaïs. Tous imitèrent cette bacchante en délire; la flamme se répandit de tous côtés dans le palais; et, quoique le roi, honteux de sa faiblesse, eût donné promptement l'ordre d'arrêter l'incendie, l'antique et royale demeure de Cyrus fut entièrement détruite.

Après cette action qui ternissait sa gloire, Alexandre résolut de poursuivre vivement Darius, qui avait réuni à Ecbatane, capitale de la Médie, trente mille hommes d'infanterie, quatre mille frondeurs et trois mille cavaliers, que commandait Bessus, satrape de la Bactriane. Le roi de Perse voulait, à la tête de ces troupes, marcher au-devant de son vainqueur, et périr avec gloire en le combattant. Mais Bessus et un autre satrape, nommé Nabarzane, conspirèrent contre lui, et gagnèrent les soldats en leur disant que le seul moyen de salut pour eux était de désarmer la colère d'Alexandre, s'il les atteignait, en lui livrant Darius vivant; que, s'ils pouvaient au contraire échapper à sa poursuite, ils devaient tuer leur faible monarque, s'emparer du royaume et recommencer la guerre avec vigueur. Patron, qui commandait un corps de troupes grecques, eut quelque soupçon de ce complot; il en avertit Darius, et lui conseilla de ne confier qu'aux Grecs la garde de sa personne. Le roi répondit que ce serait insulter les Perses, qu'il aimait mieux s'exposer à tout que de chercher sa sûreté dans les rangs de troupes étrangères, et qu'il ne voulait point conserver sa vie, si ses propres soldats le jugeaient indigne de vivre. Cette résolution, trop généreuse, laissa les traîtres libres de suivre leur projet : ils se saisirent du roi, le lièrent avec des chaînes d'or, l'enfermèrent dans un chariot couvert, et lui firent prendre la route de la Bactriane.

Alexandre, en arrivant à Ecbatane, apprit que le roi en était parti. Il commanda à Parménion de marcher en Hyrcanie, à Clitus de le rejoindre dans le pays des Parthes; poursuivant lui-même Darius, il passa les portes Caspiennes et entra dans la Parthie. Là, il sut que Darius était prisonnier de ses sujets rebelles, et que Bessus, pour être plus sûr de sa personne, l'avait envoyé en avant, afin de l'éloigner de l'armée.

Bessus cependant se voyait le maître de cette armée, à l'exception des Grecs et d'Artabaze, qui, s'étant séparés de lui, avaient regagné les montagnes. Les Macédoniens, accélérant leur marche, atteignirent bientôt les rebelles, les attaquèrent et les battirent. Bessus et ses complices coururent alors vers Darius, et l'invitèrent à monter à cheval pour se sauver avec eux. Le roi, indigné, refusa d'y consentir, et dit que les dieux amenaient Alexandre, non comme un ennemi, mais comme un vengeur. Les traîtres, furieux, lui lancèrent leurs dards, s'éloignèrent, le laissèrent percé de coups, se séparèrent et prirent diverses routes pour obliger ceux qui les poursuivaient à diviser leurs forces.

Darius, couché sur son char, touchait à sa fin. Un Macédonien, nommé Polystrate, arriva près de lui. Le roi lui demanda à boire; et, après avoir repris quelque force, lui dit : « C'est au moins une » consolation pour moi de pouvoir faire connaître, » avant d'expirer, mes dernières volontés. Assurez » Alexandre que je meurs plein de reconnaissance » pour l'humanité qu'il a témoignée à ma famille. » Sa générosité lui a conservé l'honneur, la vie et » même son rang. Je ne lui demande pas de me » venger de mes assassins; en les punissant, il ser- » vira la cause commune des rois. Je prie les dieux » de rendre ses armes victorieuses, et de le faire » monarque de l'univers. Touchez sa main, comme » je touche la vôtre, et portez-lui ainsi le seul gage » que je puisse lui donner des sentiments que ses » vertus m'ont inspirés. » En achevant ces mots, il mourut.

Peu de moments après, Alexandre arriva, et, en voyant le corps de Darius, il versa des larmes sur le sort de ce prince, digne d'une meilleure destinée. Il couvrit ce malheureux roi de sa cotte d'armes, le fit embaumer, et envoya son cercueil à Sisygambis, qui lui rendit les honneurs funèbres, et le plaça dans le tombeau de ses ancêtres. Darius était âgé de cinquante ans, et mourut l'an du monde 3674, et avant Jésus-Christ 330.

ALEXANDRE.

(An du monde 3674. — Avant Jésus-Christ 330.)

Alexandre, en poursuivant Bessus, soumit avec rapidité l'Hyrcanie et plusieurs petits peuples qui habitaient les montagnes. Pendant qu'il faisait ces conquêtes, il apprit que les Lacédémoniens s'étaient armés contre la Macédoine, et que leur roi Agis avait été vaincu et tué par Antipater.

Talestris, reine des Amazones, vint, dit-on, rendre hommage au vainqueur de l'Asie. Elle éprouvait pour ce héros un tel enthousiasme, que le vrai but de son voyage était le désir de s'unir avec lui et d'en avoir des enfants. Mais on peut douter de ce récit, car presque tous les auteurs graves regardent l'histoire des Amazones comme fabuleuse. Ce qui paraît probable pourtant, c'est que les Scythes aient vu dans leurs contrées plus de femmes guerrières que les autres peuples, qui tous en ont compté quelques-unes. La rudesse de leurs mœurs, leur vie errante devaient les y disposer; et lorsque des femmes ont monté sur l'un des trônes de Scythie, ces femmes militaires ont pu se trouver en plus grand nombre et se réunir en troupes et non en peuple.

Le roi, n'ayant pu atteindre Bessus, retourna dans le pays des Parthes, et s'abandonna aux plaisirs, oubliant que les voluptés avaient amolli les Perses, corrompu les rois d'Orient et préparé la ruine de leur empire. Il donna sa confiance à un eunuque nommé Bagoas, se fit un sérail de trois cents concubines, et ordonna à ses courtisans de suivre l'usage des Perses, et de se prosterner devant lui. Souvent on le vit paraître avec la tiare et la longue robe des rois de Babylone; comme eux il passait la plus grande partie de ses jours en jeux et en festins. Cependant, par un contraste étonnant, il sortait tout à coup de cette mollesse, reprenait les armes, bravait l'ardeur du soleil, supportait la faim, la soif, la fatigue, et encourageait par son exemple les soldats à résister aux plus rudes travaux. Un jour toute l'armée était épuisée par le manque d'eau : on lui en apporta une coupe pleine; il la refusa, et dit qu'il ne voulait pas, en se satisfaisant lui-même, augmenter la souffrance de ses compagnons d'armes. Il découvrit parmi ses esclaves une jeune personne dont la pudeur égalait la beauté : soupçonnant sa noble origine, que semblaient révéler son langage et son maintien, il la pressa de lui apprendre le secret de sa naissance. Elle lui avoua qu'elle sortait de la famille royale, ainsi que son époux, nommé Hydaspe, qui se dérobait, dans une retraite obscure, aux regards et à la vengeance du vainqueur. Alexandre la rendit à son mari et les combla de biens.

Sa générosité s'étendait sur toutes les classes du peuple. Un muletier qui le suivait avec un mulet chargé d'or, voyant cet animal succomber à la fatigue et expirer, avait pris sa charge sur ses épaules. Accablé par ce poids, il était près de tomber; le roi lui dit, en riant, pour lui rendre les forces et le courage: « Porte cet or comme tu voudras et » le plus loin que tu pourras, car je te le donne. »

Le caractère d'Alexandre offre un mélange étonnant et continuel de vices et de vertus : ce prince, qui s'était montré si souvent le père de ses peuples, l'ami de ses officiers, le camarade de ses soldats, et dont l'Orient admirait la simplicité autant que le génie, humiliait les vainqueurs de l'Asie en les forçant de fléchir le genou devant lui. Ivre d'orgueil, il se faisait adorer comme fils de Jupiter. Enfin on vit ce monarque autrefois si clément, qui avait forcé la famille de Darius à le respecter et même à l'aimer, assassiner, dans un mouvement de colère, son ami Clitus, et, sur un simple soupçon, faire mourir Parménion, son premier maître dans l'art de la guerre et le plus ancien de ses généraux.

Les Macédoniens mécontents se montraient disposés à la révolte; ils redemandaient à grands cris leur repos, leur liberté, leurs mœurs, leurs familles et leur patrie. Le roi, par ses promesses et par ses discours, parvint à les calmer. L'oisiveté faisait fermenter leur humeur; pour les distraire de ces pensées chagrines, il les conduisit à de nouveaux périls. Malgré les difficultés du pays, il pénétra en Bactriane. Les montagnes arrêtaient sa marche; pour les franchir avec plus de facilité, il obligea ses guerriers à brûler leur bagages, et en donna lui-même l'exemple. Ce fut pendant cette expédition que, trompé par des délateurs, il crut que Parménion et Philotas son fils tramaient un complot contre lui. Il fit lapider Philotas : et, quoiqu'il n'eût que des soupçons contre Parménion, il résolut sa mort. Mais ce général jouissait d'une grande considération; il commandait une armée en Médie, et tenait sous sa garde le trésor du roi, qui montait à plus de cinq cents millions. Alexandre, s'abaissant à la feinte, lui envoya Polidamas avec une lettre remplie d'assurances d'amitié. Pendant que Parménion la lisait, et qu'il exprimait hautement ses vœux pour la gloire et pour le bonheur du roi, Cléandre, son lieutenant, exécutant un ordre cruel, lui plongea un poignard dans le flanc et dans la gorge. Ainsi mourut, à soixante-dix ans, victime de la calomnie, ce grand homme qui avait partagé les périls, les travaux et la gloire de son maître : il n'est pas de lauriers assez grands pour couvrir de semblables taches.

Alexandre, après avoir conquis la Bactriane, poursuivait Bessus abandonné par la plupart de ses troupes. Le traître voulant se mettre à l'abri de sa vengeance, avait passé l'Oxus et brûlé tous les bateaux dont il s'était servi. Retiré dans la Sogdiane, il s'occupait à y lever une nouvelle armée, et prenait insolemment le titre de roi et le nom d'Artaxerce. Alexandre ne lui laissa pas le temps d'achever ses préparatifs, et, quoiqu'il n'eût ni bateaux ni radeaux, il trouva le moyen de franchir le fleuve qui l'arrêtait en faisant coucher ses soldats sur des outres remplies de paille, qu'il leur distribua. Spitamènes, confident de Bessus, le trahit, le chargea de chaînes, lui arracha la couronne, déchira la robe de Darius dont il s'était couvert, et le livra à Alexandre, qui lui dit : « Monstre de perfidie, quelle rage » de tigre a pu te porter à enchaîner et à égorger » ton roi et ton bienfaiteur ? Ne souille plus ma vue » par ta présence et la terre par ta vie. » Il l'envoya ensuite à Ecbatane. On lui coupa le nez, les oreilles, et, après avoir courbé violemment quatre arbres l'un vers l'autre, on attacha un des membres de ce malheureux à chacun de ces arbres qui, en se redressant avec force, le déchirèrent, l'écartelèrent et ne laissèrent qu'un tronc informe.

Alexandre, s'étant avancé jusqu'aux frontières de Scythie, bâtit, sur les bords de la rivière Jaxarte, une ville à laquelle il donna son nom. Ce fut alors qu'il reçut des ambassadeurs scythes, qui lui adressèrent ce discours fameux que l'histoire nous a conservé, et que nous rapportons :

« Si les dieux, lui dirent ces fiers guerriers, t'a-
» vaient donné un corps égal à ton ame, l'univers
» ne pourrait te contenir : d'une main tu touche-
» rais l'orient et de l'autre l'occident; tu voudrais
» même porter tes pas aux lieux où le soleil cache
» ses rayons. Tu désires ce que tu ne peux em-
» brasser : de l'Europe tu viens en Asie; de l'Asie
» tu passes en Europe. Après avoir vaincu les hom-
» mes, tu voudras vaincre les bêtes féroces et les
» éléments. L'arbre est un siècle à croître; un in-
» stant le déracine : avant de chercher ses fruits,
» mesure sa hauteur; crains de tomber avec les
» branches sur lesquelles tu t'élèveras! Il n'existe
» rien de si fort qui n'ait à redouter le plus faible
» ennemi; la rouille consume le fer; le lion finit
» par servir de pâture aux oiseaux et aux insectes.
» Qu'avons-nous à démêler avec toi? Ton pays ne
» nous vit jamais; laisse-nous dans nos vastes forêts
» ignorer qui tu es et d'où tu viens. Nous ne dési-
» rons pas la domination; mais nous ne suppor-
» tons pas l'esclavage. Pour juger la nation scythe,
» connais ses richesses : chacun de nous a une
» paire de bœufs, une charrue, des flèches et une
» coupe; nous nous servons de ces dons du ciel
» pour nos amis et contre nos ennemis; nous par-
» tageons avec les premiers les fruits du labourage,
» et nous faisons ensemble des libations aux dieux;
» de loin nous frappons nos ennemis avec la flèche,

» de près avec la lance. C'est ainsi que nous avons
» vaincu les rois de Syrie, de Perse, de Médie et
» d'Égypte. Tu prétends poursuivre et punir les
» brigands, toi le premier de tous! Tu as envahi et
» pillé la Lydie, la Syrie, la Perse et la Bactriane;
» tu menaces les Indiens, et ta cupidité convoite
» jusqu'à nos troupeaux! Les richesses des nations,
» loin de te satisfaire, ne font que t'affamer : la
» satiété excite ton appétit; la possession enflamme
» ton désir. Réfléchis au péril qui te menace! Bac-
» tres t'a long-temps arrêté; tandis que tu la sou-
» mets, les Sodgiens se soulèvent. Chacune de tes
» victoires produit une nouvelle guerre! Quand
» tu serais le plus brave et le plus puissant des
» hommes, apprends qu'aucun peuple ne s'accou-
» tume à une domination étrangère! Passe le Ta-
» naïs et contemple l'immense étendue de nos plai-
» nes; jamais tu ne pourras nous y atteindre; notre
» pauvreté sera plus agile que ton armée chargée
» des dépouilles du monde; tu nous croiras loin,
» nous serons dans ton camp : nous savons fuir
» et poursuivre avec une égale vitesse. Les soli-
» tudes des Scythes sont un objet de raillerie pour
» les Grecs; mais nous préférons nos déserts aux
» campagnes les plus fertiles, aux villes les plus
» opulentes. Emploie ta force à bien serrer ta for-
» tune entre tes mains; elle glisse, elle échappe
» souvent aux efforts qu'on fait pour la retenir.

» L'avenir prouvera la sagesse de ce conseil. Si tu
» veux bien gouverner ta prospérité, mets-lui un
» frein. On dit parmi nous que la fortune est sans
» pieds, et qu'elle n'a que des mains et des plumes :
» elle t'a présenté ses mains; si tu veux la fixer,
» saisis en même temps ses ailes. Est-tu un dieu,
» comme tu le prétends? tu dois alors enrichir les
» hommes, et non les dépouiller. Si, au contraire,
» tu es un mortel, mesure la faiblesse humaine. Il
» est insensé de s'occuper de l'univers et de s'ou-
» blier soi-même! Tu ne pourras trouver d'ami que
» parmi ceux que tu n'attaqueras point. L'amitié
» veut l'égalité, et les hommes qui n'ont pas fait entre
» eux l'essai de leurs forces peuvent seuls se croire
» égaux. Ne compte jamais sur l'affection des vain-
» cus : il ne peut exister d'amitié entre le maître
» et l'esclave; au sein de la paix, ils conservent les
» souvenirs et les droits de la guerre. N'exige pas
» de serments des Scythes; leur serment c'est leur
» parole. Nous laissons aux Grecs ces précautions
» honteuses qui rendent les dieux témoins et ga-
» rants des traités. La bonne foi, voilà notre reli-
» gion. Qui ne respecte pas les hommes, trompe les
» dieux; et tu ne dois pas désirer d'amis dont tu
» soupçonnerais la sincérité. Nous t'offrons d'être
» pour toi les gardiens de l'Asie et de l'Europe. Le
» Tanaïs nous sépare de la Bactriane; au-delà de
» ce fleuve nous occupons toutes les contrées qui

» s'étendent jusqu'à la Thrace, dont les frontières
» touchent, dit-on, à la Macédoine. Voisins de tes
» deux empires, examine si tu veux nous avoir pour
» amis ou pour ennemis. »

Le roi leur répondit, en peu de mots, qu'il userait de sa fortune et de leurs conseils : de sa fortune, en continuant d'y prendre confiance; de leurs conseils, en n'entreprenant rien témérairement.

Alexandre était décidé, non à conquérir la Scythie, mais à punir les Scythes, qui avaient récemment promis des secours à Bessus. Il voulait de plus ajouter à sa gloire l'éclat d'un triomphe sur une nation jusque-là invincible. Quelques jours après, malgré la défense courageuse de ce peuple vaillant, il passa le fleuve et remporta une grande victoire; mais, après la bataille, il renvoya les prisonniers et accorda la paix aux Scythes, pour leur prouver qu'il n'ambitionnait que l'honneur de les vaincre.

Le roi fit plusieurs autres expéditions; il subjugua les Massagètes. Étant entré dans la province de Bazarie, il en donna le gouvernement à Clitus, qui lui avait sauvé la vie à la bataille du Granique. Mais, au milieu d'un festin, ce vieux guerrier, échauffé par le vin, éleva ses propres exploits et ceux de Philippe au-dessus des actions d'Alexandre; il osa même reprocher au roi la mort de Parménion. Le prince, irrité, l'accusa d'ingratitude et de lâcheté. Clitus lui rappela qu'il lui devait la vie, et ajouta que, puisqu'il se faisait adorer comme un dieu par des Barbares, il n'était plus digne de vivre avec des hommes libres, ni d'entendre la vérité. Alexandre, transporté de fureur, le perça de sa javeline, en lui disant : « Va retrouver Philippe et » Parménion! » Sa colère, éteinte dans le sang de son ami, fit bientôt place aux plus violents remords. Il passa la nuit et les jours suivants dans les larmes; il restait étendu par terre dans sa tente; son silence n'était interrompu que par ses soupirs et par ses gémissements. Ses amis commencèrent à craindre qu'il ne succombât à sa douleur. Aristandre le soulagea en lui persuadant que Clitus, lui étant apparu, lui avait dit que sa mort était l'effet d'un inévitable arrêt du destin. Callisthène et Anaxarque employèrent pour le consoler tous les moyens que pouvait leur inspirer la philosophie. Anaxarque se servit tour à tour du langage des reproches et de celui de la flatterie : il blâma le roi de se laisser vaincre par l'affliction, comme un esclave par le châtiment. Il lui soutint que sa volonté était la loi suprême de ses sujets, et qu'il n'avait point vaincu tant de peuples pour se soumettre au sien. Alexandre, plus juste et plus sévère, voulait mourir et refusait toute nourriture. Les Macédoniens déclarèrent, par un décret, que la mort de Clitus avait été un acte de justice. Ainsi les hommes, dans leur bassesse, forgent leurs chaînes et se plaignent ensuite de leur esclavage!

La guerre seule pouvait distraire Alexandre de ses peines : bientôt le bruit des armes dissipa sa mélancolie; il entra dans le pays des Saces et le ravagea. Reçu chez un des grands de cette contrée, qu'on appelait Oxiarte, le roi devint amoureux de sa fille nommée Roxane, dont l'esprit égalait la beauté, et il l'épousa. Ce mariage fit naître dans le cœur des Macédoniens de profonds ressentiments : ils ne pouvaient supporter qu'un Barbare fût le beau-père de leur roi; mais, comme le meurtre de Clitus inspirait la crainte, la colère se cacha sous les formes de la flatterie.

L'ambition d'Alexandre n'avait de bornes que celles de la terre; il résolut de porter la guerre dans les Indes. Ayant augmenté son armée de trente mille Perses, il voulut qu'elle égalât en magnificence celle des Indiens : les cuirasses furent ciselées d'or et d'argent; on fit garnir des mêmes métaux les boucliers des soldats; les chevaux mêmes portaient des brides dorées. Rival de Bacchus, il voulait entrer dans l'Inde, non comme un guerrier, mais comme un dieu. Déjà les Perses se prosternaient devant lui; il prétendit engager les Grecs à suivre cet exemple.

A la fin d'une fête pompeuse, pendant un festin

que lui donnaient les grands de l'empire, il se retira dans sa tente et laissa Cléon, son confident, chargé d'insinuer ses intentions et de sonder les volontés. Ce courtisan docile cita l'exemple des Perses, et proposa aux convives d'adorer Alexandre lorsqu'il rentrerait. Le philosophe Callisthène, parent d'Aristote, dit à Cléon que, si le roi était présent, il repousserait probablement cette basse flatterie; qu'Alexandre, digne de tous les hommages dus à un mortel aussi grand que lui, ne pouvait prétendre à ceux qui sont le partage des Dieux; qu'on avait attendu la mort de Castor, de Pollux et d'Hercule pour reconnaître leur divinité; que l'exemple des Perses ne servait pas de règle à des hommes libres, et qu'on ne devait point oublier qu'Alexandre avait passé l'Hellespont pour assujettir l'Asie à la Grèce, et non la Grèce à l'Asie. Cette réponse fut suivie d'un profond silence qui marquait assez l'approbation des assistants. Alexandre, caché, entendait tout. Il rentra dans la salle du festin et tourna l'entretien sur d'autres objets. Lorsqu'il sortit, les Perses seuls l'adorèrent.

Peu de temps après, le roi accusa Callisthène de conspiration et le fit périr. La mort de ce philosophe déshonora la mémoire du monarque, et fit dire dans la suite à Sénèque : « Si pour me faire » admirer Alexandre on me dit qu'il a vaincu des » milliers de Perses, détrôné le plus puissant des

» rois, subjugué des peuples sans nombre, pénétré
» jusqu'à l'Océan et porté les bornes de son empire
» depuis le fond de la Thrace jusqu'aux extrémités
» de l'Orient, je répondrai : Oui; mais il a tué Cal-
» listhène, et ce crime efface sa gloire. »

Le roi, pour faire diversion aux murmures de ses sujets et accroître l'éclat de sa renommée, hâta ses préparatifs et entra dans les Indes, à la tête de cent mille hommes. Tous les petits rois des frontières vinrent se ranger sous son obéissance et l'adorèrent comme frère de Bacchus. Les premiers Indiens qui lui résistèrent furent promptement battus. Il s'empara de plusieurs villes, entre autres de Nice, d'Acadère et de Bazica. Au siége de Mazague il reçut à la jambe un coup de flèche; comme cette blessure le faisait beaucoup souffrir, il s'écria, dit-on, dans un accès de douleur : « On m'as-
» sure en vain que je suis fils de Jupiter; cette plaie
» me fait trop sentir que je ne suis qu'un homme. »
En avançant dans le pays, il trouva un roi nommé Omphis, dont le père venait de mourir. Ce prince ne voulut pas monter sur le trône sans la permission du vainqueur de l'Asie. Il vint au-devant d'Alexandre, et lui dit qu'ayant appris qu'il ne combattait que pour la gloire, et qu'on pouvait compter sur sa loyauté, il venait lui soumettre son armée, son royaume et sa personne. Il lui fit de grands présents et lui donna cinquante-six éléphants. Le suc-

cès a décidé les historiens à donner des éloges à cet acte de faiblesse. Ils l'auraient appelé bassesse si Alexandre eût été vaincu par Porus. Alexandre, disent-ils, ne se laissa pas vaincre en générosité, et rendit le diadème à Omphis, qui prit le nom de Taxile. Il sut par lui que Porus était le plus puissant et le plus redoutable des rois de l'Inde. Arrivé sur les bords de l'Indus, il reçut une ambassade d'un autre prince nommé Abisare, qui lui soumit aussi ses états. Toutes ces démarches, dictées par la crainte, faisaient croire au vainqueur du monde que Porus suivrait l'exemple des autres rois; il lui ordonna de payer un tribut et de venir au-devant de lui. Porus répondit qu'il le recevrait sur la frontière, mais que ce serait les armes à la main. En effet il s'avança jusqu'au bord de l'Hydaspe avec trente-six mille hommes, quatre-vingt-cinq éléphants et trois cents chariots.

Les premiers efforts des Macédoniens pour passer le fleuve furent inutiles. Ce succès augmenta l'espérance et la fierté de Porus : mais Alexandre, après l'avoir attiré, par une fausse attaque, sur un point du fleuve, le passa la nuit dans un autre endroit. Ce fut en traversant l'Hydaspe, en présence de tant d'ennemis, et malgré la fureur d'un affreux orage, qu'il s'écria : « O Athéniens! croi-» riez-vous que c'est pour mériter vos éloges que » je m'expose à de si grands dangers? » Le roi, ayant battu un détachement ennemi et tué le fils de Porus qui s'y trouvait, attaqua son armée entière; sa cavalerie, par des manœuvres habiles, tourna et prit en flanc les Indiens. La phalange macédonienne, s'avançant alors, effraya et chassa les éléphants qui lui étaient opposés; ensuite elle chargea avec vigueur le centre des ennemis, les enfonça et les mit en pleine déroute. Les Indiens perdirent dans cette bataille vingt mille hommes de pied et trois mille cavaliers; les deux fils de Porus y périrent. On brisa tous les chariots, et les éléphants furent pris ou tués. Porus, plus courageux que le roi de Perse, tint ferme sur le champ de bataille tant qu'il y vit quelques hommes armés; enfin, se trouvant seul et blessé, il se retira monté sur son éléphant. Alexandre le contemplait de loin, il admirait également sa haute taille et son intrépidité. Résolu de le sauver, il lui envoya Taxile pour l'engager à se rendre : mais Porus, l'ayant reconnu, lui reprocha sa trahison, et allait le percer de son dard, s'il ne se fût promptement dérobé à ses coups.

Le roi lui envoya Méroé et d'autres officiers : ils eurent beaucoup de peine à lui persuader qu'il devait céder au destin. Enfin, voyant que toute résistance devenait inutile, il se rendit, et s'approcha des Macédoniens sans paraître abattu par sa disgrace. Sa contenance, fière et noble, était celle d'un

DÉFAITE DE PORUS.

guerrier vaillant, qui connaît tous ses droits à l'estime du vainqueur. Alexandre lui dit : « Porus, » comment voulez-vous que je vous traite ? — En » roi, » lui répondit le monarque indien. « Mais, » reprit Alexandre, ne demandez-vous rien de plus ? » « Non, répliqua Porus; tout est compris dans ce » seul mot. »

Le roi de Macédoine, frappé de cette grandeur d'ame, ne se borna pas à lui laisser son royaume; il y ajouta de nouvelles provinces, et le combla de marques d'honneur et d'amitié. Porus lui demeura fidèle jusqu'à la mort.

Alexandre bâtit une ville dans le lieu où il avait passé le fleuve, et la nomma Nicée. Il en fit construire une autre sur le champ de bataille, qu'il appela *Bucephala*, pour perpétuer la mémoire du fameux coursier de ce nom, qu'il montait, et qui périt dans ce combat.

Ce prince croyait que la gloire diminue quand elle ne s'accroît pas : cette idée le rendit insatiable de conquêtes; il continua sa marche dans les Indes, traversa plusieurs fleuves, prit un grand nombre de villes, défit, en bataille rangée, les Cathéens, et rasa leur capitale. Un jour, marchant à la tête de son armée, il rencontra des brachmanes, qui étaient les sages du pays et en formaient la première caste. Leur puissance près des rois égalait celle des mages de la Perse et des prêtres de l'Égypte.

A l'aspect du roi, ils frappèrent la terre de leurs pieds; et, comme il leur en demandait la raison, ils répondirent que personne ne possédait de cet élément que ce qu'il pouvait en occuper; qu'il n'était différent du reste des hommes que par son ambition; mais qu'après avoir parcouru et ravagé tout le globe, il ne garderait après sa mort que l'espace de terre nécessaire à sa sépulture. Il ne leur sut pas mauvais gré de cette hardiesse : son esprit approuvait les conseils de la philosophie; mais ses passions l'empêchaient d'en profiter.

Il eut plusieurs entretiens avec Calanus, l'un des chefs des brames : il admira leur science; eux-mêmes voyaient avec surprise ce mélange de passions et de sagesse qui caractérisait Alexandre. Le langage des paraboles était commun en Orient : Calanus prit une fois un cuir très-sec, et, appuyant le pied sur un des bouts, il fit remarquer au roi que tous les autres se relevaient d'eux-mêmes avec force. « Vous » voyez, disait-il, qu'en quittant le centre de vos » états, lorsque vous pesez sur l'une des extrémités » du monde, vous obligerez toutes les autres à se » soulever. »

Le projet d'Alexandre était de s'avancer jusqu'au Gange, que défendait le roi des Gangariens, à la tête de deux cent mille hommes. Mais les Macédoniens, fatigués de tant de courses et de périls, après avoir montré une grande consternation sur le bruit de cette nouvelle entreprise, éclatèrent bientôt en murmures universels. Alexandre, instruit de ce tumulte, harangua ses soldats, et s'efforça vainement de leur rappeler avec quelle facilité ils avaient triomphé de tant d'obstacles que l'on disait insurmontables; il leur reprocha d'oublier le nombre de leurs trophées et de compter celui de leurs ennemis. Il leur dit qu'une retraite intempestive paraîtrait une fuite et en aurait tout le danger; enfin, quittant le ton de l'autorité et descendant à la prière, il les conjura de ne point abandonner, non leur roi, mais leur nourrisson et leur compagnon d'armes, et de ne pas briser dans ses mains la palme d'Hercule et de Bacchus.

L'armée resta dans un silence plus redoutable que ses murmures. Le roi, irrité, dit à ses soldats de fuir s'ils le voulaient, de déserter, de retourner en Grèce; mais que pour lui, à la tête des Scythes et des Bactriens, il continuerait à chercher la victoire ou la mort.

Ces paroles touchantes n'excitèrent aucun mouvement. Tous ces vieux guerriers contemplaient tristement leurs blessures, et persistaient à garder un silence morne, opiniâtre et glacé. Aucun n'osait prendre la parole, craignant le sort de Clitus et de Callisthène. Enfin un murmure léger, croissant peu à peu, finit par éclater en gémissements et en pleurs si universels, que le roi lui-même, désarmé, ne put

s'empêcher de verser aussi des larmes. Un de ses vieux généraux, Cœnus, ôtant son casque, ainsi que l'exigeait la coutume lorsqu'on voulait parler au roi, lui dit : « Nos cœurs ne sont point changés :
» nous vous suivrons au péril de nos vies; mais
» écoutez les plaintes qu'une dure extrémité ar-
» rache au respect. Nous avons fait tout ce que des
» hommes pouvaient faire; nous avons conquis un
» monde; vous en cherchez un autre. Vous voulez
» conquérir de nouvelles Indes, inconnues même à
» la plupart des Indiens. Cette pensée, digne de
» votre courage, surpasse le nôtre. Voyez nos corps
» couverts de plaies; vos exploits ont vaincu non-
» seulement vos ennemis, mais vos propres soldats.
» Comptez ce qui est parti avec vous; voyez ce qui
» vous reste. Ce peu d'hommes, échappés à tant
» de périls, soupirent après leur famille et leur pa-
» trie. Pardonnez-leur ce désir, très-naturel, de jouir
» quelques instants de vos victoires. Mettez des
» bornes à votre fortune, que votre modération
» seule peut arrêter. Il vous sera aussi glorieux de
» vous être laissé vaincre par nos prières que d'a-
» voir vaincu tous vos ennemis. »

Les soldats appelant Alexandre leur père, joignirent leurs cris aux supplications de Cœnus. Le roi, peu accoutumé à fléchir, ne céda pas encore, et s'enferma pendant deux jours dans sa tente, espérant peut-être quelque changement soudain dans les esprits; mais enfin, vaincu par la résistance générale, il ordonna la retraite. Jamais aucun triomphe n'excita autant de transports : l'amour et l'admiration de ses sujets le payèrent du sacrifice de son ambition.

Il n'avait employé que quatre mois à la conquête de l'Inde. Avant d'en sortir, il fit dresser douze autels pour rendre graces aux dieux de ses victoires, donna toutes ses conquêtes à Porus, et le réconcilia avec Taxile. Campé sur les bords de l'Acésine, il y perdit Cœnus, que ses vertus et sa fermeté firent autant regretter que ses talents et son courage. L'homme qui sait dire la vérité aux rois est pendant sa vie, dans les camps comme dans les cours, un phénomène rare; sa mort est une perte irréparable.

Le roi fit embarquer son armée sur huit cents vaisseaux, et descendit en cinq jours l'Acésine, jusqu'au confluent de l'Hydaspe. Là il eut à combattre les plus vaillants peuples de l'Inde, les Oxidraques, les Malliens, et les défit en plusieurs rencontres. Mais, au siége de la ville des Oxidraques, son ardeur bouillante l'exposa à une mort presque certaine : trouvant qu'on tardait trop à donner l'assaut, il arrache une échelle de la main d'un soldat, et, couvert de son bouclier, il arrive sur le haut du mur, suivi seulement de Peuceste et de Limnée. Tous ses guerriers se précipitent sur les échelles pour le seconder; mais elles se brisent sous leur poids, et le roi reste seul et sans secours. Il était en butte à tous les traits qu'on lançait des tours et du rempart : alors, par une témérité inconcevable, il saute dans la ville, risquant d'être pris avant de se relever. Mais, toujours favorisé par la fortune, il se trouva sur ses pieds, écarta avec son épée ceux qui se précipitaient pour l'entourer, et tua le chef des ennemis au moment où il voulait le percer avec sa lance. Ayant vu près de là un gros arbre, il s'appuya contre son tronc, recevant sur son bouclier tous les dards qu'on ne lui lançait que de loin, car son audace intimidait les assaillants et les empêchait d'approcher. Enfin un Indien lui décocha une flèche longue de trois pieds, qui, perçant sa cuirasse, entra fort avant dans son corps. Le sang sortit à gros bouillons : ses armes tombèrent; et ce conquérant du monde, étendu sans connaissance sur la terre, dans une rue étroite d'une ville obscure, paraissait près d'y perdre à la fois sa couronne, sa gloire et sa vie.

Celui qui l'avait blessé accourut pour le dépouiller : Alexandre, réveillé par ses efforts et ranimé par la vengeance lui plongea un poignard dans le flanc. Au même instant quelques-uns des principaux officiers du roi, Peuceste, Léonat, Limnée, arrivèrent près de leur prince, et lui firent un rempart de leurs corps. Il se livra un grand combat autour de sa personne : enfin les Macédoniens ayant enfoncé les portes de la ville, s'en emparèrent et passèrent les habitants au fil de l'épée, sans distinction d'âge ni de sexe. Alexandre, transporté dans sa tente, soutint avec courage des opérations douloureuses. Au bout de sept jours, il se fit voir à son armée, que le bruit de sa mort remplissait de consternation. Les peuples qu'il combattait, vaincus plus par sa renommée que par ses armes, lui envoyèrent des ambassadeurs et se soumirent.

Tous les généraux macédoniens vinrent, au nom de l'armée, reprocher au roi sa témérité et le conjurer de ne plus exposer, sans nécessité, une vie si précieuse. Il leur exprima sa reconnaissance, et ajouta qu'il mesurait la durée de son nom sur la grandeur de ses actions, non sur la longueur de ses jours; il ne souhaitait de conserver sa vie que pour jouir plus long-temps de leur amitié; que leurs efforts pour borner sa carrière de gloire l'affligeaient d'autant plus, que le pays où il se trouvait lui rappelait qu'une femme (Sémiramis) avait fait plus de conquêtes que lui.

Dès qu'il fut rétabli, il s'embarqua pour descendre l'Hydaspe. Son armée de terre côtoyait le fleuve. Quelques peuples, effrayés par le bruit de son nom, reconnurent son autorité; d'autres résistèrent inutilement.

Après neuf mois de marche il arriva à Patale, où

le fleuve se partage en deux larges bras, et forme une île semblable au Delta. Il y fit construire une citadelle, un port, et descendit jusqu'aux bords de l'Océan. La vue du flux et du reflux de la mer parut aux Grecs un phénomène aussi nouveau qu'effrayant.

Alexandre fit un sacrifice à Neptune, revint à Patale, et chargea Néarque de conduire sa flotte sur la mer et de reconnaître toutes les côtes, depuis l'Indus jusqu'au fond du golfe Persique. Les détails de cette hasardeuse navigation nous ont été conservés par Arrien.

Le roi, avec son armée forte de cent trente-cinq mille hommes, reprit par terre la route de Babylone, et traversa des pays stériles, où la disette devint telle qu'on fut obligé de manger les chevaux et les bêtes de somme.

La fatigue et une nourriture malsaine répandirent dans l'armée la peste, qui fit mourir un grand nombre de soldats. Après soixante jours de marche, on retrouva l'abondance dans la province de Gédrosie. Arrivé ensuite dans la Carmanie, Alexandre y donna le spectacle, non du triomphe d'un conquérant, mais de la marche de Bacchus. Il était traîné sur un chariot magnifique : on y avait dressé un théâtre où il passait les nuits et les jours en festins et en débauches. Les chars qui le suivaient présentaient la forme, les uns de tentes ornées de pourpre, les autres de berceaux couverts de fleurs. Sur les bords des chemins, aux portes de toutes les maisons, on avait placé des tonnes où les soldats puisaient du vin à volonté. L'air retentissait du son des instruments et des chants des courtisanes. Cette marche dissolue dura huit jours. L'ivresse du vainqueur, quoique digne de mépris, paraîtra peut-être encore moins étonnante que l'abattement des vaincus, qui auraient pu si facilement l'attaquer dans ce désordre et briser leurs chaînes. Néarque, arrivé dans l'île d'Hormusia, aujourd'hui Ormus, vint trouver Alexandre, et lui apprit l'heureux retour de sa flotte qu'on croyait perdue.

Le roi reçut de toutes parts de vives plaintes contre les rapines des officiers qui commandaient en Perse pendant son absence. Pour venger les opprimés, il fit mourir les coupables; et cet acte de justice et de sévérité affermit sa domination.

Comme il se trouvait à Pasargades, Orsine, gouverneur de la province, fit de magnifiques présents à toutes les personnes de la cour, excepté à Bagoas, disant qu'il honorait les amis du roi, mais non pas ses eunuques. Ce vil favori s'en vengea bien cruellement. Le tombeau de Cyrus était dans cette ville: Alexandre voulut rendre les honneurs funèbres au fondateur de l'empire des Perses. On ouvrit le tombeau dans la persuasion qu'il contenait des trésors: on n'y vit d'autres richesses qu'un bouclier, deux arcs et un cimeterre. Le roi plaça sur l'urne sa couronne d'or et son manteau; mais il s'étonna de ne point trouver dans la tombe les trésors qu'on y disait renfermés. Bagoas répondit que les sépulcres des rois étaient vides, quand les maisons des satrapes regorgeaient de l'or qu'ils en avaient tiré. Il savait, disait-il, de Darius lui-même que le tombeau contenait d'immenses richesses; ainsi l'opulence d'Orsine provenait évidemment des dépouilles de Cyrus. Alexandre crut son favori; Orsine subit la mort.

Ce fut dans cette ville que le brame Calanus, âgé de quatre-vingt-trois ans, voulant terminer sa carrière, fit dresser un bûcher, et s'y brûla après avoir embrassé ses amis, auxquels il dit de continuer leurs festins avec Alexandre; mais que, pour lui, il reverrait dans peu ce prince à Babylone. Ses dernières paroles furent regardées depuis comme une prophétie.

Le roi, pour remplir les intentions du brame, donna un grand repas dans lequel il proposa pour prix une couronne d'or à celui qui boirait le plus. Promachus l'emporta : il but jusqu'à vingt pintes, et ne survécut à sa victoire que trois jours. Quarante-un des convives moururent des suites de cette débauche. Alexandre se rendit à Persépolis, dont les ruines excitèrent ses remords. De là il vint à Suze et rencontra sur la rivière de Pasytigris sa flotte que Néarque avait ramenée.

Les filles de Darius étaient à Suze. Alexandre épousa l'aînée, appelée Statira, et donna la plus jeune à Éphestion. Par ses ordres tous les officiers macédoniens épousèrent des filles tenant aux plus nobles familles de Perse.

Le roi donna un festin à neuf mille personnes pour célébrer toutes ces noces qu'exigeait la politique, afin de cimenter l'union entre les vainqueurs et les vaincus. Chaque convive reçut une coupe d'or pour faire des libations. Alexandre descendit le fleuve Eulée, et longea la côte du golfe Persique jusqu'à l'embouchure du Tigre. Il désirait voir encore une fois la mer. On prétend même qu'excité par le succès de Néarque, il avait conçu le projet de s'embarquer l'année suivante et de faire le tour de l'Afrique.

Décidé enfin à récompenser les plus vieux de ses guerriers, il déclara que tous ceux qui se trouvaient, par leur âge et leurs blessures, hors d'état de servir, pouvaient retourner en Grèce. Cette grace, si vivement demandée au milieu des Indes, excita dans ce moment le mécontentement des troupes, et les porta à la révolte : tant est grande la mobilité des hommes et particulièrement des soldats! Ils entrèrent en fureur, s'écriant qu'on voulait donner à de nouvelles levées les fruits de leurs sueurs et de leur sang. Le roi, assiégé par leurs clameurs, loin de céder à leurs menaces s'élança de son tribunal, fit saisir et conduire au supplice treize des principaux factieux, cassa son ancienne garde, et la remplaça par des troupes persanes; sa sévérité étouffa la sédition. Toute l'armée, jetant ses armes, entoura sa tente, et déclara qu'elle ne quitterait point ce lieu sans avoir obtenu sa grace. Le roi leur pardonna, et combla de biens ceux qui voulurent retourner dans leur pays.

Il se rendit ensuite à Ecbatane, où il perdit Éphestion, le plus cher de ses amis; car il avait coutume de dire que d'autres aimaient le roi, mais qu'Éphestion aimait Alexandre. Pour faire diversion à sa douleur, il conduisit son armée dans les montagnes de la Médie, contre les Cosséens, que jamais aucun roi de Perse ne put dompter. Il les subjugua en moins de quarante jours, passa le Tigre, et prit la route de Babylone. Lorsqu'il fut près de cette capitale, les Chaldéens, qui passaient pour de grands astrologues, le prièrent de ne point entrer dans la ville, parce qu'il devait y trouver la mort. Les philosophes grecs qui suivaient le roi lui démontrèrent, suivant les principes d'Anaxagore, la fausseté de ceux de l'astrologie. Alexandre les crut: d'ailleurs, il savait que les ambassadeurs des rois et des républiques de l'Orient et de toute l'Europe s'étaient rendus à Babylone pour lui présenter leurs hommages. Ne voulant pas perdre un pareil triomphe, il fit dans Babylone une magnifique entrée, donna audience aux ambassadeurs, reçut leurs dons et les combla de présents. Il accepta même le titre de citoyen que Corinthe lui accordait, parce qu'il apprit qu'Hercule avait été jusque-là le seul étranger qui eût reçu cet honneur.

Il écrivit une lettre qui devait être lue aux jeux olympiques, pour ordonner à toutes les villes de la Grèce de rappeler leurs exilés, chargeant en même temps Antipater d'employer la force des armes contre les peuples qui refuseraient d'obéir.

Il s'occupa ensuite des funérailles d'Éphestion, qu'il voulait rendre aussi célèbres que celles de Patrocle. Cette pompe funèbre et la construction du tombeau coûtèrent trente-six millions.

Le roi passa près d'une année à Babylone, s'occupant à l'embellir, et roulant dans son esprit de vastes projets que le sort ne lui permit pas d'exécuter.

A la fin d'une nuit passée dans la débauche, il but à la santé de chacun des convives; se faisant alors apporter la coupe d'Hercule qui tenait six pintes, il la vida tout entière; l'ayant encore remplie et épuisée de nouveau, il tomba sans connaissance; une violente fièvre le saisit. Dans les intervalles de ses accès, il continua à donner des ordres pour une expédition militaire qu'il avait projetée; mais enfin, sentant sa faiblesse, n'ayant plus d'espoir, perdant presque la voix, il donna son anneau à

Perdiccas, en lui recommandant de faire porter son corps au temple d'Ammon. Tous les soldats, entourant le palais, demandaient à grands cris de voir encore leur roi. Par son ordre les portes furent ouvertes. Ses vieux guerriers, les yeux baignés de larmes, passèrent tous devant lui, et se prosternèrent à ses pieds pour baiser sa main mourante. Les grands de sa cour lui demandèrent à qui il laissait l'empire. Il répondit : « Au plus digne. Ce » prix, ajouta-t-il, sera bien disputé, et me prépare » d'étranges jeux funèbres. »

Perdiccas voulant savoir quand il désirait qu'on lui rendît les honneurs divins, il lui dit : « Lorsque » vous serez heureux. » Après ces paroles il expira.

Il avait vécu trente-deux ans et huit mois, et en avait régné douze. Sa mort arriva au milieu du printemps de la première année de la 114e olympiade, l'an du monde 3683, avant Jésus-Christ trois cent vingt-un ans.

Plutarque et Arrien assurent que la débauche seule causa sa mort, et que son corps, exposé publiquement, demeura quelques jours sans se corrompre, malgré la chaleur du climat de Babylone. Quinte-Curce et Justin prétendent, au contraire, qu'il fut empoisonné par Cassandre, dont le père Antipater craignait d'être puni de ses concussions par le roi qui l'avait mandé près de lui.

FIN DU TOME PREMIER.

TABLE DES MATIÈRES

CONTENUES DANS CE VOLUME.

HISTOIRE ANCIENNE.

TOME PREMIER.

	Pages.
Avant-propos.	1
Chap. I. Des anciens peuples.	11
II. De l'Égypte et de ses rois.	16
III. Temps fabuleux, temps héroïques, rois d'Égypte.	33

Ménès, 38. — Osymandias, 39. — Euchoréus, 40. — Mœris, *ibid.* — Rois pasteurs, 41. — Amosis ou Thethmosis, *ibid.* — Ramescès Miamum, 42. — Sésostris, 43. — Phéron, 48. — Protée, *ibid.* — Rhampsinit, 49. — Chéops et Chéphren, *ibid.* — Mycérénus, 50. — Asychis, 51. — Pharaon, *ibid.* — Sézac, *ibid.* — Zara, 52. — Anysis, *ibid.* — Sethos, 53. — Taracca, 54. — Les douze rois, *ibid.* — Psammitique, 57. — Néchao, 59. — Psammis, 60. — Apriès ou Ophra, *ibid.* Amasis, 62. — Psammenits, 64.

Gouvernement de l'Égypte sous les rois de Perse. 6

	Pages.
Gouvernement de l'Égypte sous les Lagides.	78

Ptolémée Lagus ou Soter, 79. — Ptolémée Philadelphe, 82. — Ptolémée Évergète, 85. — Ptolémée Philopator, 90. — Ptolémée Épiphane, 93. — Ptolémée Philométor, 97. — Ptolémée Physcon, 102. — Ptolémée Lathyre et Alexandre, 106. — Ptolémée Alexandre II, 110. — Ptolémée Aulètes, 111. — Cléopâtre et Ptolémée, 118. — Cléopâtre, 126.

PEUPLES D'ASIE.

Assyriens.	141
Rois d'Assyrie.	146

Nembrod, 146. — Ninus, 147. — Sémiramis, 148. — Ninias, 151. — Sardanapale, 153.

SECOND EMPIRE DES ASSYRIENS.	155
Rois de Babylone.	156

Bélésis ou Nabonassar, 156. — Mérodach Baladan, *ibid.*

Rois de Ninive.	*Ibid.*

Théglathphalazar, 156. — Salmanazar, 157. — Sennachérib, *ibid.* — Asarhaddon, 158. — Nabuchodonosor Ier, 159. — Saracus ou Chynaladanus, 160. — Nabopolassar, *ibid.* — Nabuchodonosor II, 161. — Évilmérodach, 164. — Nériglissar, *ibid.* — Laborosoarchod, 163. — Nabonit ou Balthasar, *ibid.*

Mèdes.	166
Rois des Mèdes.	*Ibid.*

Déjocès, 168. — Phraorte, 171. — Cyaxare, 172. — Astyage, 175. — Cyaxare II, *ibid.*

Lydiens.	176

Manès, 177. — Quinze autres connus par des fables grossières, *ibid.* — Candaule, premier roi dont les historiens de l'anti-

TABLE DES MATIÈRES. 449

quité aient parlé avec détail, 178. — Gygès, *ibid*. — Ardys, 179. — Sadyatte, *ibid*. — Alyatte, *ibid*. — Crésus, 180.

Phéniciens. 185

Arméniens. 195

Phrygiens. 198

Troyens. 200

Mysiens. 203

Lyciens. 204

Ciliciens. 205

Scythes. 207

Royaume de Pont. 212

Mithridate-le-Grand, 213.

Parthes. 221

Arsace Ier, 222. — Arsace II, *ibid*. — Priapatius, 223. — Phraate Ier, *ibid*. — Mithridate Ier, *ibid*. — Phraate II, 224. — Artabane Ier, *ibid*. — Mithridate II, *ibid*. — Mnaskirès, 225. — Sinatrochès, *ibid*. — Phraate III, *ibid*. — Mithridate III, *ibid*. — Orode Ier, 226. — Phraate IV, 237. — Orode II, 239. — Artabane II, *ibid*. — Bardane, 240. — Gotarse, *ibid*. — Vologèse Ier, *ibid*. — Cosroès, troisième successeur de Vologèse ; les deux autres ne sont pas nommés, 241. — Vologèse II, *ibid*. — Vologèse III, *ibid*. — Artabane IV, 242.

Cappadoce. 245

Pharnace, premier roi à qui Cyrus donna la Cappadoce en reconnaissance de ce qu'il lui avait sauvé la vie, 246. — Ce royaume est gouverné ensuite par plusieurs rois des noms d'Ariarate et d'Ariobarzane, *ibid*. — Le dernier est Archélaüs, mort en prison à Rome, 250. — La Cappadoce est réduite en province romaine, *ibid*.

1. 29

Bithynie. 251

Suivant quelques auteurs, elle fut gouvernée par des rois tributaires des Mèdes et des Perses. Ils rapportent qu'un de ces princes, nommé Bal, défit Calentus, un des généraux d'Alexandre, et qu'il laissa le trône à Zyphetès. D'autres considèrent celui-ci comme le fondateur de ce royaume, 253. — Ses successeurs sont plus connus. — Nicomède Ier, *ibid.* — Zéla, *ibid.* — Prusias Ier, 254. — Prusias II, *ibid.* — Nicomède II. 255. — Nicomède III, *ibid.* — A sa mort, la Bithynie devient province romaine, *ibid.*

Royaume de Pergame. 256

Philétère, *ibid.* — Eumène Ier, *ibid.* — Attale Ier, 257. — Eumène II, *ibid.* — Attale II, *ibid.* — Attale III, surnommé Philométor, 258. — Pergame devient province romaine, 259.

Colchide. . . . . , ... 260

Plus connue par la fable que par l'histoire, *ibid.*

Ibérie. 262

L'histoire cite le nom de quelques rois, sans faire connaître leurs actions, 263.

Albanie. 264

Les Romains lui laissèrent ses rois jusqu'au règne de Justinien, *ibid.*

Bactriane. 265

Elle est regardée comme la patrie de Zoroastre, *ibid.* — Bessus, satrape de cet état, trahit Darius. Alexandre, indigné de cette trahison, l'accable de mépris et le fait mourir, *ibid.* — Après la mort d'Alexandre, Théodote, gouverneur de la Bactriane, prend le titre de roi, *ibid.* — Euthidème, son frère, le détrône et lui succède, *ibid.* — Ménandre, son successeur, accroît ses états, et se fait adorer de ses sujets, *ibid.* — Un de ses successeurs est assassiné par ses fils, contre qui le peuple

TABLE DES MATIÈRES.

se révolte, 266. — Les Parthes, profitant du trouble, réunissent la Bactriane à leur empire, *ibid.* — Autres peuples de l'Orient, *ibid.*

Syriens, connus par les guerres soutenues par les Juifs contre eux, *ibid.*

Mohabites, Ammonites, Madianites, Iduméens, Amalécites, Chananéens, Philistins, qui ont donné le nom à la Palestine, *ibid.*

Nota. — L'histoire des Hébreux, des Égyptiens et des Assyriens, fait connaître tout ce qu'il est désirable de savoir sur ces peuples, 267.

Perses. 268

Les Grecs nous ont laissé dans l'ignorance sur les règnes et même sur l'existence des prédécesseurs de Cyrus; mais, suivant les fastes des Arabes, le premier roi des Perses fut Cajumaroth, 281. — Notice de quelques-uns de ses successeurs jusqu'à Cyrus, 282. — Cyrus, 290. — Cambyse, 311. — Smerdis, 319. — Darius Ier, 321. — Xercès Ier, 338. — Artaxerce-Longue-Main, 354. — Xercès II, 362. — Sogdien, *ibid.* — Darius Nothus, 363. — Artaxerce Mnémon, 366. — Ochus, 380. — Darius Codoman, 384. — Alexandre, 418.

FIN DE LA TABLE DU PREMIER VOLUME.

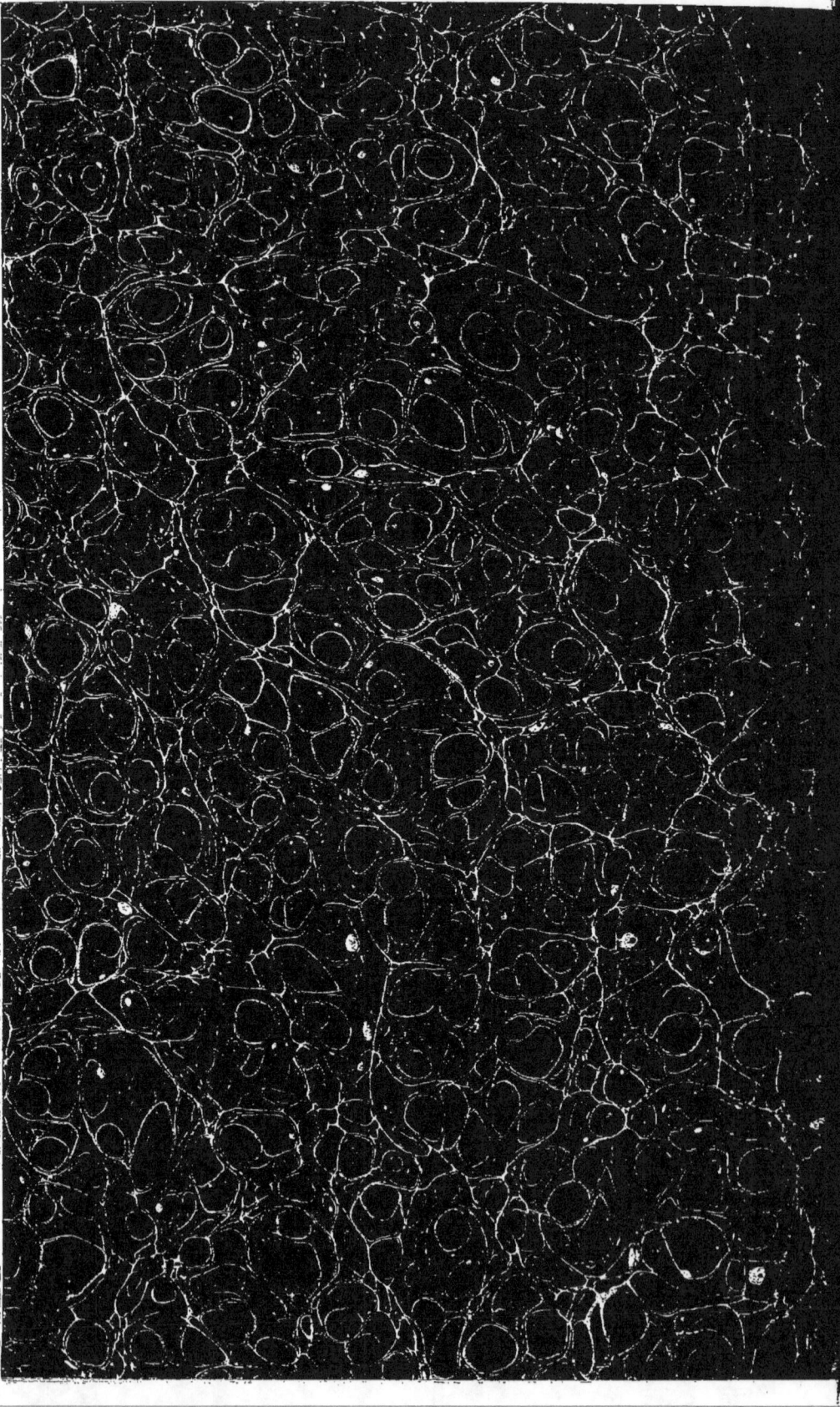

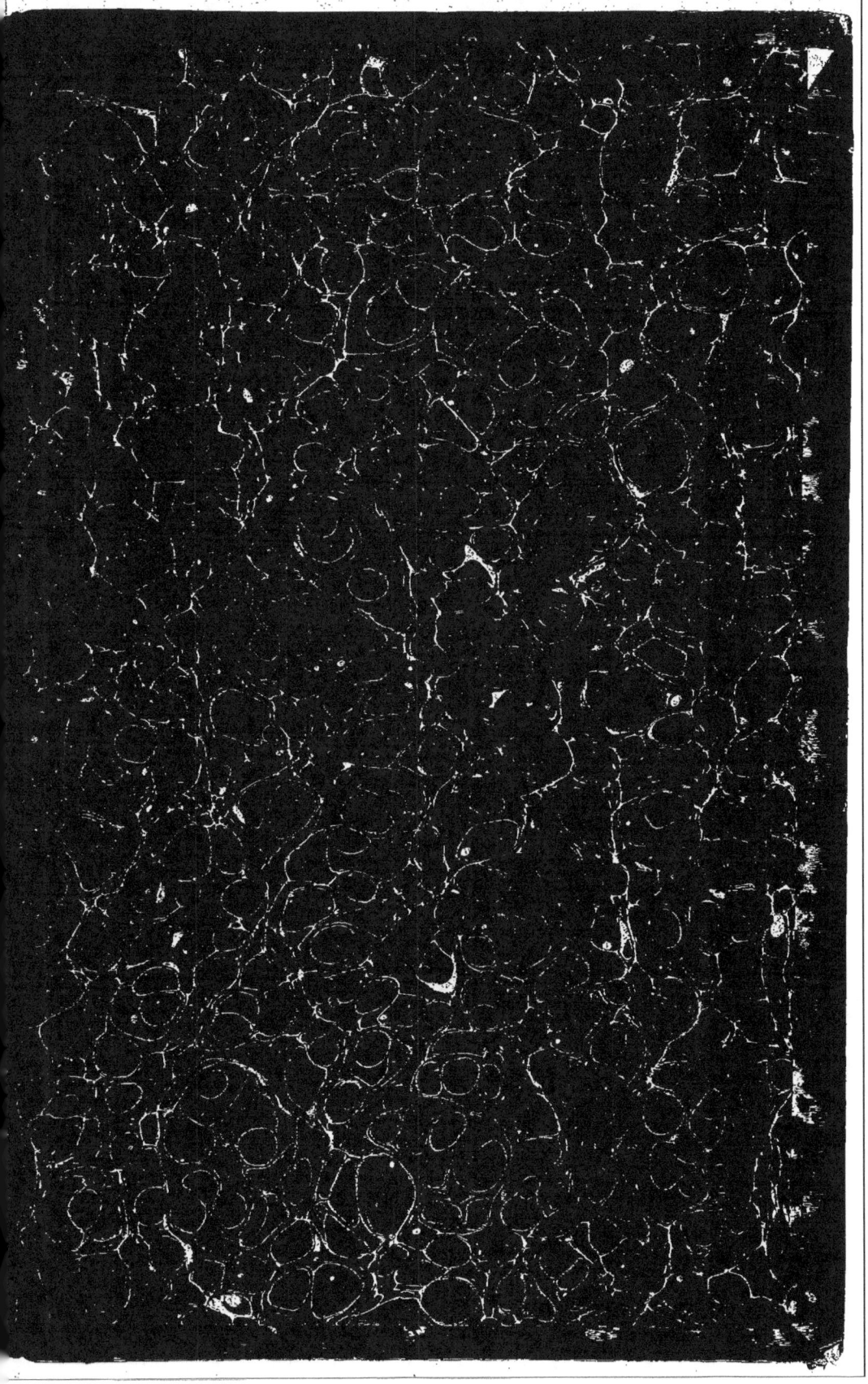

SÉGUR

HISTOIRE
UNIVERSELLE

www.ingramcontent.com/pod-product-compliance
Lightning Source LLC
Chambersburg PA
CBHW072111220426
43664CB00013B/2082